Willy Klawe
Arbeit mit Jugendlichen

Grundlagentexte Soziale Berufe

Willy Klawe

Arbeit mit Jugendlichen

Einführung in Bedingungen, Ziele, Methoden
und Sozialformen der Jugendarbeit

Juventa Verlag Weinheim und München

Der Autor

Willy Klawe, Jahrgang 1951, Dipl. Soziologe, ist Mitarbeiter des Institutes des Rauhen Hauses für Soziale Praxis und Hochschullehrer an der Ev. Fachhochschule für Sozialpädagogik in Hamburg. Zahlreiche Zeitschriftenveröffentlichungen zu Fragen der Jugendhilfe und Erwachsenenbildung, Fortbildung im sozialpädagogischen Feld, Medienwirkung sowie der Anwendung sozialwissenschaftlicher Theorien in der pädagogischen Praxis. Buchveröffentlichungen u.a.: „Berufsperspektiven und Berufswahl" (1978); „Lebensziel Beruf" (1980) ; „Selbsthilfe für Helfer" (1981); „(Er-)leben statt Reden — Erlebnispädagogik in der offenen Jugendarbeit" (1986); „Lernen gegen Ausländerfeindlichkeit" (1993); „Thema: Ausländerfeindlichkeit" (1993); „Fremdenfeindlichkeit, Rechtsextremismus und Gewalt: Das Ende der Gemütlichkeit" (1993) sowie zahlreiche Veröffentlichungen zur Lokalgeschichte im Norderstedter Raum. Das vorliegende Buch „Arbeit mit Jugendlichen" erschien erstmals 1986.

Die Deutsche Bibliothek — CIP-Einheitsaufnahme

Klawe, Willy:
Arbeit mit Jugendlichen : Einführung in Bedingungen, Ziele, Methoden und Sozialformen der Jugendarbeit / Willy Klawe. — 4., überarb. Aufl. — Weinheim ; München : Juventa Verlag, 1996
   (Grundlagentexte soziale Berufe)
   ISBN 3-7799-0752-6

4., überarbeitete Aufl. 1996

© 1986 Juventa Verlag Weinheim und München
Umschlaggestaltung: Atelier Warminski, 63654 Büdingen
Printed in Germany

ISBN 3-7799-0752-6

Inhalt

Einleitung

Die Arbeit mit Jugendlichen ist ein komplexes und differenziertes Feld im Hinblick auf die unterschiedlichen Lebenslagen von Jugendlichen, im Hinblick auf institutionelle Arbeitsfelder, methodischen Ansätze und die persönlichen und fachlichen Qualifikationen, die Mitarbeiterinnen und Mitarbeiter für die Jugendarbeit erwerben müssen.

Die Komplexität des Arbeitsfeldes Jugendarbeit bedarf einer Strukturierung, um zentrale Zusammenhänge zu erfassen, den Erwartungen aller Beteiligten Rechnung zu tragen und befriedigende und überschaubare pädagogische Arbeit zu ermöglichen.

Dieses Buch will zu einer solchen Strukturierung betragen, indem es Ziele, Methoden, Sozialformen und institutionelle Bedingungen der Arbeit reflektiert und so Strukturen für eine pädagogische Arbeit schafft, ohne emanzipatorische Erfahrungen der Jugendlichen unnötig zu beschränken oder einzuengen, sondern diese stattdessen zu unterstützen und auszuweiten.

Die Strukturierungsgesichtspunkte — und damit auch die Gliederung dieses Buches — sind aus eigener langjähriger Erfahrung in der Jugendarbeit in verschiedenen Feldern sowie in Diskussionen und Projekten mit Praktikern im Rahmen von Fortbildungsveranstaltungen, Team- und Projektberatungen entstanden.

Dieses Buch ist parteilich *für* die Jugendlichen in dem Sinne, als es Verhaltensweisen und Erscheinungsformen Jugendlicher vor dem Hintergrund ihrer Lebenssituation beschreibt und nicht als irgendein Defizit definiert, dem mit sozialer Kontrolle oder traditionellen Erziehungsmaßnahmen begegnet werden muß.

Dieses Buch wendet sich an alle, die mit Jugendlichen arbeiten (wollen), unabhängig davon, ob sie dies als ausgebildete Erzieher professionell tun oder ehren- bzw. nebenamtlich als Jugendgruppenleiter oder -betreuer in Jugendverbänden oder Institutionen.

Ich habe diesem Buch deshalb ein weitgefaßtes Verständnis des Begriffs „Jugendarbeit" zugrunde gelegt, um ihn nicht an die Grenzen institutioneller Zuordnungen zu binden. Dabei versteht sich Jugendarbeit als in den Gesamtzusammenhang der Jugendhilfe eingebunden.

Jugendhilfe umfaßt alle gesellschaftlichen Bemühungen, die der Sicherung und Erfüllung des Rechts des jungen Menschen auf Erziehung und Bildung dienen, unabhängig davon, unter welcher Trägerschaft diese Bemühungen stattfinden. Im Rahmen der *Jugendhilfe* hat sich die *Jugendarbeit* als eigenständiger Sozialisationsbereich neben Schule, Elternhaus und Betrieb etabliert.

Die Abfassung einer Einführung in die Jugendarbeit für professionelle wie für ehrenamtliche Erzieher ist doppelt schwierig: Einmal gilt es, eine Ebene der Darstellung zu finden, die für den „nicht-professionellen" Jugendgruppenleiter verständlich und nicht allzu „fachchinesisch" ist, ohne auf notwendige Begrifflichkeiten und Differenzierungen zu verzichten. Andererseits soll derjenige Leser differenzierte und praxisbezogene Anregungen erhalten, der eine pädagogische Ausbildung absolviert hat.

Ein zweites Problem kommt hinzu. Die Ziele und die Arbeitsmöglichkeiten in der Jugendarbeit hängen stark von den strukturellen und institutionellen Bedingungen des jeweiligen Arbeitsfeldes ab. Auf sie jeweils einzugehen und die spezifischen Probleme bei der Umsetzung konzeptioneller Entwürfe in verschiedenen Institutionen zu entwickeln, ist im Rahmen dieser globalen Einführung nicht möglich.

Aus diesen beiden Schwierigkeiten heraus hat sich die Struktur dieses Buches ergeben. Eingangs werden die verschiedenen Arbeitsfelder in der Jugendarbeit in ihren wesentlichen Strukturmerkmalen und den damit verbundenen Chancen und Problemen beschrieben. Dem Leser wird so die Möglichkeit geboten, sich einen Überblick darüber zu verschaffen, in welchen Arbeitsfeldern Jugendarbeit überhaupt stattfindet; zugleich kann er mögliche Probleme bei der Umsetzung pädagogischer Entwürfe antizipieren.

Die vorliegende vierte Auflage wurde in wesentlichen Teilen völlig neu bearbeitet. Die Beschreibung der Lebenslage Jugendlicher wurde vollständig neu gefaßt, differenziert und aktualisiert, auch die Darstellung der Reaktionen und Verarbeitungsformen wurden um neue jugendsoziologische Ergebnisse ergänzt. Die Darstellung der rechtlichen Grundlagen von Jugendhilfe und Jugendarbeit mußte nach nunmehr gut fünf Jahren Praxiserfahrungen mit dem Kinder- und Jugendhilfegesetz reformuliert werden. Im Zuge der Überarbeitung wurden auch die Literaturhinweise sowie die Praxistexte um aktuelle Veröffentlichungen ergänzt oder durch diese ersetzt. Eine Neufassung der beschriebenen Arbeitsformen und Ansätze hingegen erschien nicht notwendig: Leider gehören sie noch immer nicht zum selbstverständlichen Repertoire der Praxis.

Verweigert habe ich mich der Versuchung, dem Zeitgeist entsprechend den Zugang zur Jugendarbeit und ihre Legitimation aus sog. „Jugendproblemen" abzuleiten. Glaubt man Medien, Wissenschaften und besorgten Erwachsenen, ist alles problematischer geworden: Gewalt, Rechtsextremismus, Fremdenfeindlichkeit, Drogenmißbrauch und Okkultismus — um nur einige Beispiele zu nennen — hätten zugenommen. Das mag sein, nur handelt es sich dabei nicht um jugendspezifische Problemlagen, denen man nur mit Sonderprogrammen begegnen kann und sollte. Ich bin der festen Überzeugung, daß weder Definition immer neuer, vermeintlicher Jugendprobleme noch das Setzen auf den einen heilbringenden methodischen Ansatz — welcher es dem jeweiligen Trend zufolge auch immer gerade ist — langfristig zu einer fachlichen Fundierung und tragfähigen politischen Legitimierung von Jugendarbeit führen wird. Statt dessen wird es darum gehen, die pädagogische Alltagsarbeit planvoll und offen zugleich, reflektiert aber mit Mut zu experimentellen Handeln, ernst und zugleich mit spielerischer Neugier anzugehen.

Dieser Text ist eine Art Wegweiser in die Jugendarbeit hinein. Er soll *Orientierung bieten* durch eine differenzierte Darstellung der Ausgangsbedingungen von Jugendarbeit einerseits und konkrete methodische Praxishilfen andererseits. Hinweise auf weiterführende Literatur und Arbeitsmaterialen sollen dem Leser helfen, *seinen* Weg in die Jugendarbeit zu finden und gezielt zu verfolgen.

Das erfordert Mut zum Experimentieren im pädagogischen Alltag und mit sich selbst, aber es erfordert auch *verantwortliches Handeln*; erfordert, sich selbst und den Jugendlichen gegenüber Rechenschaft über Ziele und Methoden der eigenen Arbeit abzulegen.

Ich wünsche mir, daß dieser Text Berufsanfängern und langjährigen Praktikern in der Jugendarbeit praxisbezogene Anregungen gibt und zugleich Mut macht, Jugendlichen emanzipatorische Erfahrungen zu ermöglichen und sie bei diesen Erfahrungen zu begleiten.

Willy Klawe   Hamburg, März 1996

1 Arbeit mit Jugendlichen – Arbeitsfelder für Erzieher

In diesem ersten Abschnitt werden vier Arbeitsfelder vorgestellt, in denen Jugendarbeit derzeit für Erzieher möglich ist. Es sind diejenigen Arbeitsfelder, die von der Zahl der dort tätigen Absolventen von Erzieherfachschulen her bedeutsam sind. Daneben gibt es in begrenztem Umfang sicher noch andere Arbeitsfelder; ihre Darstellung würde jedoch den Rahmen dieser Einführung sprengen. Um eine schnelle Orientierung über die Arbeitsfelder zu ermöglichen, ist die *Struktur der Darstellung* in den folgenden vier Abschnitten identisch:

– Definition des Arbeitsfeldes,
– Geschichte,
– Struktur und Zielgruppen,
– Ziele der Arbeit,
– Arbeitsformen,
– Problemfelder.

Abb. Arbeitsfelder für Erzieher in der Jugendarbeit

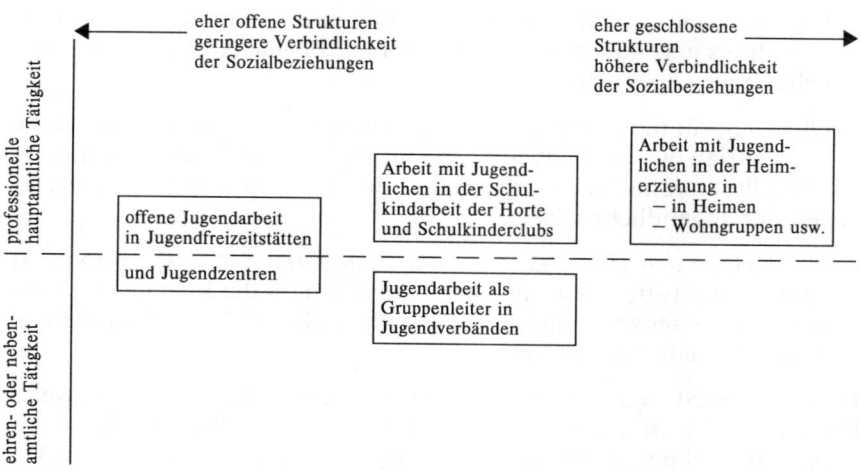

Die Darstellung der Arbeitsfelder in der Jugendarbeit in den folgenden Abschnitten erfolgt aus pädagogischem Blickwinkel. Eine Betrachtung aus dem Blickwinkel der Jugendlichen, die in diesen Arbeitsfeldern als „Abnehmer" von Jugendarbeit auftauchen, kommt u.U. zu anderen Ergebnissen. Eine solche Sichtweise hat

– BAACKE, Dieter: Einführung in die außerschulische Pädagogik, Weinheim und München 1985 (2. Aufl.)
versucht.

1.1 Offene Jugendarbeit

Offene Jugendarbeit findet vor allem in Jugendfreizeitstätten (Häusern der Jugend, Häusern der offenen Tür, Jugendzentren) statt. Es handelt sich um „Einrichtungen, die allen Jugendlichen, besonders den nichtorganisierten, durch Bereitstellen von Räumen und Sachmitteln die Möglichkeit zu vielfältigen Freizeitaktivitäten bieten und regelmäßig, d.h. an mehreren Tagen in der Woche bis in den Abend geöffnet sind". (KRISAM/TEGETHOFF 1977, S. 2).

Der Begriff *Offene Jugendarbeit* bezieht sich auf:

— die *Offenheit der Inhalte,* d.h. zumindest vom Anspruch her sind anders als in Jugendverbänden die Aktivitäten in der offenen Jugendarbeit nicht von vornherein an politische, konfessionelle oder weltanschauliche Orientierungen gebunden;

— Offenheit i.S. von *öffentlich,* d.h. die Aktivitäten der offenen Jugendarbeit sind transparent und stehen damit unter ständigem Legitimationsdruck gegenüber dem Träger, der Nachbarschaft und der Öffentlichkeit im allgemeinen;

— Offenheit für die *Interessen der Jugendlichen,* d.h. anders als in Schule und Betrieb, wo Lehr- oder Ausbildungsplan das Lernen bestimmen, ist (sollte) offene Jugendarbeit offen für die Bedürfnisse und Interessen der Jugendlichen (sein).

— *Offenheit in den Organisations- und Sozialformen,* d.h. die Arbeit ist eher so strukturiert, daß einzelne Aktivitäten für die Jugendlichen unmittelbar zugänglich sind, die Teilnahme also nicht an Anmeldung, Mitgliedschaft o.ä. gebunden ist.

Diese verschiedenen Aspekte von Offenheit haben in der vergleichsweise kurzen Geschichte offener Jugendarbeit je nach gesellschaftlicher Lage unterschiedliche Gewichtung erfahren (vgl. dazu auch Abschnitt 4.).

Geschichte

Anders als die Jugendverbandsarbeit, die nach 1945 vor allem an Beispiele und Strömungen vor 1933 anknüpfte und damit auf tiefere geschichtliche Wurzeln zurückgreifen konnte (vgl. Abschnitt 1.4), wurde die offene Jugendarbeit als neue Form der Arbeit mit Jugendlichen von außen initiiert und inspiriert. In dem Bestreben, der materiellen Not und einer politischen Radikalisierung der Jugend in der Nachkriegszeit entgegenzuwirken, gründeten die Jugendoffiziere der Alliierten in den Westzonen zwischen 1945 und 1947 im Rahmen der „German Youth Activities" Jugendeinrichtungen, die allen Jugendlichen offenstanden und deren Nutzung an keinerlei Mitgliedschaft oder weltanschauliche Verbindlichkeit geknüpft war. Für die damaligen Verhältnisse waren diese Einrichtungen materiell gut ausgestattet. Durch gezielte Bemühungen, Jugendlichen demokratische Techniken zu vermitteln und sie durch Mitbestimmungsformen an der inhaltlichen Arbeit zu beteiligen, unterschieden sie sich auch inhaltlich von anderen Angeboten in der Jugendarbeit.

Weltanschauliche Offenheit, Beteiligung der Jugendlichen an Entscheidungsprozessen und bessere materielle Ausstattung führten schnell zu Konflikten mit der Jugendverbandsarbeit, die weltanschauliche Verbindlichkeit forderte und deren Strukturen überwiegend von Erwachsenen bestimmt und geprägt wurden.

So kam es, daß nach Übergabe der GYA-Heime an die örtliche Jugendpflege nach 1949 diese ersten frühen Ansätze einer jugendorientierten Jugendarbeit wieder auf jugendpflegerische Maßnahmen reduziert wurden: es ging vorrangig darum, die Jugend von der Straße zu holen, sie sinnvoll zu beschäftigen und — besonders dort, wo die Heime in die Trägerschaft von Jugendverbänden übergingen — die offene Arbeit für die Gewinnung von Mitgliedern für den Verband zu nutzen.

Ein Teil der Einrichtungen wurde in Jugendgruppenheime umgewandelt, neben der offenen Arbeit wurden vor allem Hobby- und Interessengruppen favorisiert, Gruppenarbeit zur „eigentlichen" Form der Jugendarbeit.

Damit wurde der Vorrang von organisierter Jugend vor der nicht-organisierten erst einmal festgeschrieben, und der in dieser Phase angelegte strukturelle Konflikt zwischen Jugendverbands- und offener Jugendarbeit ist seitdem kontinuierlicher Bestandteil jugendpolitischer Auseinandersetzungen.

Da Ende der fünfziger Jahre die freie Zeit zugenommen hatte und zudem das kommerzielle Freizeitangebot stetig wuchs, war das Angebot „sinnvoller" Freizeitaktivitäten in den Jugendfreizeitstätten allein nicht mehr attraktiv genug. Zum einen versuchte die offene Jugendarbeit der abnehmenden Attraktivität durch Hereinnahme der neuen jugendlichen

Tanz- und Gesellungsformen (Jazz, Rock'n-Roll usw.) entgegenzuwirken. Zum anderen übernahm sie verstärkt kompensatorische Aufgaben: durch die Aktivitäten in der offenen Jugendarbeit sollte den Belastungen in der Berufswelt in Ausgleich geboten werden.

Als Folge der Studentenbewegung wurde aber Ende der sechziger Jahre verstärkt die Frage nach der gesellschaftlichen Funktion von Jugendarbeit gestellt, gleichzeitig wurde der Versuch gemacht, erstmals umfassendere theoretische Entwürfe zur Jugendarbeit zu entwickeln (vgl. dazu Abschnitt 4).

Im Laufe dieser Entwicklung kommt es zur Herausbildung einer *Doppelstruktur* in der offenen Jugendarbeit. Neben den Jugendfreizeitstätten in kommunaler oder freier Trägerschaft, die unter dem Druck der öffentlichen Diskussion zunehmend gezwungen sind, bedürfnisorientierter zu arbeiten und Mitbestimmungsmodelle für die Besucher zu entwickeln, entstehen selbstverwaltete Jugendzentren vor allem in Kleinstädten und in der Provinz, die in ständiger Auseinandersetzung mit der Jugendpflege bemüht sind, selbstorganisierte Arbeitsformen zu finden.

Seit 1975 werden die Einrichtungen der offenen Jugendarbeit angesichts steigender Jugendarbeitslosigkeit immer stärker auch als Sozial- und Versorgungseinrichtungen in die Verantwortung genommen (vgl. Abschnitt 4). Angesichts zunehmender Problemlagen der jugendlichen Besucher tritt die reine Freizeitarbeit in den Hintergrund und wird durch Jugendberatung und -sozialarbeit, Streetwork und den Verbund sozialer Dienste ergänzt. In diesem Kontext orientieren sich die Einrichtungen stärker an den spezifischen Strukturen des Stadtteils und den jeweiligen Alltagsproblemen ihrer Zielgruppen. An die Stelle des (unrealistischen) Anspruchs, für alle und jeden da zu sein, bilden sich differenzierte Angebotsstrukturen heraus.

Zielgruppen und Struktur des Arbeitsfeldes

1990/91 zählte das statistische Bundesamt

4527 Jugendfreizeitstätten, Heime der offenen Tür und Jugendzentren sowie 5946 Jugendheime,

in denen offene Jugendarbeit stattfindet. Jeweils unterschiedlich gewichtet werden in diesen Einrichtungen

— *gruppenbezogene Aktivitäten* in Form von Hobby-, Interessen- oder Projektgruppen und Arbeitskreisen und

— *informelle Aktivitäten* wie Clubraumarbeit, Teestube oder Kneipe, Film- oder Disco-Veranstaltungen etc.

Dabei bestimmt die jeweilige Gewichtung die Zusammensetzung der Besucher: überwiegend gruppenbezogene Angebote, so wird die Ein-

14

richtung stärker von Jugendlichen der Mittelschicht, Realschülern und Gymnasiasten besucht; liegen die Angebote eher im informellen Bereich, sind Arbeiterjugendliche, Hauptschüler und Auszubildende stärker vertreten.

Unabhängig von diesem Zusammenhang ist als übergreifender Trend beobachtbar, daß vor allem Arbeiterjugendliche die Angebote der offenen Jugendarbeit nutzen. Damit werden die Mitarbeiter in diesen Einrichtungen auch zunehmend mit den Problemen dieser Gruppe (vgl. Abschnitt 4) konfrontiert.

In einem Teil der Einrichtungen wird neben der Jugendarbeit am Spätnachmittag und Abend nachmittags auch noch Kinderarbeit gemacht.

Arbeitsformen

Der Bogen methodischer Strukturen spannt sich in den Einrichtungen vom 'Gaststätten- und Discobetrieb mit pädagogischer Absicht' für alle Jugendliche bis hin zum 'zielgruppenorientierten Gruppen- und Kulturangebot nach genauer Planung'. So umfaßt also die offene Jugendarbeit in den Einrichtungen:

— Kulturelle Jugendarbeit,
— Arbeitsweltbezogene Jugendarbeit,
— Jugenderholung,
— Jugendsozialarbeit,
— Jugendberatung,
— Internationale Jugendarbeit,
— Integrative Jugendarbeit,
— Politisch-bildende Jugendarbeit,
— Jugendfürsorge,
— Jugendbildungsarbeit.

Grundcharakter der Methoden in den verschiedenen Arbeitsfeldern ist es, Jugendlichen zu ermöglichen, ihre *Freizeit eigenverantwortlich mit anderen zu gestalten.*

Problemfelder

Die Problemfelder offener Jugendarbeit werden in verschiedenen Abschnitten dieses Buches auführlich behandelt, so daß es an dieser Stelle ausreicht, summarisch wichtige Strukturprobleme anzudeuten:

— die „Öffentlichkeit" offener Jugendarbeit und der beschriebene Konflikt mit „geordneter" Jugendverbandsarbeit stellt die Einrichtungen und die Mitarbeiter unter erheblichen *Legitimationsdruck* (vgl. Abschnitt 7);

15

- die wachsenden Probleme Jugendlicher lassen die Mitarbeiter immer wieder an *Grenzen* stoßen, da die Ursachen nicht von der offenen Jugendarbeit allein aus beseitigt werden können;

- offene Jugendarbeit ist geprägt von der *Gleichzeitigkeit* vieler Anforderungen, die zielgerichtete pädagogische Arbeit erschwert;

- die *geringe Verbindlichkeit der Sozialbeziehungen* in der offenen Jugendarbeit machen Planung und langfristige Lernprozesse zu einem täglich wiederkehrenden Problem und erschweren den Aufbau vertrauensvoller Beziehungen;

- die besonderen Strukturen offener Arbeit erfordern die Entwicklung neuer pädagogischer Methoden.

Einführende Literatur in die offene Jugendarbeit:

- BAUER, Wolfgang: Jugendhaus – Geschichte, Standort und Alltag offener Jugendarbeit, Weinheim 1991

- SCHILLING, Johannes: Der Jugendclub – Impulse für die offene Jugendarbeit, München 1982

- HANDBUCH OFFENE ARBEIT, hrsg. vom Amt für Jugendarbeit der EKvW (Iserlohner Str. 25, 58239 Schwerte), Schwerte 1987

1.2 Hort und Schulkinderclub

Der Kinderhort ist eine sozialpädagogische Einrichtung in der Kinder vom Schuleintritt bis zum Alter von 15 Jahren während der schulfreien Vor- und Nachmittagszeit von pädagogischen Fachkräften betreut und gefördert werden. Aufgabe des Hortes ist, die speziellen Fähigkeiten der Kinder zu fördern und bestehende Defizite abzubauen. Hortarbeit ist eine ergänzende Hilfe zu Familienerziehung und Schulausbildung. Sie hat einen eigenständigen sozialpädagogischen Auftrag.

Geschichte

Als Vorläufer der Horte entstanden im 19. Jahrhundert Industrieschulen für die Kinder der Fabrikarbeiter. In ihnen wurden einfache Handgriffe und Arbeitstechniken vermittelt, um die Kinder frühzeitig als Arbeitskräfte in den Fabriken einsetzen zu können. Nach dem Verbot der Kinderarbeit in der Industrie und der Einführung der allgemeinen halbtägigen Volksschule im Jahre 1872 mußte für die Kinder der Fabrikarbeiter eine außerschulische Einrichtung geschaffen werden, die die Beaufsichtigung und Versorgung der Kinder während der Abwesenheit der Eltern sicherstellte. Im Verlaufe der folgenden Jahrzehnte orientierte sich die Horterziehung zunehmend an den Konzepten der entstehenden Kindergärten und wurde teilweise auch institutionell mit ihnen verknüpft.

Zielgruppen und Struktur des Arbeitsfeldes

Die Struktur des Arbeitsfeldes ist in den verschiedenen Bundesländern unterschiedlich. Vorherrschend ist die institutionelle Anbindung von Hortgruppen und Schulkinderclubs an Kindertagesstätten oder Kindergärten, in geringem Umfang sind sie auch selbständige Einrichtungen freier Träger.

Zielgruppe der Hortarbeit sind Schulkinder im Alter von 6–15 Jahren, wobei die Altersobergrenze variiert. Dabei sind Kinder aus folgenden Familien besonders stark vertreten:

— *Kinder aus kinderreichen, sozial benachteiligten Familien,*
  bei denen beide Elternteile arbeiten und deren Arbeitsbelastung sich oft in geringer Zuwendung, geteilter Aufmerksamkeit, hektischem Verhalten und gereizten und abwehrenden Reaktionen auf das Kind ausdrückt.

— *Kinder aus Familien mit alleinstehenden Müttern oder Vätern,*
  deren Eltern neben ihrer Berufstätigkeit besonderen Belastungen dadurch ausgesetzt sind, daß nur ein Erwachsener für alle Alltagsaufgaben zuständig ist. Dieser hat häufig keinen unmittelbaren Partner zur Aussprache, lebt vielfach isoliert, muß allein die Verantwortung tragen und entwickelt eine übermäßige Bindung an das Kind.

— *Kinder aus ausländischen Familien,*
  deren Eltern außer durch die Berufstätigkeit vor allem durch die Probleme, die sich aus der Spannung zwischen der Kultur ihrer Heimat und den gesellschaftlichen Anforderungen hier sowie durch Diskriminierung hier und ungewisse Berufsperspektiven besonders belastet sind.

Die Kinder sind in der Einrichtung in der Regel einer festen *Gruppe* von 17–25 Kindern zugeordnet, die zumeist von zwei Erziehern/Erzieherinnen betreut wird, die gelegentlich durch Schularbeitenhilfen auf Honorarbasis unterstützt werden. Institutionell sehr unterschiedlich sind die jeweiligen *Gruppenstrukturen.* Es gibt

— altershomogene Gruppen,
— altersübergreifende Gruppen,
— sowie Mischformen, wie etwa die Öffnung der Gruppen bei bestimmten Aktivitäten etc.

Je nach Gruppenstruktur werden die Ansätze und Möglichkeiten der pädagogischen Arbeit erheblich variieren.

Das *Ziel* „der Hortarbeit liegt darin, die Selbständigkeit der Kinder zu fördern, ihnen zu helfen, ihre gegenwärtige Situation besser zu verstehen, zu erleben und zu gestalten und sie auf die Bewältigung künftiger Lebenssituationen (z.b. auf Bildungs- und Berufswege vorzubereiten . . .). Diese Aufgaben können nur erfüllt werden, wenn der Arbeit eine offene Planung zugrunde liegt, d.h. daß sie von den pädagogischen Zielsetzungen ausgeht und sich an den altersgemäßen und besonderen Interessen der Kinder orientiert." (Richtlinien Rheinland-Pfalz).

Diese allgemeine Zielsetzung wird in unterschiedlichen Arbeitsformen und -ansätzen realisiert:

— freizeitpädagogische Angebote/Ferienfahrten;
— Projekte/Stadtteilerkundungen;
— problembezogene Arbeit (vgl. KLAWE 1980);
— Schularbeiten/Hausaufgabenhilfe (vgl. KERKHOFF 1978).

Problemfelder

Probleme für die pädagogische Arbeit ergeben sich besonders durch

— heterogene Gruppenstrukturen mit breitem Spektrum an Bedürfnissen und Interessen,

— die Unfreiwilligkeit der Teilnahme, die die Motivierung besonders älterer Schulkinder schwierig macht, zumal einige von ihnen seit frühester Kindheit in ähnlichen Institutionen betreut wurden.

— Erwartungen von Schule und Elternhaus, die in der Hortarbeit vor allem eine Zuarbeit und Unterstützung für die Schule (Hausaufgaben) sehen und die sozialpädagogische Aufgabe vernachlässigen.

Zur Struktur des Arbeitsfeldes und pädagogischen Anregungen:

— BRIEL, Rudi/MÖRSBERGER, Heribert (Hrsg.): Kinder brauchen Horte, Freiburg 1984.

— AGJ (Hrsg.) Horterziehung in der Jugendhilfe, Grundzüge einer Konzeption Bonn 1983

— BERRY, Gabriele/PESCH, Ludger (Hrsg.): Was für Horte brauchen Kinder?, Berlin 1995

1.3 Jugendarbeit in der Heimerziehung

Heimerziehung als Tätigkeitsfeld für Erzieher ist ein Teilbereich der sog. *„Stationären Erziehungshilfen"*. Damit werden Maßnahmen der Jugendhilfe bezeichnet, bei denen Kinder und Jugendliche außerhalb ihrer Herkunftsfamilie vorübergehend oder langfristig in Heimen, Kinderdörfern, Jugendwohngemeinschaften oder Ersatzfamilien untergebracht werden, um ihre Versorgung und ihre Erziehung sicherzustellen. Für die Unterbringung in solchen Einrichtungen können

- Defizite in den Erziehungs- und Sozialisationsbedingungen der Herkunftsfamilie,

- räumliche Entfernung der Schulen, Ausbildungs- oder Arbeitsplätze vom Heimatort oder

- andere Gründe einer räumlichen Trennung des Jugendlichen von seiner Familie

maßgeblich sein (vgl. COLLA 1981, S. 13).

Geschichte

Die Ursprünge der Heimerziehung gehen zurück bis ins Mittelalter. Damals wurden von kirchlichen Orden vor allem Heime für Waisenkinder oder unehelich geborene Kinder eingerichtet. In den nachfolgenden Jahrhunderten wurde die Idee dieser Waisenhäuser zunehmend mit der Einrichtung von Zucht- und Arbeitshäusern verbunden, in denen Arme zur Arbeit gezwungen wurden, um sie durch Gebet und Arbeit vor Sünden zu bewahren.

Erst die ebenfalls von den Kirchen ausgehende 'Rettungshausbewegung' formulierte im 19. Jahrhundert die Notwendigkeit einer besonderen Erziehung und sah auch die Betreuung und Erziehung der durch die industrielle Revolution gefährdeten Kinder als ihre Aufgabe ab.

Als gegen Ende des 19. Jahrhunderts die Kriminalität und Verelendung in den schnell wachsenden Städten rapide zunahm, wies der Staat die dabei aufgegriffenen Jugendlichen in die kirchlichen Einrichtungen ein, die mit ihren Erziehungskonzepten den Problemen dieser Gruppen nicht gewachsen waren und zunehmend zu Zwangsanstalten wurden. In den zwanziger Jahren wurde durch die Reformpädagogik eine Differenzierung der Heimerziehung betrieben, die nach 1945 wieder aufgegriffen wurde. Der Zwangscharakter blieb jedoch im wesentlichen erhalten.

Erst Ende der sechziger Jahre wurde — ausgelöst durch die aus der Studentenbewegung entstandene „Heimkampagne" — die Heimerziehung öffentlich problematisiert. Die Folgen waren ein Rückgang der Heimeinweisung, der Trend zu kleineren Heimen und die Entwicklung neuer Formen der Heimerziehung.

Zielgruppen und Struktur des Arbeitsfeldes

Den weiter oben genannten Einweisungskriterien entsprechend finden wir in diesem Arbeitsfeld ein differenziertes Angebot von Einrichtungen, von denen hier nur diejenigen genannt werden sollen, die für Jugendliche relevant sind.

— Das *Erziehungsheim* ist eine Einrichtung für erziehungsschwierige Jugendliche zwischen 14 und 18 Jahren, die auf Antrag der Eltern im Rahmen „freiwilliger Erziehungshilfe" oder durch richterliche Entscheidung eingewiesen werden. Hier wird mit Gruppen etwa Gleichaltriger gearbeitet, damit intellektuelle Fähigkeiten, Begabungen und Freizeitinteressen homogen sind. Meist gibt es angeschlossen an das Heim Schul- und Ausbildungseinrichtungen. Eine Vielzahl von Heimen verfügt darüber hinaus über Außenwohngruppen, in denen Erzieher gemeinsam mit Heimjugendlichen in kleinen Wohneinheiten leben.

— *Lehrlings- und Jugendwohnheime*
sowie Jugendpensionen sollen vorrangig Bildung und Ausbildung der Jugendlichen unterstützen. Sie erhalten hier während der Schul- oder Berufsausbildung Beratung und Hilfe bei persönlichen und beruflichen Problemen und Freizeitangebote. Teilweise werden hier auch Jugendliche aufgenommen, die des engen Rahmens des Erziehungsheimes nicht mehr bedürfen aber weiter pädagogisch betreut werden sollen.

— *Jugendwohngemeinschaften und -kollektive*
sind als Folge der Heimkampagne entstanden. In ihnen sollen Jugendliche unter zeitweiliger oder ständiger pädagogischer Betreuung Selbständigkeit und Selbstorganisation der eigenen Lebensvollzüge lernen.

Im Rahmen der Heimerziehung gibt es Einrichtungen von 8–350 Plätzen, durchgesetzt haben sich vor allem Einrichtungen mit ca. 40 Heimplätzen.

Ziele

„Aufgabe der Heimerziehung ist, eine begonnene und durch den vorübergehenden oder dauernden Ausfall der Primärerzieher unterbrochene bzw. gestörte Sozialisation forzuführen . . .

Heimerziehung hat vor diesem Hintergrund stets die Aufgabe, den Sozialisationsprozeß so zu gestalten, daß dem betroffenen jungen Menschen eine seinen Anlagen und Fähigkeiten entsprechende Entwicklung zur selbständigen, entscheidungsfähigen, gesellschaftlich integrierten Persönlichkeit ermöglicht wird." (HEITKAMP 1984, S. 12)

Zielgruppe

In die Heimerziehung eingewiesen werden Jugendliche, die auffälliges oder abweichendes Verhalten gezeigt haben, oder solche, bei denen eine drohende Verwahrlosung vermutet wird, oder deren kontinuierliche Erziehung und Versorgung nicht sichergestellt ist, weil sie einen oder beide Elternteile verloren haben oder diese aus verschiedenen Gründen ihrer Erziehungsaufgabe nicht nachkommen können.

Das Spektrum der als auffällig definierten Verhaltensweisen reicht von Widersetzlichkeit gegen Erwachsene, Fortlaufen und Umhertreiben, Schulschwänzen und Arbeitsbummelei, sexuellen und aggressiven Auffälligkeiten hin bis zu Sachbeschädigung und Eigentumsdelikten.

Arbeitsformen

Die Erziehung im Erziehungsheim vollzieht sich in verschiedenen Gruppen

— den *Erziehungsgruppen* als Wohngemeinschaft, in denen alle Fragen des täglichen Zusammenlebens (Alltagsorganisation, Konflikte, Gruppenstruktur) geklärt werden;

— *Therapiegruppen,* in denen unter Anleitung von Psychologen oder Sozialpädagogen spezifische Probleme bearbeitet werden;

— *Interessengruppen* für die Freizeit, in denen Hobbys gepflegt, gemeinsame Freizeitaktivitäten unternommen, Projekte und Ferienfahrten durchgeführt werden;

— Klassen- oder *Fördergruppen* für den Unterricht.

In den anderen Formen der Heimerziehung treten darüber hinaus individuelle Beratungsansätze und problembezogene Arbeit in den Vordergrund.

Problemfelder

Probleme in der pädagogischen Arbeit ergeben sich

— aus der *institutionellen Struktur* der Heimerziehung, die trotz des differenzierten Angebots weiterhin durch Unfreiwilligkeit und Zwangscharakter gekennzeichnet ist,

21

— durch die *Sozialisationserfahrungen* und -defizite der betroffenen Jugendlichen, die häufig auf langjährige „Karrieren" in sozialpädagogischen Institutionen zurückblicken und aufgrund dieser Erfahrungen (Beziehungs-)Angeboten professioneller Erzieher sehr mißtrauisch gegenübertreten,

— durch *mangelhafte Ausbildungs-, Arbeits- und Lebensperspektiven* für Jugendliche mit Heimkarriere,

— durch die *Notwendigkeit,* für diese Jugendlichen *neue Ansätze* der pädagogischen Arbeit zu entwickeln, die deren negative Erfahrungen in Lernprozessen anderer Sozialisationsinstanzen überwinden helfen.

Zur Struktur des Arbeitsfeldes und pädagogischen Anregungen:
— HANSELMANN, Paul/WEBER, Benedikt: Kinder in fremder Erziehung, Weinheim und Basel 1986
— PETERS, Friedhelm/TREDE, Wolfgang (Hrsg.): Strategien gegen Anpassung, Frankfurt 1992
— HEITKAMP, Hermann: Sozialarbeit im Praxisfeld Heimerziehung, Frankfurt 1984

1.4 Jugendarbeit in Jugendverbänden

Jugendverbände sind neben der kommunalen Jugendpflege diejenigen Träger von Jugendarbeit, die die meisten Jugendlichen erreichen. Unter dem Oberbegriff „Jugendverbände" ist ein breites Spektrum an Organisationen zusammengefaßt, die sehr unterschiedliche Inhalte und Aktivitäten repräsentieren. So gibt es kirchliche, politische, gewerkschaftliche und berufsständische Verbände ebenso wie Organisationen, die eher freizeit- oder sportbezogen sind. Die Mehrzahl der Jugendverbände sind angegliedert an entsprechende Erwachseneninstitutionen und dienen damit auch der Rekrutierung neuer Mitglieder für den Erwachsenenverband.

Geschichte

Das breite Spektrum heutiger Jugendverbandsarbeit geht im wesentlichen auf drei unterschiedliche *historische* Wurzeln zurück:
— von kirchlichen Trägern oder sozialen Gruppen initiierte Gesellen- und Jünglingsvereine, die als Reaktion auf Industrialisierung und Ur-

banisierung bereits im 19. Jahrhundert gegründet wurden und „schädliche Einflüsse" verhindern sollten. Sie waren i.d.R. konservativ und nationalistisch geprägt;

- die *bürgerliche Jugendbewegung,* die durch Gruppenleben, Wandern, Singen und Fahrten in die Natur „jugendgemäßes" Leben ermöglichen wollte;

- die *proletarische Jugendbewegung,* Zusammenschlüsse jugendlicher Fabrikarbeiter und Lehrlinge, die vor allem der Durchsetzung der Interessen dieser Jugendlichen gegenüber dem Betrieb galten (Kampf um Jugendarbeitsschutzbestimmungen).

Während der Zeit des Nationalsozialismus wurden die bis dahin bestehenden Jugendverbände entweder verboten oder vereinnahmt, lediglich die 'Hitlerjugend' für die Jungen und der 'Bund deutscher Mädel' für die Mädchen waren zugelassen.

Nach 1945 wurde an die Wurzeln vor 1933 wieder angeknüpft; so erklärt sich die Pluralität heutiger Jugendverbandsarbeit.

Zielgruppen und Struktur des Arbeitsfeldes

In der Bundesrepublik gibt es etwa 80 Jugendverbände mit Gliederungen auf Landes-, Kreis- und Ortsebene. Die größten von ihnen sind im Deutschen Bundesjugendring (DBJR) zusammengeschlossen, dem vor Ort die Land-, Kreis- und Stadtjugendringe entsprechen.

Die *regelmäßige Teilnahme* an der Jugendarbeit im Jugendverband ist in der Regel an die Mitgliedschaft gebunden, eine Ausnahme bilden vom Verband angebotene offene Veranstaltungen (Discoabende, Info-Veranstaltungen, Filmabende etc.).

Dennoch sagt das formale Kriterium 'Mitgliedschaft' wenig über das tatsächliche Engagement der Jugendlichen im Verband aus. Deshalb ist es auch außerordentlich schwierig, die Bedeutung der Jugendverbandsarbeit zahlenmäßig einzuschätzen.

Zielgruppe

Mitte der 70er Jahre waren ca. 4 Mio Jugendliche in Jugendverbänden — außer Sportjugend — organisiert, wobei Mehrfachmitgliedschaften unberücksichtigt blieben. Anderen Schätzungen zufolge sind ca. 30% aller Jugendlichen Mitglieder in Verbänden, dabei sind Realschüler und Gymnasiasten vor allem in der Gruppe der Engagierten überrepräsentiert. Ebenfalls überrepräsentiert sind die Jungen gegenüber den Mädchen.

Arbeitsformen

„Die grundlegende *Organisations- und Arbeitsform* der Jugendverbände in der Jugendgruppe: Jugendliche in überschaubarer Anzahl, die sich regelmäßig, meist wöchentlich, über Jahre hinweg treffen und über einen Kern von verbandlich-traditionellen Aktivitäten hinaus ein breites Spektrum von Aktivitäten verfolgen – Geselligkeit, Diskussionen, Feten, Basteln, Ausflüge, Aktionen etc." (SCHEFOLD/DAMM 1984, S. 615) Daneben gewinnen offene Angebote zunehmend an Bedeutung.

Die Jugendgruppen werden meist durch einen ehrenamtlich in der Verbandsarbeit tätigen jugendlichen *Gruppenleiter* organisiert.

Die *Rollen und Funktionen* ehren- oder nebenamtlicher Mitarbeiter lassen sich unterscheiden in:

– *Gruppenleiter/in:*
  leitet allein oder mit ein oder zwei anderen zusammen eine Gruppe von, in der Regel, Jüngeren, die sich regelmäßig zu Gruppenstunden trifft. Dabei werden auch Freizeiten und Bildungsmaßnahmen mit der Gruppe durchgeführt. Vielfach sind Gruppenleiter/innen gleichzeitig auch noch Mitarbeiter/innen in Leitungsämtern und gelegentlich Teamer/innen.

– *Teamer/innen:*
  sind Mitarbeiter/innen, die kurzzeitpädagogische Maßnahmen wie Bildungsseminare und Ferienfreizeiten punktuell oder regelmäßig mit wechselnden Teilnehmerkreisen durchführen.

– *Mitarbeiter/innen in der offenen Jugendarbeit:*
  wirken kurzzeitig an den verschiedensten technisch-organisatorisch wie pädagogischen Aufgaben der offenen Jugendarbeit mit.

– *Veranstalter:*
  organisieren vielfältige Formen von Festen und Fahrten für einen wechselnden Teilnehmerkreis.

– *Mitarbeiter/innen in Projekten und Initiativen:*
  engagieren sich zu einem bestimmten Themenschwerpunkt oder einer Idee, die in der Regel jedoch zeitlich befristet ist. Vielfach werden hier neue Formen von Jugendverbandsarbeit erprobt.

– *Mitarbeiter/innen in Leitungsämtern:*
  Jugendverbandsarbeit hat den Anspruch, sich autonom zu gestalten. Dazu gehören dann auch Leitungsaufgaben, die sich vor allem in der Koordination, Anregung und Vertretung nach innen ausdrücken.

– *Interessenvertreter/in:*
  Jugendverbandsarbeit betreibt Interessenvertretung junger Menschen. Diese Aufgabe erfordert viel Zeit und Erfahrung sowie ein Min-

destmaß an Frustrationstoleranz und Durchsetzungsfähigkeit. Hauptsächlich geht es um die Vertretung gegenüber der Kommune und anderer staatlicher Stellen sowie im Jugendring (vgl. LANDESJUGENDRING NIEDERSACHSEN 1985).

Für den einzelnen Gruppenleiter fallen dabei als *Tätigkeiten* an: (BECK/ WULF 1982, S. 116)

einmalig	gelegentlich	regelmäßig
Ferienfreizeit, Kinderfest, Projekt, Aktion besondere Veranstaltung	pädagogische/ politische Aus- und Weiterbildung, Praxisbegleitung, Arbeitskreise, Interessen- vertretung, Teestube, Disco, Filmclub, Gottesdienste u.ä.	Leitung von Kinder-, Jugend-, Hobby- und Freizeitgruppen

Problemfelder

Besondere *Probleme* für die pädagogische Arbeit ergeben sich durch

— Widersprüche zwischen dem Wunsch der Jugendlichen nach selbstbestimmten Freizeitaktivitäten einerseits und verbandspolitischen Vorgaben der Erwachsenen andererseits,

— die Schwierigkeiten, aus der Lebenswelt der Jugendlichen entstehende Bedürfnisse und Interessen immer wieder mit den verbandsspezifischen Partikularinteressen ausbalancieren zu müssen,

— teilweise hierarchische Struktur der Verbände und generationsspezifische Verständigungsprobleme zwischen Gruppenleiter und Verbandsfunktionären.

Zur Struktur des Arbeitsfeldes und pädagogischen Anregungen:
— SIELERT, Uwe: Die Mitarbeiter in Jugendverbänden, München 1978
— HAMBURGER, Franz: Ehrenamtliche Mitarbeiter in der Jugendarbeit, Weinheim 1982
— BERNER, Winfried: Jugendgruppen organisieren, Reinbek 1983
— BÖHNISCH, Lothar/GÄNGLER, Hans/RAUSCHENBACH, Thomas (Hrsg.): Handbuch Jugendverbände, Weinheim und München 1991

---

2 Lebenssituation, Alltag und Probleme Jugendlicher heute

Jugendarbeit, die für die Lebenssituation von Jugendlichen mehr sein will als nur Ausgleich oder Ablenkung von erlittenen Mißerfolgen, Konflikten und Fremdbestimmungen in anderen Sozialisationsfeldern, muß von eben diesen *konkreten Lebenszusammenhängen* ausgehen. Es ist deshalb notwendig, die Lebenssituation Jugendlicher in unserer Gesellschaft heute zu beschreiben, um Erscheinungsformen und das Verhalten jugendlicher Gruppen angemessen verstehen und Ziele, Inhalte und Methoden der Jugendarbeit daran ausrichten zu können. „Jugend kann zureichend weder biologisch noch chronologisch, sondern muß von einem empirisch gehäuften Verhalten in einer grob umrissenen Altersspanne einerseits und der noch unvollkommenen Zuerkennung von Rechten und der noch ausstehenden Erreichung sozialökonomischer Positionen andererseits her definiert werden." (ALLERBECK/ROSEMAYR 1976, S. 26)

Eine solchermaßen geforderte Beschreibung der Jugendphase erschien in der Vergangenheit vergleichsweise leicht.

„Soziologisch gesehen ist die Jugend die Periode im Leben eines Menschen, in welcher die Gesellschaft, in der er lebt, ihn ... nicht mehr als Kind ansieht, ihm aber den vollen Status, die Rollen und Funktionen des Erwachsenen noch nicht zuerkennt. Hinsichtlich des Verhaltens ist sie definiert durch die Rollen, die der junge Mensch kraft seines Status in der Gesellschaft spielen soll und darf, zu spielen genötigt oder verhindert ist. Sie ist nicht durch einen besonderen Zeitpunkt bestimmt etwa durch die körperliche Pubertät, sondern nach Form, Inhalt, Dauer und Abschnitt im Lebenslauf von verschiedenen Kulturen und Gesellschaften verschieden eingegrenzt." (HOLLINGSHEAD zit. bei ALLERBECK/ROSEMAYR 1976, S. 19)

Jugend war eine Übergangsphase zwischen Kindheit und Erwachsensein, ihr Beginn und Ende variierte zwar abhängig von der jeweiligen sozioökonomischen Situation, aber ihre Funktion war klar: im Zentrum stand die Vorbereitung auf die Übernahme von festumrissenen Erwachsenenrollen verbunden mit der Integration in die Welt der Erwachsenen.

26

Diese Klarheit hat sich in den letzten zwei Jahrzehnten grundlegend gewandelt. Die Übergänge zwischen Jugend- und Erwachsenenstatus sind zunehmend verschwommen, die Integration in die Erwachsenwelt ist durch Perspektivverlust und (Jugend-) Arbeitslosigkeit erschwert, eine individuelle Zukunfts- und Lebensplanung, ist durch zunehmende Brüche in der ,Normalbiografie' krisenanfällig und unsicher geworden. Jugend wird so zu einem Lebensabschnitt, in dem sehr unterschiedliche Lebenslagen, Alltagsprobleme und biographische Brüche einander abwechseln und überlagern. So gibt es die Jugendphase als klar beschriebene „Übergangsphase" für die Mehrheit der Jugendlichen nicht mehr, ebensowenig, wie es ,die Jugend' als universelle Kategorie, als homogene soziale Gruppe gibt.

„Gesucht ist – vereinfacht gesagt – ein Modell von Jugend (in ihren verschiedenen Differenzierungen), an dem sich die Jugendarbeit orientieren kann, ohne durch schwer verständliche Verhaltensweisen Jugendlicher immer wieder verunsichert zu werden. Dieses Verhältnis läßt sich nur aus einer Analyse des Strukturwandels der Jugendphase und der damit zusammenhängenden Lebensorientierung Jugendlicher gewinnen. Dieses neue Verständnis bedeutet aber auch, daß man traditionelle – und vielleicht liebgewonnene – Jugendbilder aufgeben muß." (BÖHNISCH/MÜNCHMEIER 1987, S. 47)

Die Ausführungen in den folgenden Abschnitten sollen für ein differenziertes Bild der gegenwärtigen Lebenssituation Jugendlicher Bausteine liefern, indem wir

– die allgemeinen Entwicklungsprozesse und -probleme Jugendlicher,
– die gegenwärtige ökonomische und politische Situation, in der die Jugendliche aufwachsen,
– die Reaktionen und Verarbeitungsformen Jugendlicher angesichts allgemeiner Entwicklungsprobleme und aktueller Lebenssituation, und schließlich
– die Reaktion sozialpädagogischer Institutionen und anderer gesellschaftlicher Gruppen auf Jugendliche und ihre Verarbeitungsformen beschreiben.

Entstehen soll so ein Bild der Lebenswelt Jugendlicher als Ausdruck gesellschaftlicher Entwicklung, wie es im nachfolgenden Schema in seinen Zusammenhängen angedeutet ist (vgl. KLAWE 1983).

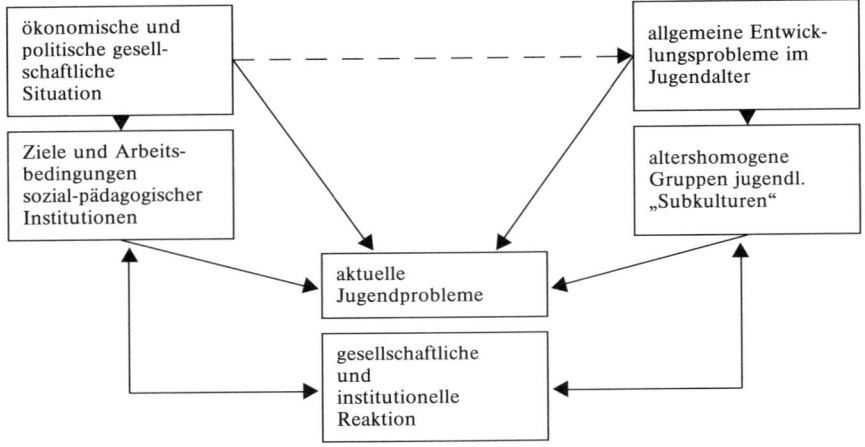

2.1 Allgemeine Entwicklungsprobleme Jugendlicher

Auch unabhängig von den durch den gegenwärtigen Sozialen Wandel verschärften Anforderungen stellt der mit „Jugend" bezeichnete Lebensabschnitt aufgrund der vielfältigen Unsicherheiten, Desorientierungen sowie Rollen- und Statusprobleme die im Lebenszyklus eines Menschen wohl krisenhafteste Phase dar. Deshalb sind in dieser Phase auch gehäuft Konflikte und Probleme im Fortgang der Entwicklung von Jugendlichen zu erwarten. Diese jugendspezifischen Entwicklungsprobleme haben sich zwar, historisch gesehen, mit langfristigen gesellschaftlichen Umwälzungen zusammen ständig verändert (vgl. GILLIS 1980), können aber für die uns hier interessierenden Zeiträume als gültig angesehen werden.

Für Jugendliche sind in der Jugendphase folgende Prozesse charakteristisch:

— Pubertät und Reifung
— Ablösung vom Elternhaus
— Berufseinstieg
— Statusunsicherheit
— Identitätsbildung

Die *Pubertät* als biologische Dimension des Jugendalters ist in ihrem Verlauf wesentlich biologisch bestimmt. Kennzeichnend für die Pubertät sind tiefgreifende physiologische und physische Veränderungen (Ausbildung der Geschlechtsmerkmale, Stimmverschiebung, Längenwachstum). Der Ablauf der Pubertät folgt einer angebbaren Entwicklung, Zeitpunkt, Dauer und Intensität sind jedoch sowohl geschlechtsspezifisch als auch individuell sehr unterschiedlich.

Die *Ablösung vom Elternhaus* und die Zunahme außerfamiliärer Sozialbeziehungen und Orientierungen sind notwendige Elemente der Sozialisation im Jugendalter. Dieser Prozeß setzt mit Eintritt in das Jugendalter ein und entwickelt sich dynamisch im Verlauf der Jugendphase. Die mit der Ablösung verbundenen Konflikte verstärken sich durch die Beendigung der Schule, andere Beanspruchung und andere (erwachsene) Rollenerwartungen der Umwelt führen dazu, daß spätestens jetzt bisher latente Konflikte im Elternhaus offengelegt, intensiver erlebt und ausgetragen werden.

Die Ablösung vom Elternhaus vollzieht sich auf verschiedenen Ebenen:

- der interaktionellen Ebene gemeinsamen Kontakts und Zusammenseins;
- der normativen Ebene direkter elterlicher Einflußnahme und Kontrolle;
- der emotionalen Ebene gefühlsmäßiger Bindung, Loyalität und Solidarität zwischen Eltern und Jugendlichen (NEIDHARDT, 1970, S. 61).

Die Ablösung wird zunächst auf der Ebene des geringsten Widerstandes konkret vollzogen: die Freizeit wird zunehmend ohne Eltern außerhalb der Familie verbracht, die Anwesenheit in der Familie reduziert (interaktionelle Ebene). So gaben in einer Untersuchung zur Lebenswelt von Hauptschülern nur 13 % der befragten Jugendlichen an, die Freizeit am liebsten in der Familie zu verbringen (PROJEKTGRUPPE JUGENDBÜRO UND HAUPTSCHÜLERARBEIT, 1975, S. 245). Die Folge dieser Entwicklung ist zwangsläufig ein Rückgang der sozialen Kontrolle durch die Eltern. „Die elterliche Verhaltenskontrolle ist bei den höheren Schülern viel stärker durchgebildet als bei den jugendlichen Arbeitern; in der Unterschicht wird diese geringere Kontrolltätigkeit mit Verboten und Strafen teilweise wettgemacht." (ROSENMAYR, 1976, S. 102)

Der Rückgang gemeinsam verbrachter Zeit und gemeinsamer Sozialerfahrungen von Jugendlichen und Eltern hat so auch gravierende Einflüsse auf die normative Ebene des Ablösungsprozesses. Die reduzierten Sozialkontakte zu den Jugendlichen geben den Eltern weniger Chancen der Einflußnahme und zur Vermittlung von Wertorientierung, Einstellungen und Handlungen.

„Daß die elterlichen Kontrollen der heranwachsenden Jugendlichen offensichtlich zurückgehen, wird man nicht einfach darauf zurückführen können, daß Eltern aus freiem Entschluß eine pädagogische Strategie zunehmenden Kontrollverzichts praktizieren." (NEIDHARDT, 1970, S. 62) Vielmehr sind sie zunehmend von wesentlichen Erfahrungsbereichen ihrer Kinder ausgeschlossen, und das Ausmaß der Informationen, die sie über diese Erfahrungen erhalten, ist entscheidend bestimmt durch das Vertrauensverhältnis, das zwischen ihnen und ihren Kindern besteht.

Vor dem Hintergrund des hier skizzierten Beziehungs- und Interaktionsgefüges zwischen den Jugendlichen und ihren Eltern spielen sich die Konflikte ab, die mit der Ablösung vom Elternhaus verbunden sind. Zentrale Konfliktbereiche sind nach Aussage der Jugendlichen vor allem:

— Konflikte, die aus der unmittelbaren Interaktion mit den Eltern entstehen und sich auf das Verhalten der Jugendlichen beziehen (z.b. frech werden, nicht gehorchen, lügen etc.),

— Konflikte, die sich aus dem Zusammenleben im häuslichen Bereich ergeben (z.b. Aufräumen, Musik zu laut hören, Streit mit Geschwistern etc.),

— Konflikte durch die Ausgangskontrolle der Eltern (z.b. zu spät nach Hause kommen, zu spät ins Bett gehen etc.),

— Konflikte durch Behinderung der Freizeitaktivitäten (z.b. Einspruch der Eltern, bestimmte Veranstaltungen und Orte aufzusuchen, Beeinflussung des Freundeskreises, Verhältnis von Schule/Beruf zur Freizeit, Urlaub etc.),

— Konflikte durch Vorfälle in Schule und Betrieb (z.b. Zeugnisse, Prüfungen, zu spät zur Arbeit gehen etc.),

— Konflikte um die Verwendung des verdienten Geldes (z.b. größere Anschaffungen vs. Sparen, Kostgeld etc.) (vgl. auch PROJEKTGRUPPE JUGENDBÜRO UND HAUPTSCHÜLERARBEIT, 1975, S. 251 f.).

Die Emanzipation vom elterlichen Einfluß und der Kampf um Autonomie standen in der Vergangenheit als zentrale Aufforderung an Jugendliche im Vordergrund — Jugendarbeit war häufig das einzige Erfahrungsfeld, das diese Emanzipation ermöglichte. Die Veränderung der Jugendphase hat dazu geführt, daß der Stellenwert und die Schärfe der Konflikte mit den Eltern haben an Bedeutung verloren. Dies hat vor allem vier Gründe:

— die Bildungsreformen der siebziger Jahre haben dazu geführt, daß Jugendliche tages- und lebenszeitlich länger in Bildungsinstitutionen verbleiben. Sozialkontakte mit Gleichaltrigen haben so an Bedeutung gewonnen, während Kontakte mit Eltern und anderen Erwachsenen — außer den Lehrern — abgenommen haben. Daneben wurde vielen Jugendlichen ein Bildungsniveau ermöglicht, das über dem ihrer Eltern liegt, deren Vorbild- und Orientierungsfunktion wurde dadurch relativiert.

– Obwohl das allgemeine Wissen über Pädagogik und Psychologie stark zugenommen hat, sind Verunsicherung und Orientierungsprobleme über zu vermittelnde Werte, anzustrebende Erziehungsziele und geeignete pädagogische Strategien bei den Eltern gestiegen. Viele Eltern nehmen ihre Orientierungs- und Kontrollfunktion daher unentschiedener wahr.

– Die Flexibilisierung der Arbeitszeit führt zunehmend dazu, daß jeder Einzelne zwar über mehr Freizeit verfügt, diese aber trotz des Zuwachses an Freizeit in den Familien immer weniger gemeinsam verbracht wird.

– Ausdehnung der Bildungsgänge und mangelnde Chancen, auf dem Ausbildungs – oder Arbeitsmarkt Fuß zu fassen, zwingen immer mehr Jugendliche in länger andauernde ökonomische Abhängigkeiten von den Eltern. Diese Abhängigkeit verzögert ihre Ablösung und zwingt zu pragmatischen Konfliktstrategien.

Diese aktuellen Fakten haben vielfach einen strategischen Umgang mit Konflikten von beiden Seiten zu Folge: Eltern sehen heute ihren Kindern Verhaltensweisen nach, die noch vor 10 Jahren harte Auseinandersetzungen heraufbeschworen hätten, andererseits pflegen Jugendliche einen strategischen Umgang mit Erwachsenen: Konflikte werden nur dann ausgetragen, wenn es unumgänglich ist.

Der *Berufseinstieg* stellt für Jugendliche einen wesentlichen Schritt zum Erlernen von Erwachsenenrollen dar. „Nach wie vor kommt Arbeit und Beruf eine bevorzugte Stellung bei der Suche nach einer Sinn- und Gestaltungsperspektive für das eigene Leben zu. Ihr Bedeutungsgehalt und ihr Bedeutungsgewicht wechseln zwar zwischen den vorbildlichen Lebenskonzepten, bei ihrer überwiegenden Mehrheit aber spielen Arbeit und Beruf eine große Rolle; und dies nicht als bloßes Mittel zum Gelderwerb, als notwendiges Übel, das man ohne große innere Beteiligung auf sich nimmt, um auf dieser Grundlage außerhalb der Arbeit das ‚eigentliche‘ Leben gestalten und genießen zu können, sondern vielmehr als inhaltliches Sinn-Zentrum, auf das man sich einlassen und mit dem man sich identifizieren möchte" (BAETHGE u.a. 1989, S. 187). Die berufliche Tätigkeit schafft die notwendige materielle Basis für eine eigenverantwortliche Existenz und ist zugleich ein wichtiger Faktor sozialer und personaler Identität. Entwicklungsprozesse auf dieser Erfahrungsebene sind angesichts ökonomischer Krise und steigender Arbeitslosigkeit bzw. Ausbildungsplatznot für eine immer größer werdende Zahl Jugendlicher blockiert. Dabei sind Mädchen besonders betroffen.

Die *Statusunsicherheit* von Jugendlichen bezieht sich auf verschiedene Aspekte. Einmal wird dem Jugendlichen ein Kindheitsstatus nicht mehr, ein Erwachsenenstatus, vor allem gekennzeichnet durch die Aufnahme einer vollwertigen Berufstätigkeit, noch nicht gewährt. Der Jugendliche sieht sich daher in verschiedenen gesellschaftlichen Teilbereichen mit unterschiedlichen, unklaren und zum Teil widersprüchlichen Verhaltenserwartungen konfrontiert. So werden von ihm in der Schule oder Lehre eigenverantwortliche selbständige Leistungen verlangt, während er im Elternhaus vielleicht noch eher als Kind behandelt wird, das keine eigenständigen Entscheidungen treffen kann. Die jeweiligen Rechte und Verpflichtungen des Jugendlichen sind also stark situationsabhängig und erschweren ihm eine Orientierung. Die Statusunsicherheit bezieht sich in einer langfristigen Perspektive aber auch auf den ausgeprägten Leistungscharakter der Jugendphase. Vom Jugendlichen wird vor allem erwartet, daß er lernt und als Lernender gute Leistungen erbringt. Die erbrachten (Schul-)Leistungen im Jugendalter dienen als Grundlage der künftigen Statuszuweisung in der Erwachsenenwelt. Auch im Hinblick auf zukünftige Perspektiven ist der Status also unsicher: in der Jugendphase entscheidet sich, ob der Jugendliche berufliche und soziale Aufstiegschancen oder einen langfristigen Statusverlust zu erwarten hat. Auch diese traditionelle Funktion der Jugendphase ist brüchig geworden: immer deutlicher wird, daß gute Bildungsabschlüsse keine Garantie für einen Ausbildungs- oder Arbeitsplatz sind. Der Aufschub von Bedürfnissen zugunsten späterer „Belohnung" erscheint immer weniger erfolgversprechend.

„Gerade für Jugendliche liegt darin ein Paradox: Die relativ hohe Arbeitslosigkeit hat die Bedeutung der Erwerbsarbeit bislang keineswegs geschmälert. Man muß arbeiten, um zu leben. Andererseits jedoch kann man sich nicht mehr selbstverständlich darauf verlassen, daß Lohnarbeit ein Leben lang den Lebensunterhalt sichern kann. Man muß sich also einerseits weiterhin und sogar — wegen der schärferen Konkurrenz — mit ganzem Ernst auf eine Lohnarbeitsexistenz vorbereiten. Andererseits ist man gut beraten, diese Zukunftsperspektive nicht zu hoch zu ‚besetzen‘, um sich auch andere alternative Orientierungen offenhalten zu können und eventuelle Phasen der Arbeitslosigkeit ohne psychosoziale Kosten zu überstehen." (BÖHNISCH/MÜNCHMEIER 1987, S. 60)

Entscheidender und wichtigster Aspekt der Sozialisation im Jugendalter ist die *Ausbildung einer sozialen Identität.* Identität als „Bezeichnung für eine auf relativer Konstanz von Einstellungen und Verhaltenszielen beruhende(n), relativ überdauernde(n) Einheitlichkeit in der Betrachtung seiner selbst oder anderer" (DREVER/FRÖHLICH 1968, S. 115) umfaßt drei Dimensionen, deren Ausbildung im Jugendalter entscheidend geprägt wird:

— *Individualität* (personale Identität) als Gefühl und Erfahrung der eigenen Einzigartigkeit,

— ein *Selbstkonzept,* das gekennzeichnet ist durch die Art und Weise, wie ich mich selbst sehe und wie mich andere sehen sollen bzw. tatsächlich sehen. „Die Funktion des Selbst-Konzepts umfaßt etwa

– die Selbsteinschätzung der eigenen Person und aktuellen Verhaltens in einer Situation,

– die Vorwegnahme oder Voraussage von Erfolg oder Mißerfolg in verschiedenen Aktivitäten,

– das Erreichen sozialer und individueller Kompetenz, sozialer Selbstsicherheit, psychische Stabilität usw.

– den Grad der Selbstbestimmung oder der Bereitschaft, sich von äußeren Einflüssen lenken zu lassen." (BAACKE 1976, S. 162)

– das *Erlernen von Rollen*: „Stabilisieren sich bestimmte Verhaltenszüge durch Wiederholung oder Erwartung der anderen, werden sie schließlich zu Rollen und damit zu einem Verhalten, das nicht zuverlässig, aber doch in gewissem Maße die Vorhersagbarkeit von Verhaltenssequenzen erlaubt." (ebd. S. 165)

Eine besondere Bedeutung hat in diesem Zusammenhang das Erlernen der Geschlechtsrolle und die Übernahme von Berufsrollen.

Erfolgreiches Lernen neuer Rollen bedeutet nicht lediglich kritiklose Übernahme vorfindbarer Rollenmuster, sondern umfaßt gleichzeitig

– *Rollendistanz*, d.h. die Fähigkeit, sich über Anforderung von Rollen erheben, unter diesen auswählen, sie ablehnen, verändern und interpretieren zu können. Ganz allgemein bezeichnet also „Rollendistanz" die Fähigkeit, sich Normen gegenüber reflektierend und interpretierend zu verhalten.

– *Einfühlungsvermögen*, d.h. die vom Verstand und vom Gefühl her gesteuerte Fähigkeit, sich auf Interaktionspartner und -situationen (richtig) einzustellen, um entsprechend reagieren zu können, ohne die eigene Identität zu gefährden.

– *Konfliktfähigkeit*, d.h. auf der einen Seite, in Situationen, in denen Normen und Erwartungen anderer eigenen Erwartungen und Bedürfnissen widersprechen, diese durchsetzen zu können, ohne dabei andere in ihrer Entfaltungsmöglichkeit unzumutbar zu beschneiden. Voraussetzung für ein solches „Durchsetzen" ist zunächst, daß die Situationen überhaupt als konflikthaft wahr- und angenommen werden, und ferner, mit den anderen über widersprechende Erwartungen in Auseinandersetzung zu treten. Konfliktfähigkeit bedeutet auch, ein gewisses Maß von Unbefriedigtheit ertragen, widersprüchliche Rollenbeteiligungen und einander widersprechende Motivationen nebeneinander dulden zu können.

– *Selbstdarstellung*, d.h. die Art und Weise, wie ich mich (meine Erwartungen, Ängste, Eigenheiten, Meinungen usw. – kurz: meine Individualität) vor den anderen mit sprachlichen und nichtsprachlichen Mitteln „darstelle".

Die Fähigkeit zur Selbstdarstellung ist zugleich eine Folge und eine Voraussetzung von Identität. So bietet eine gesicherte Identität ein bestimmtes Maß an Selbstbewußtstein und Unabhängigkeit, das eine entsprechende Selbstdarstellung stützt. Diese Fähigkeit wiederum und die Resonanz, die sie findet, stimulieren die weitere positive Entwicklung der Identität.

Zum Erlernen von Selbstdarstellung gehören unverzichtbar (besonders im Jugendalter) das Ausprobieren von Formen und Mitteln und ihre Übernahme von Personen, mit denen man sich identifiziert.

In diesem Zusammenhang spielen die in Gleichaltrigengruppen entwickelten und gepflegten Gruppenstile der Jugendkultur mit ihren Symbolen in Aussehen, Kleidung und Accessoires eine große Rolle.

Im Unterschied zum Kindesalter orientiert sich der Jugendliche also nun nicht mehr über Identifikation an den Eltern oder anderen Erwachsenen, sondern lernt durch Experimentieren in sozialen Interaktionen, wer er ist, wie ihn seine Umwelt einschätzt und welches Rollenverhalten in außerfamiliären Sozialbeziehungen notwendig ist.

Diese allgemeinen Jugendprobleme „lassen sich darstellen als Probleme des Einstiegs und der Integration in die Gesellschaft" (BUNDESMINISTERIUM 1981, S. 3). Sie werden überformt von allgemeinen gesellschaftlichen Entwicklungen und sind in ihrem Erscheinungsbild nur im Zusammenhang mit diesen verständlich.

Zur weiteren Information über *allgemeine Entwicklungsprozesse des Jugendalters:*

— BAACKE, Dieter: Die 13- bis 18jährigen, Weinheim und Basel 1983 (3. Aufl.)
— HURRELMANN, Klaus: Lebensphase Jugend, Weinheim und München 1995 (4. Auflage)
— SPEGEL, Hiltrud von: Teenies — Die Lebenswelt der 9-14jährigen, hrsg. von ABA Fachverband Offene Arbeit mit Kindern (Massener Straße 56, 59423 Unna) 1988

2.2 Gegenwärtige ökonomische, politische und gesellschaftliche Situation

Sozialer Wandel

Die gegenwärtige Situation in der Bundesrepublik ist gekennzeichnet durch einen raschen sozialen Wandel, in dessen Verlauf sich die Strukturen unserer Gesellschaft und die gesellschaftlichen Wertmuster nachhaltiger und grundlegender verändern als in vorangegangenen Jahrzehnten.

Die Elemente und Auswirkungen dieser Verwandlungsprozesse sind teilweise zahlenmäßig festzumachen (quantitative Aspekte), zu einem größeren Teil aber beziehen sie sich auf die inhaltliche Ausformung unserer Gesellschaft, auf leitende Zielvorstellungen, Normen, Werte und Perspektiven (qualitative Aspekte).

Beide Ebenen des sozialen Wandels aber betreffen die Lebenssituation der Jugendlichen wie auch die Rahmenbedingungen für Jugendarbeit gleichermaßen und beeinflussen so die Verarbeitungsformen und Handlungsperspektiven.

Demographische Entwicklung: Verschwindet die Jugend?

Berechnungen zur Bevölkerungsentwicklung in den nächsten Jahrzehnten gehen übereinstimmend von einem Rückgang der bundesrepublikanischen Bevölkerung aus. Im Rahmen dieser rückläufigen Bevölkerungszahlen nimmt die Zahl der 15- bis 25jährigen bis zum Jahr 2000 besonders drastisch ab. Ihre absolute Zahl wird von rd. 9,5 Millionen auf etwa 5,2 Millionen absinken. Damit verringert sich ihr Bevölkerungsanteil von 16,8% auf 9,7%, parallel dazun nimmt die Zahl der über 60jährigen überproportional zu (LENZ 1987). In einer überalterten Gesellschaft wird „Jugend" damit zunehmend mengenmäßig zu einer „Randgruppe".

Betrachtet man diese Gruppe etwas genauer, so ist absehbar, daß der Anteil ausländischer Jugendlicher um gut ein Drittel zunehmen wird, spätestens jetzt wird es also Zeit, dieser Gruppe Jugendlicher auch konzeptionell gerecht zu werden.

Die hier nur angedeutete demographische Entwicklung zeigt schon jetzt ihre Folgen für die Jugendarbeit: Zunehmend treten „Anbieter" von Jugendarbeit stärker in Konkurrenz um Jugendliche. Zu vorhandenen konzeptionellen Mängeln im Wettbewerb um verschiedene Zielgruppen kommt jetzt noch die zahlenmäßige Reduzierung möglicher „Abnehmer".

Jugendarbeit gerät damit in immer stärkeren Legitimationsdruck – und das in einer Zeit, wo Jugendpolitik davon bedroht ist „abgeschafft" zu werden.

War zu Beginn der 80er Jahre der „Dialog mit der Jugend" – wie problematisch er auch immer angegangen wurde – ein Anliegen der Politik und ein Feld der Profilierung für so manchen Politiker, droht Jugendpolitik jetzt in anderen Politikfeldern aufzugehen.

Abb. Aspekte des sozialen Wandels

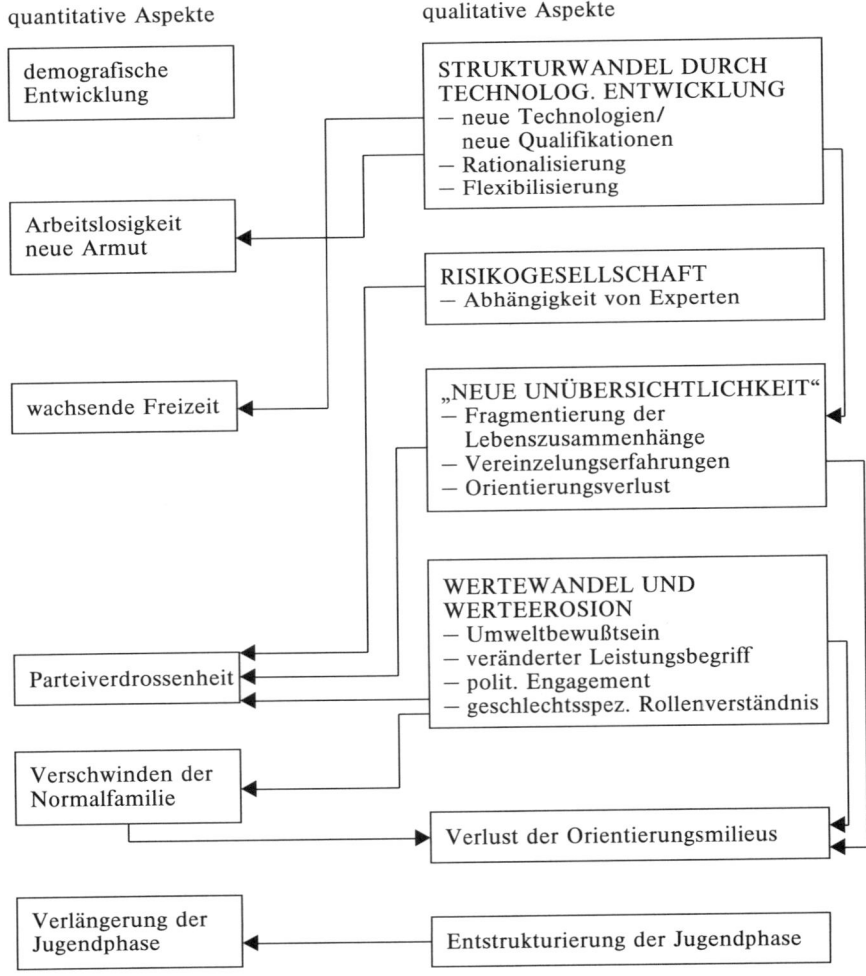

quantitative Aspekte

qualitative Aspekte

demografische
Entwicklung

STRUKTURWANDEL DURCH
TECHNOLOG. ENTWICKLUNG
– neue Technologien/
  neue Qualifikationen
– Rationalisierung
– Flexibilisierung

Arbeitslosigkeit
neue Armut

RISIKOGESELLSCHAFT
– Abhängigkeit von Experten

wachsende Freizeit

„NEUE UNÜBERSICHTLICHKEIT"
– Fragmentierung der
  Lebenszusammenhänge
– Vereinzelungserfahrungen
– Orientierungsverlust

WERTEWANDEL UND
WERTEEROSION
– Umweltbewußtsein
– veränderter Leistungsbegriff
– polit. Engagement
– geschlechtsspez. Rollenverständnis

Parteiverdrossenheit

Verschwinden der
Normalfamilie

Verlust der Orientierungsmilieus

Verlängerung der
Jugendphase

Entstrukturierung der Jugendphase

Die Interessen Jugendlicher werden in Teilprobleme aufgespalten, von Sozial-, Bildungs-, Arbeitsmarkt-, Frauen- oder Gesundheitspolitik vereinnahmt. Eine Interessenvertretung für diese Bevölkerungsgruppe droht nicht mehr stattzufinden. Ohnehin hat sich die Politik schon den Bevölkerungsgruppen verstärkt zugewandt, die rein zahlenmäßig als Wählerpotential interessanter sind.

Vor diesem Hintergrund wird für die Jugendhilfe die Parole „Wandel ohne Expansion" ausgegeben in der Annahme, weniger Jugend hieße auch weniger Probleme (HEYE 1988, S. 35).

Mittelfristig sind Umverteilungen von Ressourcen von Jugendhilfe in den Seniorenbereich zu erwarten – mit der Konsequenz, erreichte Professionalisierungsstandards in der Jugendarbeit abzubauen und wieder stärker auf Ehrenamtlichkeit umzustellen.

Diese Situation bedeutet für Jugendverbände und Jugendarbeit, die eigene Arbeit noch deutlicher als bisher zu profilieren und zu fundieren, um dem Abbau von Jugendhilfeangeboten entgegentreten zu können.

Veränderungen der Arbeitsgesellschaft durch technologische Entwicklung

Die technologische Entwicklung der sogenannten „Dritten Industriellen Revolution", also – bildlich gesprochen – der Entwicklung von der Dampfmaschine zum Mikrochip, zieht weitreichende Veränderungen unserer Arbeitsgesellschaft nach sich, die auch auf andere Lebensbereiche außerhalb der Arbeitswelt ausstrahlen.

Die technologische Entwicklung führt zu einer Umschichtung von Qualifikationen:

Erworbene berufliche Qualifikationen werden immer kurzlebiger, neue Technologien erfordern immer stärkere Spezialisierungen. Damit entsteht eine relativ kleine Gruppe hochqualifizierter Spezialisten und eine große Gruppe minderqualifizierter Arbeitskräfte.

Durch den Einsatz neuer Technologien werden bisherige Qualifikationen entwertet („Technikverlierer"), andere – meist kleinere Gruppen – zumindest in der Einführungsphase aufgewertet („Technikgewinner") (KRUMMACKER, 1986, S. 101).

Zusätzlich wird eine große Zahl von Arbeitskräften durch den Rationalisierungseffekt neuer Technologien arbeitslos. „Berufliche Qualifizierung wird immer notwendiger zum Einstieg in das Erwerbsleben, sie garantiert jedoch immer weniger einen sicheren Arbeitsplatz." (UMBRÜCHE, 1990, S. 60).

Da die Einführung neuer Technologien mit hohen Investitionskosten verbunden ist, die sich aus Sicht der Unternehmer nur dann auszahlen, wenn die Anlagen maximal genutzt und mit anderen Produktionssträngen vernetzt sind, wird gegenüber den Beschäftigten eine Flexibilisierung der Arbeitszeit durchgesetzt.

Teilzeit- oder Heimarbeit, Feiertagsschichten, Arbeit auf Abruf und ähnliche Beschäftigungsformen führen zunehmend zu einer Auflösung des „Normalarbeitsverhältnisses" über „Arbeitsplatzvernichtung, Reallohnsenkungen, erhöhte Arbeitsintensität, flexibilisierte Arbeitszeiten und Arbeitsplatzeinsätze, computergesteuerte Leistungsüberwachung und -optimierung und den Abbau von Arbeitsschutzregelungen, politisch-ideologisch über ausgefeilte Strategien zur Schwächung oder Erschwerung kollektiver Interessenvertretung oder gemeinsamen politischen Handelns" (KRUMMACKER 1986, S. 21).

Jugendliche sind von diesen Entwicklungen mehrfach betroffen:

— die ungewissen Zukunftsperspektiven auf dem Arbeitsmarkt machen erworbene (schulische) Qualifikationen tendenziell wertlos: selbst ein guter Schulabschluß garantiert nicht den Einstieg (und Verbleib) in zukunftsträchtigen Branchen;

— Interessenvertretung und Schutzbestimmungen für Jugendliche am Arbeitsplatz wurden erschwert bzw. abgebaut;

— von Arbeitslosigkeit und damit verbundener neuer Armut sind sie entweder selbst oder als Familienangehörige unter Umständen mit betroffen.

Neue Armut und Jugendarbeitslosigkeit

Durch die technologische Umstrukturierung ganzer Arbeitsbereiche kann seit einigen Jahren einer Zahl zwischen 3-4 Millionen Menschen kein Arbeitsplatz geboten werden. Offensichtlich findet sich unsere Gesellschaft damit ab, daß ein bestimmter Prozentsatz der Bevölkerung dauerhaft ohne Arbeit und ohne Einkommen sein wird.

Gleichzeit werden die sozialen Leistungen abgebaut, immer mehr Menschen sind auf die Sozialhilfeleistungen des Staates angewiesen, deren Berechnungsgrundlagen ein Leben auf dem Existenzminimum kaum zulassen.

Die ökonomische Krise bekommen Jugendliche verstärkt zu spüren. Die Zahl von Sozialhilfeempfängern, die Hilfe zum Lebensunterhalt beziehen, hat sich von 1975-1985 nahezu verdoppelt.

Dabei ist die Quote der Bezieher unter 25 Jahren überdurchschnittlich angewachsen: die der 18-25jährigen hat sich im gleichen Zeitraum nahezu verfünffacht, die der 21-24jährigen vervierfacht (MICHELSEN 1988, S. 170).

In Hamburg sind derzeit 21,6% der Empfänger laufender Hilfen zum Lebensunterhalt zwischen 15 und 25 Jahre alt.

Die Aussicht auf einen Ausbildungs- und Arbeitsplatz, der den eigenen Interessen und Bedürfnissen entspricht und die reale Chance, diesen auch zu erhalten sind von grundsätzlicher Bedeutung für den Prozeß der Integration Jugendlicher in die Gesellschaft. Davon ist nach wie vor ein beachtlicher Teil Jugendlicher ausgeschlossen:

„Ende 1989 waren rd. 300.000 arbeitslose Menschen 25 Jahre und jünger. Bereits 1985 befanden sich über 1,3 Millionen 15- bis unter 25jährige auf dem Arbeitsmarkt, die nicht mehr auf eine abgeschlossene Ausbildung hin lernten und keine Berufsausbildung hatten.

Bis zum Jahr 2000 wird mit weiteren 1-1,5 Millionen Jugendlichen gerechnet, die ohne abgeschlossene Berufsausbildung bleiben werden. Dies ist dann jeder siebte Jugendliche . . . Rd. 200.000 Jugendliche befanden sich 1986/87 im Berufsgrundbildungsjahr, Berufsvorbereitungsjahr und berufsvorbereitenden Maßnahmen." (PARITÄTISCHER WOHLFAHRTSVERBAND 1990, S. 208).

Die Erfahrung, daß das objektive Ausbildungsplatzangebot für eine eigene berufliche Perspektive nicht ausreicht, sowie die gedankliche Vorwegnahme des damit verbundenen Scheiterns bringt Brüche im Sozialisationsprozeß mit sich.

Im pädagogischen Alltag sind typische Reaktionsmuster zu beobachten:

— *verstärkter Leistungsdruck* und wachsender Konkurrenzkampf (Ellenbogenmentalität) oder

— *Resignation:* Die berufliche Zukunft wird als nicht beeinflußbar angesehen.

Insgesamt kann davon ausgegangen werden, daß grundlegende Orientierungs- und Erwartungsmuster der Jugendlichen gegenüber der Gesellschaft zerstört worden sind.

Wurde ihnen in der Schule der Eindruck vermittelt, daß entsprechende Schulleistungen auch mit ziemlicher Sicherheit einen entsprechenden Ausbildungsplatz sichern würden, müssen sie jetzt die Erfahrung machen, daß dieses Muster der Statuszuweisung nicht mehr stimmt.

„Die jungen Leute erleben, daß sie — auch wenn sie sich noch so sehr anstrengen — eben nicht jenen Beruf ergreifen, jene Arbeit finden, jene Ausbildung machen können, die sie ihren Neigungen entsprechend wählen möchten", (HORNSTEIN 1980, S. 17) d.h. daß ein zentraler — unter den gegebenen Bedingungen unserer Gesellschaft vielleicht der zentrale Mechanismus der Positionszuweisung und Positionsfindung in der Erfahrung der Jugendlichen nicht mehr funktioniert.

Für die betroffenen Jugendlichen büßt das Leistungsprinzip hier einen großen Teil seiner Glaubwürdigkeit ein. Die Glaubwürdigkeit unserer Gesellschaft und ihrer Institution ist bei denjenigen Jugendlichen besonders erschüttert, die von Arbeitslosigkeit betroffen sind. Dies sind:

— die in der offiziellen Arbeitsmarktstatistik erfaßten arbeitslosen Jugendlichen,

— die nicht in der Arbeitslosenstatistik erfaßten Bewerber um Ausbildungsplätze,

— die (meist unfreiwillig) in berufsvorbereitenden Lehrgängen oder Arbeitsbeschaffungsmaßnahmen vorübergehend untergebrachten Jugendlichen.

Bei ihnen „handelt es sich um eine in sich heterogene Gruppe, die durch ein unterschiedliches Schul- und Berufsschicksal, durch verschiedenartige Qualifikationen, durch unterschiedliche berufliche Wertorientierungen und Zukunftserwartungen und damit auch durch unterschiedliche Reaktionen auf die Situation der Arbeitslosigkeit gekennzeichnet ist" (HEINEMANN 1978, S. 180).

Die wichtigsten Auswirkungen besonders bei langandauernder Arbeitslosigkeit für Jugendliche sind:

— *Identitätsprobleme durch Wegfall der beruflichen Betätigung*
Der Sozialisations- und Bildungsprozeß in unserer Gesellschaft ist darauf ausgerichtet, Jugendliche auf eine berufliche Tätigkeit hin zu sozialisieren. Diese Berufsrolle ist geprägt durch Rollendenken, Leistungsprinzip und Konkurrenz. Die berufliche Tätigkeit ist im kulturellen Wertsystem unserer Gesellschaft das wesentliche Kriterium für die Statuszuweisung, damit beeinflußt sie im wesentlichen Umfang die Identitätsbildung von Jugendlichen. Fällt die berufliche Tätigkeit durch Arbeitslosigkeit weg, ist im Selbstbild der betroffenen Jugendlichen eine hohe emotionale Verunsicherung zu beobachten. Bei der Suche nach sozialer Anerkennung versucht der Jugendliche auf den Freizeitbereich auszuweisen, der so einen höheren sozio-emotionalen Stellenwert bekommt. Gleichzeitig sinken jedoch aus seiner ökonomischen Mangellage heraus seine Möglichkeiten, bei den Freizeitaktivitäten seiner früheren Bezugsgruppe mitzuhalten.
Folgen sind dann: soziale Isolation, Rückzug in die Familie.

— *Soziale Isolation und Stigmatisierung*
Arbeitslose Jugendliche machen die Erfahrung, daß sie den im Freizeitbereich in der Freundesgruppe geltenden Verhaltenserwartungen im Hinblick auf Kleidung, Teilnahme an Discothek- und Veranstaltungsbesuchen usw. ökonomisch nicht gerecht werden können. Ne-

ben dem Anerkennungsverlust im Beruf geht ihnen auch hier ein weiterer Aspekt der Selbstdarstellung und Selbstbestätigung verloren. Diese Erfahrung wird verstärkt durch das weitverbreitete Vorurteil, daß Arbeitslosigkeit in der Regel individuell verschuldet ist und vor allem denjenigen trifft, der kaum arbeitswillig und leistungsbereit oder aber nicht leistungsfähig ist. Die Folge dieser Erfahrung ist letztlich eine Abnahme der sozialen Kontakte mit gleichaltrigen Freunden. Die Kontakte werden weniger intensiv, der Freundeskreis geringer, zuweilen ist der totale Rückzug und die emotionale Ablehnung der ehemaligen Freundesgruppe die Folge.

— *Rückzug in die Familie*
Nachdem das berufliche Feld und die Gleichaltrigengruppe im Freizeitbereich als Handlungsbereich für arbeitslose Jugendliche weitgehend wegfallen oder in ihrer Bedeutung eingeschränkt werden, sind die Betroffenen auf ihre Familien verwiesen, was wiederum eine Reihe problematischer Konsequenzen mit sich bringt. Entweder werden schon vor der Arbeitslosigkeit vorhandene Konflikte in der Familie verstärkt, weil die Eltern dem Jugendlichen ebenfalls mit Schuldzuschreibungen gegenübertreten – oder Familienkonflikte entstehen als Folge der Arbeitslosigkeit. Die Ablösung vom Elternhaus wird unterbrochen und verzögert, da die ökonomische Abhängigkeit von den Eltern bestehen bleibt und durch den zwangsläufig häufigeren Sozialkontakt elterliche Normen und Werte stärker zum Tragen kommen. Die Verzögerung der Ablösung vom Elternhaus ist bei arbeitslosen Mädchen besonders stark. Da außerfamiliäre Bezugsgruppen wegfallen, ist eine stark familiäre Orientierung zu erwarten, die gesamtgesellschaftliche Strukturen außer acht läßt.

— *Probleme der Zeitperspektive und Zeitverwendung*
Nicht nur in unserem Wertsystem, sondern auch in der Einteilung unserer Tages- und Lebenszeit stellt Berufstätigkeit eine strukturierende Größe dar. Fällt die Arbeitszeit weg, die bisher die strukturierende Größe der Zeiteinteilung war, wird die gesamte bisherige Zeitperspektive, die Aufteilungen Arbeitszeit und Freizeit, Pünktlichkeit und Zeitplanung überflüssig und sinnlos.

— *Problematische Auswirkungen auf die Berufseinstellung*
Bei länger andauernder Arbeitslosigkeit erscheint Jugendlichen Berufstätigkeit immer sinnloser und reduziert sich zunehmend auf den Wunsch, Arbeit zu haben, um materiell abgesichert zu sein. Identitätsstiftende Anteile gehen verloren.

„Die Brisanz dieser Entwicklung der Arbeitsgesellschaft liegt deshalb nicht bloß im Quantitativen. Sie ergibt sich daraus, daß Lohnarbeit in unserer Gesellschaft das zentrale Medium sozialer Integration ist. Arbeit ist das Mittel zur individuellen Existenzsicherung des Alltags. Sie bildet das Fundament der Lebensplanung, sorgt für soziale Kontakte und außerhäusliche Erfahrungen und ist Voraussetzung dafür, daß man an den sozialen Sicherungssystemen (Sozialversicherungen) teilhat." (BÖH-NISCH/MÜNCHMEIER 1987, S. 59)

> Zum Problembereich „Jugendarbeitslosigkeit" sei als umfassende und differenzierte Einführung empfohlen:
>
> — GIESBRECHT, Arno: Jugend ohne Arbeit — Einführung in die Problematik und Hilfen für die Praxis, Frankfurt 1983

Wachsende Freizeit

Die weiter oben angedeuteten Veränderungen unserer Arbeitsgesellschaft haben eine gerade für die Jugendarbeit bedeutsame Auswirkung: Die Zunahme freier Zeit. Das gilt zunächst in der biographischen Sicht: Längere (Aus-)Bildungszeiten und früherer Renteneintritt verkürzen die (Lebens-)Zeit, die der einzelne Arbeitnehmer am Arbeitsplatz verbringt von ca. 9% auf voraussichtlich künftig 5%.

Die Verringerung der Tages-, Wochen- und Jahresarbeitszeiten von 2.020 Stunden (1960) auf 1.618 Stunden (1987) führt zusätzlich zu einem erheblichen Zuwachs an freier Zeit. Zwar führt dieser Zuwachs nicht automatisch zu einem „Ende der Arbeitsgesellschaft" — aber Maßstäbe verändern sich: „Nicht nur im Maßstab des gesamten Lebens, auch im Zeitrahmen des Erwerbsdaseins selbst verliert die Arbeit, allein vom Zeitanteil her, ihren zentralen Ort. Sie ist längst nicht mehr das konkurrenzlos und unumstritten prägende Ereignis der durchschnittlichen Biographie — auch wenn sie nach wie vor bedeutsam ist." (UMBRÜCHE 1990, S. 210).

Mit der Zunahme der freien Zeit wird die Freizeitgestaltung ein immer lukrativerer Markt. Besonders die Freizeitressourcen und -finanzen der Kinder und Jugendlichen werden von Trägern der Jugendhilfe, der Schule und vor allem der kommerziellen Freizeitindustrie immer aggressiver umworben. Da ein großer Teil der Jugendlichen über beachtliche finanzielle Mittel zur Freizeitgestaltung verfügt, sieht sich die traditionelle Jugendhilfe ernstzunehmender kommerzieller Konkurrenz ausgesetzt.

Für die Jugendlichen erwachsen aus der Kommerzialisierung der Freizeit erhebliche Orientierungsprobleme: Über- und Unterforderung durch den glitzernden Konsum- und Medienmarkt machen eigentlich die Vermittlung von „Freizeit-Kompetenzen" erforderlich, die nach Lage der Dinge gerade von den Trägern der Jugendhilfe gut und praxisnah vermittelt werden könnten.

Auf einen wichtigen Nebenaspekt des wachsenen Budgets an freier Zeit sei noch hingewiesen: Die bereits erwähnte Flexibilisierung der Arbeitsverhältnisse bringt es mit sich, daß die Arbeitszeitregelungen für einzelne Familienmitglieder sehr unterschiedlich sein können. Prognostisch ist es nicht abwegig, eine Entwicklung zu vermuten, bei der zwar alle Beteiligten künftig immer mehr Freizeit, diese aber jeder zu unterschiedlichen Zeiten haben werden.

Zu Ende gedacht bedeutet das, daß Familien als Institution gemeinsam kaum noch gelebt werden können. Bereits heute schon vorhandene gravierende Orientierungsprobleme Jugendlicher werden dann erheblich verschärft.

Auch unter qualitativen Gesichtspunkten gewinnt Freizeit für Jugendliche an Bedeutung: weil in der Schule Wirklichkeit nur „aus zweiter Hand" vermittelt wird und die tatsächlichen Anforderungen zur Lebensbewältigung im Unterricht kaum eine Rolle spielen, gerät Freizeit zum wichtigsten Feld für Wirklichkeitserfahrung und Wirklichkeitssuche. „Sie ist der Ort, an dem das eigentliche ‚Leben' gesucht wird, als bunter Strauß von Erlebnissen, Beziehungen, Abenteuern und Bedürfnisbefriedigungen. Der Lebens- und Erlebnishunger Jugendlicher kann sich zunächst nur auf den Freizeitbereich richten. Je erlebnisärmer und streßreicher zudem Jugendliche die Schule erfahren, desto mehr verbinden sich mit der Freizeit Wünsche nach einer ‚Gegenwelt'. (BÖHNISCH/ MÜNCHMEIER 1987, S. 56)

Leben in der Risikogesellschaft: Angst vor der Zukunft

Im Begriff „Risikogesellschaft" (BECK 1986) ist die Erfahrung beschrieben, daß die gesellschaftliche Produktion von Reichtum verbunden ist mit der Produktion von Risiken, die nicht mehr rückgängig zu machen sind. Die Unumkehrbarkeit und der globale Charakter dieser Risiken führen entweder zu apokalyptischer Apathie oder zu einem beharrlichen Leugnen oder Verdrängen der Gefahren. Ein großer Teil der Jugendlichen scheint für die Risiken durchaus sensibel zu sein: Die drängenden Probleme, die sie für Jugendliche im Jahre 2000 vermuten, sind in der Reihenfolge der Häufigkeit ihrer Nennungen: Umweltverschmutzung und Umweltprobleme (38%), Arbeitslosigkeit (16%), Vereinsamung und Entfremdung (12%), Kriege (9%), eine alles dominierende Technik (8%) (SHELL-STUDIE Jugend 1981, S. 381).

Vor diesem Hintergrund verwundert dann auch nicht, wenn sie in der Einschätzung der Zukunft klar unterscheiden zwischen ihrer persönlichen Zukunft, die immerhin 69,7% eher zuversichtlich sehen und der Zukunft der Gesellschaft, die 60,6% eher düster sehen (MARCINCZAK 1987, S. 29).

Mit der Einschätzung einher geht die Abkehr eines großen Teils der Jugend von den traditionellen Institutionen der gesellschaften Partizipation: Von Parteien, Gewerkschaften und Verbänden. Zu beobachten ist ein „Marsch aus den Institutionen" (WIESENDAHL 1990).

Die sozialen Aspekte, mit denen die Politik im Rahmen von Problemen- und Entscheidungsfindungen zu tun hat, werden zunehmend komplexer. Die kognitive Zugänglichkeit — und damit auch die Kontrollierbarkeit — der Politik gestaltet sich deshalb zunehmend schwieriger. Gleichzeitig übernimmt der Staat immer mehr Aufgaben und entwickelt immer kompliziertere bürokraktische Strukturen. Die politischen Entscheidungen der Gegenwart erfordern sorgfältige, langfristige Planung oder Einbeziehung stark spezialisierter Experten. Planungs- und Entscheidungsprozesse dieser Art sind schon von professionellen Politikern kaum kontrollierbar, für die betroffenen Bürger scheint nahezu keine Einflußchance zu bestehen. Die aus diesen Wandlungsprozessen erwachsenen Orientierungsprobleme sind mehr noch als für Erwachsene besonders für Jugendliche nur mühsam zu bewältigen. Schlaglichtartig mag dies das folgende Umfrageergebnis belegen (vgl. HEITMEYER 1987, 1989).

Aussage	Zustimmung
In der heutigen Zeit schaut man nicht mehr durch, was eigentlich passiert	45,7%
In diesen Tagen ist alles so unsicher geworden, daß man auf alles gefaßt sein muß	77,5%
Den meisten Menschen fehlt ein richtiger Halt	63,0%
Es ist heute alles so in Unordnung geraten, daß niemand mehr weiß, wo er eigentlich steht	32,0%
Das Leben der Menschen ist auch in der heutigen Zeit klar und geordnet	32,2%

(Quelle: Heitmeyer, Rechtsextremistische Orientierungen, S. 129f.)

„Diese Haltung reflektiert Skepsis, ist als Ausdruck negativer Erfahrung hinsichtlich der Akzeptanz jugendspezifischer Positionen und Interessenvertretung interpretierbar, aber auch als Konsequenz weitergehender Ohnmachtserfahrungen, einer gegenüber dem offiziellen Mündigkeitspathos offenbar registrierten Ausgrenzung von der Gestaltung der ja sie betreffenden Zunkunft durch die etablierte Politik. Noch läßt sich die private Zukunftsangst da augenscheinlich leichter verdrängen." (EBBINGHAUSEN u.a. 1988, S. 235)

„Neue Unübersichtlichkeit": Werte im Wandel

Die „Neue Unübersichtlichkeit" (HABERMAS 1985) verweist auf die Erfahrung, daß unsere Gesellschaft zunehmend so komplex wird, daß sie vom einzelnen nicht mehr hinlänglich zu überblicken ist. Für die Interpretation gesellschaftlicher Vorgänge stehen weder gesamtgesellschaftlich verbindliche Leitüberzeugungen, Werte, Normen oder moralische Maßstäbe noch ausreichende Durchschaubarkeit zur Verfügung. Drei gleichzeitig verlaufende soziale Wandlungsprozesse sind dafür verantwortlich:

- *Der Verlust konsensfähiger allgemein gültiger Wertmuster*
Die Differenzierung unserer Gesellschaft führt zu immer stärkerer Abtrennung verschiedener Lebensbereiche voneinander: Wohn-, Produktions-, Einkaufs-, Versorgungs-, Verwaltungs-, Ausbildungs- und Erholungsbereiche sind scharf voneinander getrennt; in ihnen gelten verschiedene Werte und Normen, in ihnen werden unterschiedliche Rollenanforderungen gestellt. Gesellschaftliche Teilbereiche und Gruppen bilden so selbst ihre jeweiligen Wertsysteme aus;

- damit verbunden *verlieren auch traditionelle Wertmilieus ihre orientierende Kraft.* Hatten früher das Aufwachsen in einem gewachsenen Arbeiterviertel oder eine betont christliche Erziehung noch eine universelle prägende Kraft, sind heute solche Einflüsse gebrochen oder aber solche „Milieus" existieren in dieser geschlossenen Form nicht mehr;

- *Der beobachtbare Wertewandel in unserer Gesellschaft*
Der Wertewandel in unserer Gesellschaft bezieht sich dabei auf:

- *ein verändertes Umweltbewußtsein*
Die Sensibilität für die Belastung der Umwelt und ihrer Auswirkung auf unser Leben ist gestiegen. Wirtschaftliches Wachstum und die damit verbundenen Risiken und Umweltbelastungen durch die industrielle Entwicklung werden zunehmend kritisch bewertet. Wachstum ist nicht mehr durchgängig die handlungsleitende Größe wirtschaftlichen Handelns.

Auch im privaten Bereich nimmt die Aufmerksamkeit für negative Umwelteinflüsse zu. Lärm- und Abgasbelastung, die Qualität des Trinkwassers oder die Chemie in Lebensmitteln werden in einer immer breiter werdenden Öffentlichkeit diskutiert und führen auch in privaten Haushalten zur Änderung im Konsumverhalten.

- *Veränderungen des Leistungsbegriffs*
Auch die Bewertung von Leistung und Arbeit verändert sich. Zwar nimmt die Leistungsbereitschaft nicht − wie vielfach beklagt − grundsätzlich ab, aber Leistung und Arbeit sind nicht mehr Selbstzweck, sondern werden nach neuen Maßstäben beurteilt. Nicht mehr die klassischen Leistungsmaßstäbe wie Pünktlichkeit, Ordentlichkeit, Fleiß gelten, sondern neue, die Selbstverwirklichung

durch Verantwortung und gegenseitige Kommunikation betonen. Verstärkt wird nach dem „Sinn" von Leistung und Arbeit gefragt — und wenn in den vorhandenen Arbeitsbezügen hierauf keine befriedigenden Antworten gegeben werden, steigt die Bedeutung von Urlaub und Freizeit als „Gegenwelt".

— *Veränderung in Einstellungen und Formen politischen Engagements*
Die Teilnahme an politischer Meinungsbildung und Entscheidungsprozessen entwickelt sich weniger parteipolitisch orientiert, sondern bezieht vielfältige andere Formen der Interessenvertretungen Initiativen, Nachbarschafts- oder Selbsthilfegruppen usw. mit ein. Diese Entwicklung ist bei Jugendlichen besonders stark zu beobachten, in gleicher Form aber auch bei Erwachsenen zu sehen. Verbunden mit dieser Entwicklung ist aber auch die Herausbildung neuer Wertmaßstäbe für politische Entscheidungsprozesse: Nicht mehr ausschließlich sachrationale Argumente, sondern stärker individuelle Komponenten (Betroffenheit, Gefühlswelt usw.) prägen die politische Auseinandersetzung.

— *Veränderung männlichen/weiblichen Rollenverhaltens*
Im Zusammenhang mit Frauenbewegung und -emanzipation sind die traditionellen Rollenstrukturen von Mann und Frau inner- und außerhalb der Familie in Bewegung gekommen. Traditionelle Rollenmuster werden aufgeweicht. Im Umgang miteinander treten neben die traditionellen männlichen Werte (Konkurrenzkampf, Machtdenken, bürokratische Strukturen, Aggressivität) zunehmend weibliche Orientierungen: Gefühl, Ganzheitlichkeit, Körperlichkeit und Offenheit spielen eine wachsende Rolle. Vor diesem Hintergrund stellt sich für Kinder und Jugendliche das Erlernen geschlechtsrollenspezifischer Fähigkeiten differenzierter und schwieriger dar.

In dieser pluralistischen Struktur haben es besonders Kinder und Jugendliche schwer, ihren Weg zu finden. Aber auch in den verschiedenen Sozialisationsfeldern wirken sich Wertewandel und Strukturveränderungen aus (vgl. HODEL 1985).

Die Familie ist für durch den Wertewandel bedingte Verunsicherung am anfälligsten. Verunsicherte Eltern verunsichern ihre Kinder. Nicht ein innerer Wertemaßstab, sondern kurzfristige Bedürfnisbefriedigung ist für Jugendliche dann handlungsleitend.

Zum Themenkomplex „Wertewandel" seien als vertiefende Darstellungen empfohlen:
— INGLEHART, Ronald: Die stille Revolution, Königstein 1982
— LUTHE, H. O./MEULEMANN, Heiner (Hrsg.): Wertewandel-Faktum oder Fiktion?, Frankfurt/New York 1988
— OLK, Thomas/OTTO, Hans-Uwe: Soziale Dienste im Wandel I: Helfen im Sozialstaat, Neuwied/Darmstadt 1987

Wohnumwelt und Lebensräume

Schon Ende der sechziger Jahre schrieb MITSCHERLICH über unsere Städte: „Da sie (aber) aus harter Materie bestehen, wirken sie wie Prägstöcke; wir müssen uns ihnen anpassen. Und das ändert zum Teil unser Verhalten, unser Wesen. Es geht um einen im Wertsinn fatalen, einem schicksalsbildenden Zirkel: Menschen schaffen sich in den Städten einen Lebensraum, doch rückläufig, schafft diese Stadtgestalt am sozialen Charakter der Bewohner mit." (MITSCHERLICH 1968, S. 9)

Häufig wachsen Kinder und Jugendliche in gesichtslosen und erlebnisarmen Neubaugebieten auf, die ihnen kaum eine Spielumwelt ermöglichen, in der sie – unkontrolliert von den restriktiven Ordnungsregeln der Erwachsenen – eigene Erfahrungen machen können. „Öffentliche Räume sind für sie nicht vorgesehen, Räume des Ausdrucks und der Selbstdarstellung nur in strukturierter Form erhalten: Discotheken, Vereine, Spielplätze, die in DIN-Norm angelegt sind und von Erwachsenen überwacht sind." (LANGHANKY 1995, S. 4)

Daher wirken Kinderspiel- und Freizeitaktivitäten der Jugendlichen in diesen Gebieten oft störend, das Verhältnis zwischen Kindern/Jugendlichen und Erwachsenen ist daher eher belastet und für einen gegenseitigen Lernprozeß wenig förderlich. Dabei sind Selbstinszenierung in öffentlichen Räumen, die Aneignung von unkontrollierten und wenig vorstrukturierten Nischen und die spielerische – experimentielle Gestaltung von Sozialräumen und Beziehungen in ihnen unabdingbare Voraussetzungen für die Entwicklungsprozesse des Jugendalters. Zu bedenken ist außerdem, daß sich der Verlauf der sozialräumlichen Erfahrung von Kindern und Jugendlichen entscheidend verändert hat. Bislang gingen entwicklungspsychologische Ansätze davon aus, daß die sozialräumliche Aneignung im Kindesalter gewissermaßen linear verlaufe. Das sozialökologische Modell kindlicher Entwicklung dachte die Umwelt eines Großstadtkindes als konzentrische Kreise: nach dem Kinderzimmer als „Zentrum" erschlossen sich dem Kind nach und nach die Wohnung, der Balkon, Flur und Treppenhaus, dann die unmittelbare Wohnumgebung mit Straße, Spielplatz, Häuserblock und Schule, schließlich der Bereich der großstädtischen Einrichtungen wie Badeanstalt, Kino, Museum und Stadtpark und abschließend die Landschaft und Natur, die im Rahmen von Ausflügen und Urlaub erfahren wird. Schon unsere Alltagserfahrung läßt uns ahnen, daß Kinder heute ihre Umwelt nicht Schritt für Schritt in dieser Abfolge von innen nach außen erfahren: Schule, Sportvereine und Kindergruppe liegen vielmehr oftmals in ganz anderen Stadtteilen, die Entfernungen werden mit dem Auto oder öffentlichen Verkehrsmitteln zurückgelegt. Statt als Anordnung konzentrischer Kreise stellt sich die Lebenswelt von Kindern und Jugendlichen eher als „Inselwelt" dar:

„Der Lebensraum ist nicht ein Segment der realen räumlichen Welt, sondern besteht aus einzelnen separaten Stücken, die wie Inseln verstreut in einem größer gewordenen Gesamtraum liegen, der als ganzer unbekannt oder zumindest bedeutungslos ist. Die Wohninsel ist das ökologische Zentrum, von dem aus die anderen Inseln aufgesucht werden, wie z.B. der Kindergarten, die Schule, das Kinderzimmer eines Freundes in einem anderen Stadtteil. Die Aneignung der Rauminseln geschieht nicht in einer räumlichen Ordnung, etwa als allmähliches Erweitern des Nahraums, sondern unabhängig von der realen Lage der Inseln im Gesamtraum und unabhängig von ihrer Entfernung." (ZEIHER 1983, S. 187) Vor dem Hintergrund einer solchermaßen „verinselten" sozialräumlichen Erfahrung einerseits und den immer stärker durch Kontrolle und Sanktionen bedrohten Nischen andererseits kommt Jugendarbeit die Aufgabe zu, die sozialräumlichen Bezüge der einzelnen Erfahrungsinseln wiederherzustellen. Wenn die (öffentlichen) Sozialräume das Feld von Identitätsentwicklung von Kindern und Jugendlichen sind, gilt es, diese Sozialräume erfahrbar zu machen und die Jugendlichen zu deren Gestaltung zu befähigen. Die sozialräumliche Perspektive ist daher in der Jugendarbeit stärker in den Vordergrund gerückt. Dies ist um so notwendiger, je riskanter die Aneignung öffentlicher Räume für die Jugendlichen wird. LANGHANKY hat diese Gefährdung konkret beschrieben (ebd. S. 6)

— je enger die Nischen werden, desto prekärer ist die Gefahr der Kriminalisierung

— je geringer die Anzahl der Nischen wird, desto verdichteter treten darin auch andere Gruppen sozial deklassierter Menschen auf und desto bedrohter ist die Selbstinszenierung Jugendlicher

— je enger und riskanter die Orte jugendlicher Selbstinszenierung wurden, desto markanter fallen sie auf und desto schneller wurden sie Ziel sozialarbeiterischer Intervention und sozialer Kontrolle

— je enger die Nischen werden, desto mehr steigt die Wahrscheinlichkeit, daß sie nicht einfach zeitlich begrenzte Bühnen der Selbstinszenierung im Rahmen einer Biographie würden, sondern sich verfestigen, keine Nischen mehr sind, sondern das Abseits zementieren.

Weiterführende Literatur:
— MÜLLER, Hans-Ulrich: Wo Jugendliche aufwachsen, München 1983
— BÖHNISCH, Lothar / MÜNCHMEIER, Richard: Pädagogik des Jugendraums, Weinheim und München 1993 (2. Auflage)

Neue Medien

In immer stärkerem Maße sind wir einer ständigen Reizüberflutung durch die vielfältigen Medien und Umweltreize der Industriegesellschaft ausgesetzt, die zunehmend an die Stelle unseres eigenen, unmittelbaren Erlebens treten. Damit sind problematische Auswirkungen der neuen Medien, vor allen Dingen des immer mehr verbreiteten Videokonsums:

— Realitätsverlust durch Erlebnisse aus zweiter Hand,
— Phantasieverlust durch Passivität und Konsumhaltung,
— Reizüberflutung und Oberflächlichkeit,
— Gewaltverherrlichung, Verrohung und Frauenfeindlichkeit,
— Vereinsamung und reduziertes Sozialverhalten,
— eingeschränkte geistige Auseinandersetzung durch ausschließliches Lernen in Bildern,
— unkritische Haltungen und wachsende Manipulierbarkeit durch die Medien.

Familie auf dem Rückzug

Die beschriebenen sozialen Wandlungsprozesse und die für Jugendliche aus ihnen erwachsenen massiven Orientierungsprobleme müßten von den etablierten Sozialisationsinstanzen aufgegriffen und bearbeitet werden. Schon ein erster Blick zeigt jedoch, daß sie dafür außerordentlich schlecht gerüstet sind: Die Schule ist kaum in der Lage Zukunftsängste und Orientierungsschwierigkeiten ganzheitlich aufzugreifen. Lernen in anonymen und unverbindlich, ständig wechselnden Lerngruppen, Lehrer-Schüler-Beziehungen, in denen die Vermittlung fachliche Inhalte persönliche Bezugspunkte kaum zuläßt, und ein ständiges Anwachsen des zu vermittelnden Lernstoffes sind dysfunktional für die Persönlichkeitsentwicklung von Kindern und Jugendlichen. Zugleich bleiben die Inhalte solchermaßen organisierter Lernprozesse abstrakt, sind kaum auf den Alltag der Jugendlichen und ihrer Lebensprobleme bezogen und erscheinen ihnen daher, bezogen auf ihre Verwertung, zweifelhaft. Motivationskrise und Leistungsverweigerung sind die Folge.

Die Familie kann ebenfalls nur bedingt die Verunsicherungen auffangen:

— zunächst befindet sich die „Normalfamilie" gewissermaßen auf dem Rückzug: immer weniger Kinder und Jugendliche wachsen in Normalfamilien auf;

— zudem verbringen Kinder und Jugendliche durch Ausweitung des Bildungswesens immer mehr Zeit in öffentlichen Institutionen und damit immer weniger in der Familie;

— darüber hinaus ziehen gerade Jugendliche einen selektiven Umgang mit Erwachsenen vor und beschränken diesen — auch was die Eltern betrifft — auf das Notwendige;

— selbst dort, wo die familiäre Kommunikation intakt ist, sind Eltern

— selbst verunsichert und betroffen von den beschriebenen Wandlungsprozessen — immer weniger in der Lage, verläßliche Orientierungen für die komplexe Wirklichkeit zu geben.

Lebensbewältigung und Gefährdungspotentiale

Vor dem Hintergrund der beschriebenen sozialen Wandlungsprozesse und der Erosion struktureller Sicherheiten hat sich die Lebensphase Jugend von einem geschützten Moratorium zwischen Kindheits- und Erwachsenenstatus zu einem Erfahrungsfeld ernsthafter und folgenreicher Lebensbewältigung entwickelt. Die Herausforderungen alltäglicher Lebensbewältigung im Jugendalter lassen sich in drei Dimensionen beschreiben(vgl. BÖHNISCH 1993, S. 93)

— Auf der *Handlungsebene:* Lebensbewältigung als individuelle Strategie der alltäglichen Normalisierung der Lebensführung, der Suche nach Handlungsfähigkeit in Lebensschwierigkeiten und konfligierenden und belastenden Alltagssituationen;

— Auf der *sozialisatorischen Ebene:* Lebensbewältigung als Management der Übergänge und Diskrepanzen im lebensaltertypischen Sozialisationsprozeß, die dadurch entstehen, daß sich Jugend als eindeutige und Übergangsphase und Statuspassage entstrukturiert und pluralisiert hat;

— Auf der *Ebene der Lebenslage:* Lebensbewältigung als Selbstbehauptung innerhalb der gegebenen gesellschaftlichen Verhältnisse je nach den biographischen Möglichkeiten.

Nicht alle Jugendlichen sind dieser der Individualisierung geschuldeten Herausforderung gewachsen und entwickeln stattdessen Bewältigungs- und Überlebensstrategien, die gesellschaftlich als problematisch eingestuft und entsprechend sanktioniert werden. Straßenkinder, Trebegänger, Alkoholkonsum, Spielsucht, Drogenabhängigkeit, Gewaltbereitschaft, Rechtsextremismus und viele weitere Erscheinungsformen gesellschaftlich auffälliger Alltagsbewältigung, die allzu leicht als typische Jugendprobleme etikettiert werden und Gegenstand zahlreicher pädagogischer Sonderprogramme sind, erweisen sich vor diesem Hintergrund als in doppelter Hinsicht gesellschaftlich produziert. „Wo die Gesellschaft eine Summe individueller Täterschaft konstruiert, ist immer die Selbstentlastung (...) im Spiel. Jeder politisch motivierte individuelle Täter verweist demgegenüber auf den Gesamtzustand der Gesellschaft, zu dem er gehört und ohne den selbst dieses besondere individuelle Verhalten nicht zu erklären ist." (NEGT 1991, Zit. nach KLAWE/ MATZEN 1993, S. 7)

Vor diesem Hintergrund ist gerade die Jugendhilfe besonders gefordert, die skizzierten Konsequenzen de sozialen Wandels für den einzelnen zum Ausgangspunkt und Gegenstand ihrer Arbeit mit Jugendlichen zu machen.

2.3 Reaktionen und Verarbeitungsformen Jugendlicher

In der bisherigen Darstellung der Jugendprobleme und ihrer gesell-schaftlichen Ursachen haben wir eine verkürzte Generalisierung über-nommen, die leider auch die öffentliche Diskussion bisher kaum vermie-den hat: wir haben von „der Jugend" gesprochen, so als ob es sich hier um einheitliche Sozialisationsbedingungen, Einstellungen und Verhaltens-weisen handele. Dies ist natürlich nicht der Fall. Deshalb sei an dieser Stelle darauf hingewiesen (da im Rahmen dieses Abschnittes eine eini-germaßen vertretbare Differenzierung kaum zu leisten ist), daß sich die bisher dargestellten Probleme für die Jugendlichen unterschiedlicher Schichten selbstverständlich unterschiedlich auswirken. Generell kann davon ausgegangen werden, daß Arbeiterjugendliche − insbesondere was die Auswirkungen der ökonomischen Krise angeht − stärker betrof-fen sind, wobei hier auch noch zwischen städtischen Lebensbedingun-gen und dem ländlichen Raum zu unterscheiden wäre. Der unterschied-liche Grad an Betroffenheit und die verbleibenden Handlungsspielräu-me bestimmen daher die jeweiligen Verarbeitungsformen Jugendlicher, von denen im folgenden die Rede sein soll.

Jugend − eine „gespaltene Generation?"

Die Jugend der achtziger Jahre präsentiert sich als ein sehr differenzier-tes Spektrum unterschiedlicher subkultureller Gruppenstile, Orientie-rungsmuster und politischer Einstellungen. Verschiedene Jugendunter-suchungen der letzten Jahre haben übereinstimmend als Pole dieses Spektrums zwei grundlegende Orientierungsmuster festgestellt:

„Genauer ist es, von zwei konkurrierenden Orientierungsweisen zu sprechen, die beide in der Alterskultur traditionsgemäß verankert sind − wobei ihr Einflußbereich je nach jugendlicher Teilgruppe oder histori-scher Situation außerordentlich differieren kann. Gemäß dem einen Orientierungsschema richtet sich der Jugendliche positiv auf die Erwachsenen hin aus. Er sucht deren Koalition, möchte sich den Angehörigen dieser Kultur anvertrauen. Das andere, feindselige Schema ist durch Mißtrauen, eigene Abgrenzung, Konfrontation gekennzeichnet. Im ersten Fall dient die Erwachsenenkultur als Bezugsgruppe, auf die hin man das Leben der eigenen Gruppe orientiert. Im zweiten Fall dienen Erwachsene als Feindgruppe, der gegenüber man die eigene Gruppe und deren Kultur hochhält und verteidigt. Wir sprechen im weiteren von Erwachsenenorientierung bzw. von Jugendorientierung, um die beiden Sichtweisen zu kennzeichnen." (SHELL-STUDIE JUGEND 81, S. 605). Es gibt also:

— *Jugendzentrierte* oder *subkulturorientierte* Jugendliche, die

- — ihre Normen vor allem aus der Jugendkultur beziehen und sich außerhalb der Familie und abgeschirmt von der Erwachsenenwelt in Gruppen Gleichaltriger aufhalten,

- — der Autorität Erwachsener und ihrer Institutionen mißtrauen und eher im Konflikt mit ihnen liegen,

- — sich möglich schnell aus der als einengend empfundenen Familiensituation lösen wollen.

- — eher an der Gegenwart orientiert sind und ihre Zukunft überwiegend pessimistisch sehen.

„Hauptdimension ist eine Freund-Feind-Projektion auf der Ebene Jugendliche gegen Erwachsene. Während man sich mit den Gleichaltrigen identifiziert und ihre Normen und Verhaltensweisen verteidigt, lehnt man Erwachsene generell und Erwachsene als Träger von Funktionsrollen (Polizisten, Lehrer, Eltern usw.) ab und faßt ihre Normen, Forderungen und Verhaltensweisen als illegitime, übelmeinende Übergriffe gegenüber Jugendlichen auf. Man definiert die Jugendlichen als eine von der Erwachsenenwelt diskriminierte Randgruppe." (PROJEKTGRUPPE JUGENDBÜRO: 1977, S. 16)

— *Erwachsenenzentrierte* oder *familienorientierte* Jugendliche dagegen

- — orientierten sich stärker an den Normen und Werten der Erwachsenenwelt, der sie mit Vertrauen begegnen und die für sie die Zukunftsperspektive ausmacht,

- — befürworten eher konventionelle Lebensentwürfe und planen ihre private und berufliche Zukunft — soweit die gesellschaftlichen Verhältnisse dies zulassen,

- — sehen die eigene Zukunft eher optimistisch,

- — streben danach, die Lebenswelt Jugendlicher möglichst schnell zu verlassen und den Status Erwachsener zu erreichen (vgl. PROJEKTGRUPPE JUGENDBÜRO UND HAUPTSCHÜLERARBEIT, 1975; SHELL-STUDIE JUGEND 81, 1981).

52

Die SHELL-Studie stellt beide Gruppen gegenüber.

„Wer sich an Erwachsenen und an der Erwachsenengesellschaft orientiert, für den ist der biographische Weg vorgezeichnet. Solange er jung ist, erwirbt er Stufe für Stufe die zum Erwachsensein notwendigen Kenntnisse und Fähigkeiten. Wenn die Zeit gekommen ist, vollzieht er gut vorbereitet und leichten Herzens die Statuspassage. In der biographischen Praxis des einzelnen mag es Abweichungen von dieser „Ideallinie" geben. Aber das sind persönliche Unvollkommenheiten, die das Einverständnis mit dem Gang des Erwachsenwerdens im Prinzip nicht berühren. Für den Jugendzentrierten stellt sich die Ausgangslage komplizierter und ambivalenter dar. Solange er jung ist, möchte er sich nicht mit dem Status des ‚Heranwachsenden' bescheiden, den die Gesellschaft ihm zuweist. Er will in vieler Hinsicht beteiligt sein, wie Erwachsene auch beteiligt sind. Kommt er dann ins Alter, wo die Aufgabe ansteht, sich aus dem Jugendlichen-Status zu lösen, sperrt er sich gegen den Übertritt ins Erwachsenenlager.

Erwachsenenzentrierte machen sich ein Bild vom Leben in der Zivilisation, das es ihnen attraktiv erscheinen läßt, den Status eines Erwachsenen so einzunehmen, wie die vorangegangene Generation dies vorgelebt hat. Daß man selbst es möglicherweise noch besser als die Älteren kann, mag Teil des optimistischen Bildes sein. Jugendzentrierte mißtrauen den vorfindlichen Erwachsenen eher, wollen nicht so leben wie die Älteren. Das läßt sie zögern, nach Ausflüchten zu suchen, wenn der Statusübertritt auf dem Zeitplan steht." (ebd. S. 634).

Daß dabei die eigenen Sozialisationserfahrungen der jeweiligen Jugendlichen für ihre Orientierung eine entscheidende Rolle spielen, deuten zwei weitere Einzelergebnisse an:

— „Erlebnisse des Scheiterns und Versagens spielen in der Lebensgeschichte der Jugendzentrierten eine größere Rolle als im Leben der Erwachsenenzentrierten." (ebd. S. 645)

— Wer sich bei der Bewältigung von Alltagsproblemen und Zukunftsängsten unterstützt glaubt, orientiert sich eher erwachsenenzentriert. Wer mit seinen Problemen allein umgehen muß, ist eher jugendzentriert ausgerichtet (ebd. S. 650).

Was die Sozialkontakte beider Gruppen angeht, faßt die Studie zusammen:

„Jugendzentrierte beschränken sich stärker auf private und locker organisierte Freundescliquen. Sie bevorzugen ferner solche Gruppen von Altersgleichen, die von Jugendlichen selbständig geführt sind oder wo jugendliche Interessen und Bedürfnisse zumindest den Ton angeben. Eine kleine Minderheit hat sich politischen Gruppen angeschlossen. Bei den Erwachsenenzentrierten herrscht zwar auch die Beteiligung an informellen Freundeskreisen vor, ansonsten lassen sie sich aber stärker auf das etablierte Vereins- und Gemeindeleben ein. Charakteristisches Unterscheidungsmerkmal zu den Jugendzentrierten ist ihr sportliches Engagement. Dies findet nicht nur in den zahlreichen Vereinsmitgliedschaften seinen Ausdruck. Wenn Erwachsenenzentrierte sich jugendlichen Interessengruppen anschließen, so handelt es sich dabei vielfach um private Sportgruppen. Eine Minderheit engagiert sich in kirchlichen und traditionsgebundenen Gruppen.

Erwachsenenzentrierte nutzen auch stärker die Schul- und Berufssituation für Gruppenkontakte.

Alles in allem verstehen es die Jugendzentrierten offenbar, sich einer Altersgesellschaft anzuschließen, die weniger unter Kontrolle der Erwachsenengesellschaft steht. Erwachsenenzentrierte koppeln ihre Gruppenbeziehung häufiger an Institutionen an, die unter dem Regime von erwachsenen Autoritäten stehen." (ebd. S. 652/53)

Bereits in diesem Ergebnis deutet sich an, daß für einen großen Teil der Jugendlichen gleichaltrige Bezugsgruppen eine wachsende Bedeutung erhalten und der Umgang mit Erwachsenen zunehmend eher strategisch geprägt ist.

Abgesehen von diesen Grundorientierungen drückt sich die Bewältigung der Alltagsanforderungen und Zukunftsfragen in einer Vielzahl unterschiedlicher Reaktionsformen Jugendlicher aus: (vgl. MATZEN 1994, S. 55)

— *Gegenwartsorientierung* als eine Haltung, situatives Handeln längerfristigen Überlegungen vorzuziehen und eine konkrete auf die Gegenwart bezogene Gebrauchswertorientierung zu pflegen.

— *Utilitarismus* als ein Verhalten, Personen und Institutionen unter dem Aspekt der Nützlichkeit für die eigene Alltagspraxis in Anspruch zu nehmen.

— *Subjektivierung* als Tendenz, gesellschaftliche Unübersichtlichkeiten und Unvorhersehbarkeiten im sozialen Nahbereich, also „im Kleinen" in Ordnung zu bringen.

— Politischer und religiöser *Fundamentalismus* als Suche nach Gewißheit, Eindeutigkeit und Sicherheit.

— *Irrationalismen* (New Age, Esoterik usw.) als Fluchtmöglichkeit angesichts der unübersichtlichen Komplexität und fehlender Deutungssysteme.

— *Pragmatismus* als eine Haltung, die Dinge zu nehmen, wie sie sind und die kulturellen und materiellen Bestände zu sichern.

— *Konventionalismus bzw. Konservatismus* als Versuch, angesichts der Ungewißheiten der Zukunft auf der "Erfolgsseite" zu stehen.

— *Apathie oder Verweigerung* als Abkehr von jeder Initiative, die eigenen Interessen zu artikulieren, geschweige denn ihre Durchsetzung zu versuchen.

— Gesteigerte, zum Teil auch *gewalttätige Selbstinszenierungen* als Möglichkeit körperliche Sinnlichkeit wiederherzustellen.

Schon diese kurze Auflistung macht deutlich, daß Verhaltensweisen, die gesellschaftlich als „Problemverhalten" von sog. „Randgruppen" interpretiert werden, ihre Ursachen weniger in pathologischen Biographien haben, sondern als (ungeeignete) Reaktion auf die Anforderungen des sozialen Wandels zu interpretieren sind. Insofern kommt Jugendarbeit, die in ihren Zielen, Inhalten und Arbeitsformen die problematischen Aspekte des sozialen Wandels aufgreift, ein hoher präventiver Stellenwert zu.

Dabei verweisen die genannten Reaktionen auf dahinterliegende Verarbeitungsformen und Deutungsmuster, die für die Integration jugendlichen Verhaltens und die Ableitung wirksamer pädagogischer Strategien aufschlußreicher sind, als diese Reaktionen selbst. „Dominierte noch in den 70er Jahren das optimistische, gewissermaßen ‚offensive' Orientierungsmuster der *Selbstverwirklichung* als Ausdruck offener Entwicklungschancen, das im politischen Kern ‚Demokratisierung' zum Inhalt hatte, so dominiert gegen Ende der 80er Jahre eher das pessimistische, gewissermaßen ‚defensive' der *‚Selbstbehauptung'* (. . .) gegenüber bedrängenden Risikolagen, die die Wege zur Realisierung von Lebensplänen einschränken, zum Teil ganz blockieren, die Pfade der Integration in die Erwachsenengesellschaft undeutlich werden lassen, letztlich auch das unversehrte (Über-) Leben infragestellen und im politischen Kern das Konzept der ‚Sicherung' enthalten" (HEITMEYER 1989, S. 17).

Unter Berücksichtigung dieser generationsspezifischen Deutungsmuster müssen pädagogische Überlegungen davon ausgehen, daß *„Ohnmacht, Angst und Unsicherheit* die innere Logik der Wahrnehmung und Verarbeitung von Risikokonstellationen angemessener beschreiben als vordergründige Reaktionsweisen und (sub)kulturelle Ausdrucksformen. Als Muster der Wirklichkeitsdeutung liegen sie den Reaktionsweisen zugrunde. Die Reaktionsweisen wiederum sind auf *Selbstbehauptung, Entlastung, Orientierungssicherheit,* also auf die Sicherung von Handlungsfähigkeit ausgerichtet." (MATZEN 1994, S. 62)

Bedeutung gleichaltriger Bezugsgruppen

Da die Interaktionen mit Erwachsenen im Jugendalter vor allem leistungsbetont und mit Sanktionen verbunden sowie die Rollenerwartungen oft diffus sind, suchen Jugendliche vorwiegend den Kontakt zu Gleichaltrigen. Die gleichaltrigen Bezugsgruppen (Peergroups) bilden damit ein entscheidendes Erfahrungsfeld für die Identitätsbildung im Jugendalter. Die Merkmale dieser Gleichaltrigengruppen geben zugleich Hinweise über die Funktionen:

1. sie sind relativ schichthomogen,
2. sie sind zunächst relativ geschlechtshomogen (es gibt getrennt voneinander Jungen- und Mädchengruppen),
3. sie haben in der Regel keine sehr ausgeprägte, festgefügte Struktur,
4. sie haben einen geringen Grad von Stabilität,
5. in ihnen herrscht starke Solidarität bezogen auf gemeinsame Ansichten, Interessen und Aktionen, der Grad emotionaler Beziehungen dagegen ist gering,
6. sie zeigen wenig zielgerichtete Aktivitäten (ausführlicher dazu BAACKE 1972, S. 158 ff.).

In Gleichaltrigengruppen werden die Positionen der Über- und Unterordnung grundsätzlich nach anderen Kriterien ausgehandelt als in der Erwachsenenwelt. Die besondere Funktion der Gleichaltrigengruppen im Jugendalter liegt in der Lernchance, den Jugendlichen den Übergang von der abgeschlossenen Familiensphäre in größere gesellschaftliche Bezugssysteme zu ermöglichen. Folgende wichtige Funktionen sind dabei zu unterscheiden (vgl. NEIDHARDT 1970, S. 71 f.):

— Einübung neuer Formen von Autoritätsbeziehungen nach von der Erwachsenenwelt abweichenden Maßstäben,
— Erproben neuer Rollen, Kommunikationsformen und Verhaltensweisen,
— Erlangung eines stabilen Selbstbewußtseins,
— Ausweitung des Solidaritätspotentials, sich im Rahmen außerfamilialer Sozialbeziehungen für größere Gesellschaftskrise einzusetzen,
— emotionale Entlastung.

Die Zugehörigkeit zu Gruppen Gleichaltriger ist entscheidend für die Bestimmung der eigenen Rolle in der gesellschaftlichen Umwelt (Identität): *wichtiges Ziel der Jugendlichen ist daher, ihre Position und ihren Status in dieser Bezugsgruppe zu sichern.* Die Funktion der Gleichaltrigengruppen hat sich jedoch im Vergleich zur Vergangenheit verändert:

— Angesichts der immer eingeschränkteren Freiräume für selbstbestimmte Sozialkontakte ist ihr Stellenwert für die Jugendlichen gestiegen. Sie haben eine wichtige kompensatorische Funktion gegenüber den Zwängen des Alltags.

— Sie grenzen sich entschiedener gegenüber der Erwachsenenwelt ab, indem sie sich der sozialen Kontrolle durch Erwachsene (Pädagogen) entziehen und andererseits andere Orientierungen subkultureller oder postmaterieller Art repräsentieren, die denen Erwachsener entgegengesetzt sind.

Umgang mit Erwachsenen

Erwachsene repräsentieren — heute möglicherweise stärker als in der Vergangenheit — normative Orientierungen, die in den Augen der Jugendlichen nichts mit ihren eigenen Normen und Werten, Wünschen und Lebensperspektiven zu tun haben. Mehr noch: Sie werden — da sie über verschiedene Mittel der Machtausübung und Normendurchsetzung verfügen, oftmals als unliebsame soziale Kontrollinstanz empfunden, deren Bemühungen man eher skeptisch beurteilt, am besten ganz aus dem Wege geht. Die Beziehungen vieler Jugendlicher zu Erwachsenen sind daher stark reduziert, selektiv und strategisch geprägt. Diese Reduzierung von Kontakten mit Erwachsenen beginnt in der Familie: So gaben in einer Untersuchung zur Lebenswelt von Hauptschülern lediglich 13 % der befragten Jugendlichen an, die Freizeit am liebsten in der Familie zu verbringen (Projektgruppe Jugendbüro, 1975, S. 245). Als Personen, denen man sich mit seinen Problemen anvertrauen kann, werden die Eltern von einem großen Teil der Jugendlichen kaum genannt (ebd. S. 248). Den Erwachsenen in der Schule oder in außerschulischen Institutionen wird bestenfalls mit Desinteresse, gelegentlich sogar mit Ablehnung begegnet. Man läßt sich auf die Beziehung ein, soweit es für das Verbleiben und Schritthalten im Lernprozeß notwendig ist (vgl. KLAWE 1983 b). Eltern (und andere erwachsene Bezugspersonen) andererseits verzichten immer mehr auf ihre Orientierungsfunktion gegenüber Jugendlichen. „Unsere Demokratie läuft schief. Die Demokratie, die wir leben, wurde uns in der Schule vermittelt, wo sie immer nur als Argument gegen unsere Interessen herhalten mußte. Wir lernen in der Schule viel mehr, als im Lehrplan steht und die Statistik des ständig sinkenden Bildungsniveaus glauben machen will. Wir lernen die heute übliche Form des Zusammenlebens. Der Erziehungsauftrag an uns wird zwischen Eltern ohne Zeit und überforderten Lehrern hin- und hergeschoben, wir gewinnen Freiraum in diesem Chaos, und der gefällt uns. Wir verwildern in diesem Vakuum, dessen Ränder aus Watte sind und dessen Grenzen wir selbst setzen. Daß es auch noch andere Grenzen gibt, merken wir erst wieder, wenn vor uns ein brennendes Haus steht, das wir angezündet haben, und hinter uns drei Polizisten, die erstaunlich fest zupacken. Unsere Spielregeln sind unlogisch und schwer zu durchschauen, aber auch ein Schlag ins Gesicht ist ein Rausch, denn er hinterläßt ein Gefühl, das eindeutig ist. Demokratie ist das genaue Gegenteil davon, sie ist rauscharm, kompliziert und viel zu anstrengend." (KÖNIG 1993, S. 3)

„Hier sind weitere Konfliktlinien zu erkennen, die für das heutige Familienleben charakteristisch sind: Eltern erwarten von ihren jugendlichen Kindern ein reibungsloses *Funktionieren' im Leistungsbereich,* wollen aber selbst nicht durch Verbote und Eingriffe in das Verhalten der Jugendlichen steuernd tätig sein, sondern setzen auf die *Selbststeuerungsfähigkeit* der Jugendlichen. Gelingt diese erfolgreich, dann erobern sich die Jugendlichen aber auch Freiräume in allen ihren Lebensbereichen, die mit den Vorstellungen der Eltern kollidieren können. Mit mehr praktizierter Partnerschaftlichkeit und Gleichberechtigung zwischen Eltern und Jugendlichen kommt es deshalb zwangsläufig auch zu mehr Spannungen und Konflikten entlang der Generationslinie in den Familien. Viele Eltern haben große Schwierigkeiten damit, einerseits „gleichberechtigte" Partner ihrer jugendlichen Kinder zu sein, andererseits aber auch eine herausgehobene Autorität als Elternteil zu haben und diese bei der Einhaltung von Familienregeln auch umsetzen zu können." (HURRELMANN 1995, S. 134 f.) Dabei sind gerade angesichts der umfassenden Wandlungsprozesse generationsübergreifende gemeinsame Ziel und Orientierungsbemühungen besonders notwendig, um „durch wechselseitige Erschließung die Jugendlichen, uns und die Welt in einen produktiven Austausch zu verwickeln und gerade in der massenmedialen Über- und deshalb Desinformiertheit kategorische Schneisen anzubieten, um die herum sich angemessene Kultur- und Wertvorstellungen aufbauen lassen". (GIESECKE 1985, S. 113)

Auch entwicklungspsychologisch sind verläßliche und vertrauensvolle Beziehungen zu Erwachsenen abseits aller berechtigten Autonomiebestrebungen eine wichtige Voraussetzung für eben diese Ablösung vom Elternhaus und die Entwicklung einer autonomen Persönlichkeit. Jugendliche brauchen

— Eltern und elternähnliche Personen, die es ihnen ermöglichen, sich selbst nach dem Bild, das sie sich vom „Groß-Werden" machen, zu formen.

— Personen, die zwischen ihrer Erfahrung in der Welt der Gleichaltrigen ihrer Erfahrung mit der Erwachsenenwelt vermitteln. Ohne solche Vermittlung ist es für Jugendliche sehr schwer, das Gefühl zu entwickeln, einen anerkannten Platz auf der Welt zu haben.

— auch andere Erwachsene (als ihre Eltern), um den „Ablösungsprozeß" von den Eltern erfolgreich bestehen zu können.

„Kinder und Jugendliche brauchen Erwachsene nur sehr begrenzt dafür, zu sozialverträglichem, die Rechte anderer anerkennendem Verhalten fähig zu werden. Dafür sind andere Kinder und Jugendliche, insbesondere Freunde sehr viel wichtiger." (MÜLLER 1995, S. 165)

Jugendkultur:
Weil ich ein Mädchen bin — von Slackern und Girlies

Traurig sehen sie alle aus auf den schwarz-weiß Plakaten, die vom Popsender MTV im November und Dezember 94 zu seinem Jubiläum geklebt wurden. Traurig, gelangweilt, ein wenig trotzig, schlampig gekleidet — Jungs wie Mädchen, ausgesprochen unattraktiv. Das ist also die Ziel-

gruppe, die MTV ansprechen will mit seinem fast-food-Fernsehen, in dem Werbung von den Musikclips kaum zu unterscheiden ist. Jede Type auf diesen Plakaten trägt, quasi als Stempel, einen Querbalken: „verwöhnte Göre", „Egoist", „Miststück", „Rüpel", „Traumtänzer", „launisches Ding", usw. Die Stempel der Erwachsenen, die Vorurteile der Nichtverstehenden, das ewige Gemeckere: Ihr versteht uns nicht. Dafür bietet MTV Familienersatz: „Willkommen zuhause" steht unten rechts auf dem Plakat. Zuhause, hier ist alles wie du es magst, hier weiß man um deine Bedürfnisse, hier kannst du dich geborgen fühlen. Die Einzelkinder der „Mehr-Fernseher-Familie" sollen einen Ort haben, an dem sie nicht genervt werden, MTV eben. Dabei schaut die heutige Generation, glaubt man den Umfragen, weniger Fernsehen als ihre Eltern. Die dumpfen Dauerglotzer sind ihre Großeltern. Allerdings, wenn sie 18 sind, haben sie ca. 200.000 Werbespots gesehen und gelernt, Politikergerede genauso wegzuzappen wie schlechte oder langweilige Werbung.

Sie wissen, diese Welt soll ihnen verkauft werden. Sie durchschauen alle diese Tricks und machen sich darüber lustig. Medien sind für viele junge Deutsche mehr Spielzeug als Mittel der Wahrheitsfindung. Überhaupt, sie sind hochgebildet und durchschauen alles. „Sie sind, erfahren sie und wir, lässig verschmuddelt, mal absichtslos elegant; sie durchschauen alles, aber sie tun nichts. Wenn sie etwas tun, tun sie es nur für sich; sie wollen nichts verändern außer sich selbst; sie möchten nicht rebellisch sein, weil sie es rebellischer finden, nicht rebellisch zu sein; sie möchten diese alberne Rolle loswerden, die Jugendliche seit den 50er Jahren zu spielen haben." (Spiegel spezial, a.a.O. S. 57)

Gegenüber Appellen, die ihnen die hohlen Werte von Gemeinsinn und Solidarität nahebringen sollen, reagieren sie gelangweilt. Sie haben gelernt, daß Eigennutz der zentrale Wert der Gesellschaft heute ist und verhöhnen die unintelligente Verlogenheit dieser Kampagne. „Das Vertrauen in Parteien, Regierungen und Behörden ist so geschrumpft, daß viele Jugendliche von ihrem Staat nicht viel mehr fordern als ihre Rente. Sie haben keine Erwartungen an Politiker, an Polizisten, an Journalisten, an Unternehmer, sie suchen dort nicht nach Moral, nicht nach Wahrheit, nicht nach Gerechtigkeit." (Spiegel spezial, a.a.O. S. 59)

Fast die Hälfte von ihnen macht einen interessanten Spagat: die Zukunft der Gesellschaft sehen sie absolut düster, ihre eigene hingegen pragmatisch positiv. Selbstverwirklichung und Spaß sind ihre Lebensziele. Sie verleugnen nicht die Wirklichkeit, im Gegenteil, sie kennen sich sehr gut aus. In der Schule haben sie alles über Ozonloch, AIDS und den Welthunger gelernt. Nur haben sie kein Interesse, sich für Veränderungen zu engagieren. Dünne, lange, schlampige Haare, Ziegenbärtchen, Grungelook und hellwache Augen hat er, das intelligente Kerlchen da auf dem Sofa. „Was soll's" drückt seine ganze Körperhaltung aus, als er sich mit seiner heimlichen Angebeteten (Wynona Rider) mal wieder zofft. „Tut mir leid, für Weltveränderung bin ich heute nicht zuständig" rotzt er ihr hin, als sie ihn fragt, ob er nicht mal in die Puschen kommen und aus seiner Intelligenz was machen wolle. Sie dialogisieren cool, intelligent, arrogant und zynisch daher, die „Slacker" in „Reality bites", dem Film über die Generation-X. Ihre Fähigkeiten überschätzen sie maßlos und ständig, sind förmlich geplagt von Selbstüberschätzungen und glauben, alle Welt warte auf sie und ihre kleinen Künste. Sie philosophieren auf höchstem Niveau, um gleich darauf in völliger Apathie zu versinken oder nur noch Blödsinn zu machen. „Nevermind, whatever, oh well", so endet der Refrain der Slacker-Hymne „Smells like teen spirit" von Kurt Cobains Nirvana. „Hier sind wir, unterhalten uns", singt Kurt, Frontmann und intelligenter Kopf Nirvanas, der sich, 27jährig, kürzlich erschoß, weil ihm alles, was er machte, absolut sinnlos erschien. Schon mußte er erleben, wie sein Protest gegen Langeweile, die Saturiertheit, von den Erwachsenen vermarktet wurde: bleich ist cool, Elend ist sexy, Grunge-look ist in. „Für diese Kinder der Risikogesellschaft ist so gut wie nichts sicher: nicht die Beziehung der Eltern, nicht die Luft, nicht das Wasser, nicht die Zukunft. Wie soll jemand, der so aufwächst, große Ziele haben und an mehr denken als an sich selbst?" Well, whatever, nevermind. „Sie träumen nicht von einer anderen Gesellschaft, schon gar nicht von einer jenseits der Konsumgesellschaft. Weil das so ist, haben sie gelernt, sich gegen Werbung zu wehren und mit deren Zeichen zu spielen. Und wenn die Werbung diese Konsumenten noch erreichen will, grenzt das an Selbstaufgabe. Ihr Protestschrei lautet: ich bin kein Ziel-Markt. Als Konsumenten sind sie zynisch und skeptisch gegenüber der Sprache der Werbung." (Spiegel spezial a.a.O. S. 82) „Diese jungen Deutschen wissen mehr über den Zustand der Welt als die unsterblichen 68er, und dennoch tun sie scheinbar weniger als diese, um sie zu retten. Weil sie der Meinung sind, für die Welt sei die UNO zuständig oder die UNESCO oder die NATO oder Bill Clinton, auf keinen Fall aber sie selbst." (Spiegel spezial a.a.o. S. 59) Mit ihnen ist also nicht zu rechnen, sie werden nicht das fortsetzen, was die heutigen 40jährigen sich erträumt, auf dem Karriereweg dann aber vergessen haben: die gute, soziale, gerechte Welt von love and peace. Wer keine Illusionen hat, kann auch nicht enttäuscht werden. Gelangweilt reagieren sie auf die wohlmeinenden Pädagogen, die ihnen von sozialer Gruppe, Gemeinschaft und Gerechtigkeit faseln. „Ihr habt es nicht geschafft, wieso jetzt wir?" 53 % sind, nach eigenen Angaben, nur auf der Welt, weil sie „das Leben genießen wollen", nicht um irgend etwas zu ändern. Entsprechend spielen sie mit allen Stilen und Tricks, um Spaß zu haben, die Erwachsenen zu ärgern, sich auszuprobieren. Heute Skin, morgen Hippie, no problem, nevermind. In einer Welt, in der alles möglich und alles käuflich ist, wird die Suche nach Unverwechselbarkeit, nach dem eigenen Stil zum Dauerstress. Ob mit Kohle, für deren Erwerb die meisten ihre Freizeit vollständig draufgeben, oder im gepflegten und schmierigen Proll-outfit des „white trash", der Trainingsanzüge und Elendsattitüde eines Helge Schneider — Spaß muß sein. Stil ist keine Fra-

> ge der Weltanschauung, sondern des „Hip-Seins". Weltanschauung ist
> was für verklemmte Spießer, moralische Eltern oder karrieregeile Yup-
> pies. Die „love parade" läuft rund um die Uhr. Für die Probleme sind alle
> anderen da, die man dafür bezahlen kann. Greenpeace z.b. hat bei den
> Jugendlichen mehr Ansehen als alle Politiker zusammen.
>
> Auszug aus: Frank Düchting: Smells like teen spirit, unveröff. Manu-
> skript 1995

Bedeutung der Jugendkultur

Für die Zugehörigkeit zu und die Verständigung in subkulturellen
Gleichaltrigengruppen sowie deren Abgrenzung gegenüber der Erwachsenenwelt spielt die Entwicklung einer eigenen Jugendkultur eine
wichtige Rolle.

„Jugendkultur ist eine Kultur der Gemeinschaftlichkeit, es geht ihr in
erster Linie um einen Raum frei von gesellschaftlicher Macht und frei
von der Kontrolle der Erwachsenen . . . Jugendkultur entwickelt sich
überall im Spannungsfeld zwischen selbstinitiierten Aktivitäten von
Subkulturen und Gegenkulturen und massenkulturellem Konsum, wie
er von der in den letzten Jahrzehnten entstandenen Jugendindustrie angeboten wird:

Neue Moden (Frisuren, Kleidung, Musik etc.) und Lebensstile werden
selten ‚von oben' kreiert, meist stammen sie aus der Protest- und Subkultur, also ‚von unten'. Die Industrie greift diese neuen Ausdruckformen
jeweils schnell auf — sie zerstört damit deren fundamentaloppositionel-
len Charakter, fördert aber ihre Verbreitung sozusagen in entschärfter
Form. Die Massenmedien transportieren die jugendkulturellen Moden
dann überall hin, sie erst erzeugen das verbreitete Bewußtsein Jugend-
lichkeit selbst sei — sogar grenzüberschreitend! — ein sozialer und kultu-
reller Zusammenhang. Doch auch bei der Auswahl aus dem breiten Kon-
sumangebot der Medien scheinen die Jugendlichen eher kritisch zu sein:
Sie suchen sich diejenigen Jugendstile heraus, mit denen sie ihre eigene
Welt am besten ausdrücken können." (SCHERER 1986)

SCHERER weist in seinem Aufsatz zu Recht darauf hin, daß neben den
symbolischen Gesten der Zugehörigkeit und Abgrenzung, die im Rahmen der Jugendkultur in modischen Accessoires und Kleidungsvarian-
ten zum Ausdruck kommen, Jugendkultur auch mehr ist als bloß eine
Konsum- und Freizeitkultur: sie deutet den gesellschaftlichen Wandel
von Normen und Lebensstilen an. Sie zeigt „daß Werte wie ‚Beziehungen', ‚Zärtlichkeit' und ‚Selbsterfahrung' in einer humanen Gesellschaft"
für immer wichtiger gehalten werden. Entspanntheit, Lebensfreude,
Spontaneität, Ungezwungenheit, Genuß — dies alles prägt die größere
Bereitschaft und Fähigkeit der Jugendlichen zu ungepanzerter Begeg-

nung. Der Widerspruch zwischen sinnloser Verschwendung und materieller Verwöhnung einerseits und sozialem Mangel und geistig-emotionaler Entbehrung andererseits ist nach wie vor generationsspezifische Erfahrung der Jugend. Dort setzt auch weiterhin eine Lebenssinn-Suche an, die allerorten in die folgende Richtung tendiert: hin zum Wunsch nach Erfahrungsnähe (die typische Frage lautet: ‚Was hat das alles mit mir zu tun?') . . ."(ebd.)

Zusammenfassend müssen wir feststellen, daß die Reaktionen und Verarbeitungsformen Jugendlicher angesichts der Herausforderungen zur Lebensbewältigung facettenreich und widersprüchlich sind, wie die gegenwärtigen Wandlungsprozesse selbst. Schematisierungen und Typologien jugendlichen Verhaltens verbieten sich ebenso wie kurzschlüssige monokausale Erklärungsmuster. Vielmehr scheint das Ziel, sich nicht festlegen zu wollen (und zu lassen) ein treibendes Motiv jugendlicher Alltagsgestaltung und jugendlichem Lebensstil zu sein. „Dreh- und Angelpunkt postmoderner Lebensführung ist nicht der Aufbau einer eigenen Identität, sondern das Vermeiden des Festgelegt-Werdens . . ." Im „Spiel des Lebens" postmoderner Konsumenten ändern sich die Spielregeln noch während des Spiels. Deshalb ist es vernünftig, die einzelnen Durchgänge kurz zu halten — bei guter Spielführung werden aus dem großen allumfassenden Spiel mit seinen beträchtlichen Einsätzen ein Reihe kleinerer Spiele, deren Einsätze begrenzt sind. Die „Entschlossenheit, nur im Heute zu leben" und „das Leben als eine Abfolge alltäglicher Katastrophen zu sehen", werden zu den Leitprinzipien allen rationalen Handelns. Das Spiel kurz zu halten bedeutet, keine langfristigen Verpflichtungen einzugehen. Sich zu weigern, auf die eine oder andere Art „festgelegt" zu werden. Sich nicht niederzulassen, wie angenehm der jeweilige Aufenthalt auch sein mag. Sein Leben nicht nur *einem* Spiel zu widmen. Nichts und niemandem Beständigkeit und Loyalität zu schwören. Die Zukunft nicht zu *kontrollieren,* sondern sich zu *weigern, sie sich zu verbauen;* Sorge dafür zu tragen, daß die Auswirkungen des Spiels das Spiel nicht bedauern, und für den Fall, daß sie es doch tun, die Verantwortung dafür abzulehnen. Der Vergangenheit nicht zu gestatten, auf die Gegenwart einzuwirken. Kurzum, die Gegenwart an beiden Enden zu beschneiden und sie von der Geschichte abzutrennen. Es gibt kein „Vorwärts" und „Rückwärts" mehr, die Fähigkeit, sich schnell und behende dorthin zu bewegen, wo etwas los ist und jede sich bietende Möglichkeit für neue Erfahrungen zu ergreifen — hat Vorrang vor *Gesundheit* — der Vorstellung, daß es so etwas wie Normalität gibt, die man stabil und unversehrt hält. Jede Art der Verzögerung und des Aufschubs, also auch „Aufschub von Gratifikation", verliert ihre Bedeutung. „Die Schwierigkeit liegt also nicht mehr darin, eine Identität zu konstruieren, sondern zu verhindern, daß sie einen einengt, daß sie gleichsam am Körper festklebt." (BAUMANN 1995)

A-Jugend und B-Jugend

„Zu befürchten ist, daß der Trend der Spaltung der jungen Generationen praktisch in eine ‚A- und B-Jugend' fortsetzt. Zur ‚A-Jugend' gehören dann die besser ausgebildeten und moralisch engagierten Jugendlichen des Wertewandels, die nur ab und zu über die Stränge schlagen und nur in emotional aufgeladenen Ausnahmesituationen zum Problem der Polizei werden (wobei es der Politik gelingen dürfte, diese direkte Konfrontation zu verhindern). Diese Jugendlichen formulieren innovative und diskussionswürdige Antworten auf die Zukunftsgefahren und erzeugen insofern das Gegenteil von Resignation: nämlich die Hoffnung, daß es uns gelingt, die dramatischen Zukunftsgefahren zu lösen. Die ‚B-Jugend' dagegen ist dann die Jugend, die herausgefallen ist oder so in ihren Überlebenskampf eingebettet ist, daß sie nur noch auf Kosten anderer ihre — manchmal durchaus bescheidenen — Konsum-, Arbeitsplatz- und Karrierewünsche zu realisieren vermag. Da gibt es auf der einen Seite die Verarbeitungsform dieser persönlichen Zukunftsangst, sich nicht sozial und politisch zu engagieren, sondern den jugendkulturellen Chic der eigenen Gleichaltrigengruppen und das ‚Abfahren' auf teure Statussymbole und wilde Discoflips zum einzigen Lebensinhalt zu stilisieren. Da gibt es auf der anderen Seite die steigende Zahl junger Sozialfälle, die es nicht einmal mehr schaffen, ihre berufliche und anderweitige Lebensunsicherheit mit den Träumen und Scheinwelten von den Medien über den Fußballplatz bis hin zum jugendkulturellen Nachtleben zu kompensieren. Hier wird Jugend tatsächlich zum gesellschaftlichen Problem. Ob diese wirklich Resignierten eine kleine Minderheit bleiben oder ob sie sich aggressiv und destruktiv (wie in englischen Großstädten) zu Wort melden werden, das wird davon abhängen, ob eine soziale Integrationspolitik ernsthaft beschritten wird oder nur vordergründig Ruhe und Ordnung aufrechterhalten wird."

Zur gegenwärtigen Lebenssituation Jugendlicher geben folgende Darstellungen umfassend Auskunft:

- BUNDESMINISTERIUM für Jugend, Familie, Frauen und Gesundheit (Hrsg.): Achter Jugendbericht — Bericht über Bestrebungen und Leistungen der Jugendhilfe, Bonn 1990
- BENDIT, R. u.a.: Lebensverhältnisse Jugendlicher, München 1990
- HEITMEYER, Wilhelm/OLK, Thomas: Individualisierung von Jugend, Weinheim und München 1989

Für die Situation Jugendlicher in den neuen Bundesländern:

- BUNDESMINISTERIUM für Familie, Senioren, Frauen und Jugend (Hrsg.): Neunter Jugendbericht, Bonn 1994
- GAWLIK, Marion/KRAFFT, Elena/SECKINGER, Mike: Jugendhilfe und sozialer Wandel, München 1995

3 Offensive Jugendhilfe: Ziele pädagogischer Arbeit mit Jugendlichen

3.1 Jugendhilfe als Bezugsrahmen von Jugendarbeit

Erzieherische Arbeit mit Jugendlichen außerhalb von Schule, Familie und Betrieb ist eingebettet in den Kontext globaler Zielvorgaben allgemeiner Jugendhilfe und kann nur dann wirksam die Lebenssituation Jugendlicher verbessern helfen, wenn sie sich über ihre Verortung im System der Jugendhilfe und sich daraus ergebenden Kooperationen und Abgrenzungen zu anderen Maßnahmen der Jugendhilfe klar wird.

Aus diesem Grunde erscheint es angebracht, das System der Jugendhilfe grob zu skizzieren, bevor spezifische Zielvorstellungen für die Arbeit mit Jugendlichen in den in Abschnitt 1 beschriebenen Arbeitsfeldern entwickelt werden.

Jugendhilfe *ersetzt* die Erziehungsaufgaben der Eltern und der Familie, sofern diese nicht in der Lage ist, die leibliche, seelische und geistige Entwicklung des Kindes angemessen sicherzustellen. Sie *ergänzt* die Erziehungsaufgaben um Erfahrungsbereiche und Lernfelder, die die Familie nicht (oder nicht mehr) zur Verfügung stellen kann. Ziel dieser Erziehungsbemühungen ist, Kinder und Jugendliche zu einer verantwortlichen Lebensführung zu befähigen.

Im einzelnen kommen also der Jugendhilfe verschiedene Funktionen zu (vgl. GERNERT 1978, S. 18):

— „unterstützende Funktion bei allen Beratungsdiensten wie Säuglings-, Mütter-, Erziehungsberatung, Erziehungs- und Ausbildungshilfen wirtschaftlicher Art, beim sog. Jugendschutz;

— ersetzende Funktion im Rahmen der Erziehungshilfe durch Begründung eines Erziehungsverhältnisses in einer Pflege- oder Adoptiv-Familie bzw. durch Ersatz der ausgefallenen eigenen Familie (bei Waisen) oder Versagen der Erziehungsfunktion (Gefährdung, Verwahrlosung) in Form einer öffentlichen Heim-Erziehung;

— ergänzende Funktion vor allem in der Jugendarbeit, der vorschulischen Erziehung (Kindergarten), dem Angebot an Spielflächen, Erholungs- und Bildungsmöglichkeiten;

– real-utopische Funktion als permanente Reflexion der Funktionsträger über gesellschaftliche Entwicklungen, mit dem Ziel, „systembedingte Ungerechtigkeiten und Benachteiligungen abzubauen"; Teilnahme an der Sozialplanung und Mobilisierung politischer Kräfte zur Veränderung gesellschaftlicher Strukturen mit dem Ziel, sozialerzieherische Defizite auf ein Minimum zu beschränken."

Rechtliche Grundlagen für Maßnahmen der Jugendhilfe ist das 1991 in Kraft getretene Kinder- und Jugendhilfe-Gesetz (KJHG), das das noch aus dem Jahre 1922 stammende Jugendwohlfahrtsgesetz (JWG) abgelöst hat.

„Ein Kernpunkt, mit dem die Notwendigkeit einer grundlegenden Reform des Jugendhilferechts von den Praxisträgern und den Interessenorganisationen der Jugendhilfe begründet wurde, war der obrigkeitliche Grundcharakter des JWG. Es ordnete die Verantwortung für die Aufgaben der Jugendhilfe zum einen zwischen den verschiedenen staatlichen, kommunalen Handlungsebenen sowie zum anderen zwischen öffentlichen und freien Trägern der Jugendhilfe. Den JÄ auf kommunaler und Landesebene wies es jeweils die Aufgaben zu, die sie örtlich bzw. überörtlich zur Sicherstellung des Erziehungsanspruchs von Minderjährigen zu erfüllen hatten. Mit wenigen Ausnahmen sind hier die Ämter Subjekte und die Betroffenen Objekte des Bemühens gewesen." (MÜNDER 1991, S. 81) Neben diesem neuen Verständnis von Jugendhilfe ist das KJHG vor allem eine Reaktion auf die vielfältigen gesellschaftlichen Veränderungen insbesondere der familialen Strukturen und der Lebenswelt von Kindern und Jugendlichen, denen mit dem klassischen Instrumentarium des JWG nicht mehr angemessen begegnet werden konnte. So wurden in das KJHG zahlreiche präventive, offene und ambulante Hilfs- und Beratungsangebote aufgenommen, die den Dienstleistungscharakter der Jugendhilfe dokumentieren sollen. Das zuständige Ministerium beschrieb im Rahmen der Debatte zur Verabschiedung des KJHG als Anliegen dieses neuen Gesetzeswerkes:

„– die Verstärkung der allgemeinen Angebote der Jugendarbeit und Jugendsozialarbeit,
– die Verbesserung der Angebote zur Förderung der Erziehung in der Familie (Familienfreizeit, Familienbildung, Familienberatung),
– die Verbesserung der Hilfen für Familien in besonderen Lebenssituationen (Beratung in Trennungs- und Scheidungssituationen; Betreuung und Versorgung von Kindern in Notfällen),
– die Verbesserung der Angebote der Tagesbetreuung von Kindern durch die Verpflichtung von Kommunen und Ländern zum bedarfsgerechten Ausbau der verschiedenen Formen der Tagesbetreuung (insbesondere Kindergärten, altersgemischte Gruppen, Tagesmütter),
– die gesetzliche Verankerung ambulanter und teilstationärer Erziehungshilfen (Erziehungsberatung, soziale Gruppenarbeit, sozialpäd-

agogische Familienhilfe) neben den klassischen Formen der Pflege-
familie und der Heimerziehung,
— die Verbesserung der Hilfen für junge Volljährige, insbesondere für
  benachteiligte junge Menschen zur beruflichen Eingliederung zur
  Verselbständigung,
— die vorrangige Zuordnung seelisch behinderter Kinder und Jugendlicher zur Jugendhilfe,
— der Schutz personenbezogener Daten im Bereich der Jugendhilfe,
— die Neuordnung der Kinder- und Jugendhilfestatistik,
— die Stärkung des Funktionsschutzes freier Träger durch frühzeitige
  Beteiligung an der Jugendhilfeplanung" (U. LEHR, in: BMJFFG —
  Informationen Nr. 7 v. 17.5.1990).

Der § 1 des Kinder- und Jugendhilfegesetzes beschreibt als Aufgaben der
Jugendhilfe:

(1) Jeder junge Mensch hat ein Recht auf Förderung seiner Entwicklung
und auf Erziehung zu einer eigenverantwortlichen und gemeinschaftsfä-
higen Persönlichkeit.

(2) Pflege und Erziehung der Kinder sind das natürliche Recht der Eltern
und die zuvorderst ihnen obliegende Pflicht. Über ihre Betätigung wacht
die staatliche Gemeinschaft.

(3) Jugendhilfe soll zur Verwirklichung des Rechts nach Absatz 1 insbesondere

1. junge Menschen in ihrer individuellen und sozialen Entwicklung fördern und dazu beitragen, Benachteiligungen zu vermeiden oder abzubauen,
2. Eltern und andere Erziehungsberechtigte bei der Erziehung beraten
   und unterstützen,
3. Kinder und Jugendliche vor Gefahren für ihr Wohl schützen,
4. dazu beitragen, positive Lebensbedingungen für junge Menschen
   und ihre Familien sowie eine kinder- und familienfreundliche Umwelt
   zu erhalten oder zu schaffen.

Ausgehend von dieser Aufgabenstellung umreißt das KJHG eine Struktur
von Angeboten und Hilfen, die das nachfolgende Schaubild verdeutlicht.

In den letzten Jahren ist die Trennung von kommunaler Jugendpflege
einerseits und Jugendfürsorge andererseits in der Praxis zunehmend auf-
gehoben worden:

— Offene Jugendarbeit und Jugendverbandsarbeit wird angesichts der
  beschriebenen wachsenden Probleme Jugendlicher immer stärker so-
  zialpolitisch in die Verantwortung genommen;
— durch mangelnde Resonanz alarmiert oder im Alltag mit den Problemen der Jugendlichen konfrontiert, orientiert sich die Arbeit in diesen

Bereichen stärker an der Lebenswelt der Jugendlichen. Damit ergibt sich die Notwendigkeit über freizeitpädagogische Arbeit hinaus sozialpädagogische Beratungsangebote und Betreuung sicherzustellen;

— die Komplexität der aus ihrer Soziallage und Diskriminierung resultierenden Probleme Jugendlicher ist bei gleichzeitigem zahlenmäßigen Anwachsen von Problemgruppen nur in Kooperation verschiedener Einrichtungen und Maßnahmen der Jugendhilfe angemessen zu bearbeiten.

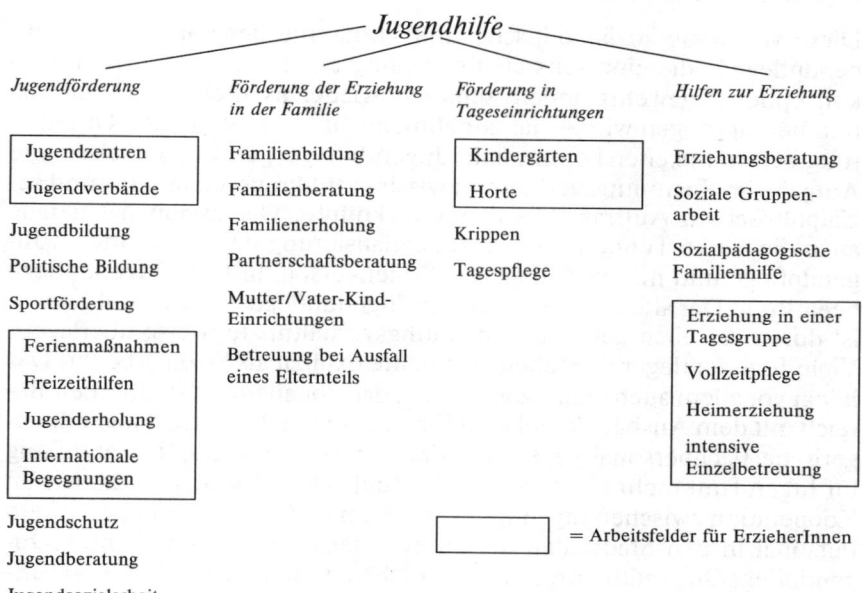

Jugendförderung	Förderung der Erziehung in der Familie	Förderung in Tageseinrichtungen	Hilfen zur Erziehung
Jugendzentren	Familienbildung	Kindergärten	Erziehungsberatung
Jugendverbände	Familienberatung	Horte	Soziale Gruppenarbeit
Jugendbildung	Familienerholung	Krippen	
Politische Bildung	Partnerschaftsberatung	Tagespflege	Sozialpädagogische Familienhilfe
Sportförderung	Mutter/Vater-Kind-Einrichtungen		Erziehung in einer Tagesgruppe
Ferienmaßnahmen	Betreuung bei Ausfall eines Elternteils		Vollzeitpflege
Freizeithilfen			Heimerziehung
Jugenderholung			intensive Einzelbetreuung
Internationale Begegnungen			
Jugendschutz			
Jugendberatung			
Jugendsozialarbeit			

☐ = Arbeitsfelder für ErzieherInnen

Qualitativ verstehen sich die Angebote und Hilfen als Lebensweltorientierte Jugendhilfe, die bestimmt ist
— durch die Profilierung von Jugendhilfe als Leistungsangebot und den Verschiebungen zwischen Sozialanspruch und Sozialdisziplinierung,
— durch das Engagement für neue Probleme und Problemgruppen,
— durch die Akzentuierung eines beratenden, indirekten Umgangs, der Erschließung von Ressourcen, der neuen Auslegung der Hilfe zur Selbsthilfe,
— durch die Strategien der Einmischung,
— durch Orientierung an Alltagserfahrungen und -konzepten und
— durch Konzepte der Vernetzung zwischen professionellen und nichtprofessionellen Hilfen. (8. Jugendbericht, Bonn 1990, S. 81)

Aus diesem Grundverständnis werden „Strukturmaximen" abgeleitet (siehe nachfolgenden Kasten), „mit deren Hilfe beurteilt werden kann, ob Angebote, Dienste und Veranstaltungen der Träger der Jugendhilfe zeitgemäß sind. Und anders als früher gilt das inzwischen grundsätzlich für alle Träger (Ämter, Verbände, Projekte, Initiativen, Selbsthilfegruppen): Wer sein Alltagshandeln daran nicht ausrichtet (ausrichten kann), kommt in Begründungszwänge." (MÜNDER, S. 23)

MÜNDER stellt in seinem Kommentar zum KJHG fest, daß eine eindeutige sozialpädagogische Orientierung nicht gelungen ist. Aus seiner Sicht steht das Gesetz zwischen Sozialpädagogik und Ordnungsrecht der Jugendhilfe (ebd. S. 24 u. 25).

Diese verstärkte sozialpolitische Inpflichtnahme der kommunalen Jugendpflege – die einerseits als Bedrohung einer autonomen Bildungskonzeption abgewehrt, andererseits aber wieder als öffentliche Legitimation herangezogen wird – hat zunehmend zu konzeptionellen Orientierungsschwierigkeiten kommunaler Jugendpfleger geführt. Sie sehen ihre Aufgabe im Spannungsverhältnis zwischen Bildungsverständnis und sozialpolitischem Auftrag. Die damit verknüpfte Diskussion hat gerade auch die starke Tendenz zur Professionalisierung der kommunalen Jugendpflege und hier vor allem das Rollenverständnis der Jugendpflege beeinflußt: Der alte Konflikt zwischen Jugendpflege und Jugendfürsorge ist durch das eben genannte Spannungsverhältnis teilweise überlagert. Viele Jugendpfleger verstehen sich heute explizit als Sozialarbeiter. Das hängt vor allem auch damit zusammen, daß vor allem im städtischen Bereich mit dem Ausbau der lokalen Einrichtungen das dortige jugendpflegerische Fachpersonal gegenüber der zentralen Jugendpflegeabteilung im Jugendamt mehr Gewicht erhielt. Zugleich verlor in der praktischen Kooperation zwischen jugendpflegerischem und jugendfürsorgerischem Personal in den Stadtteilen der administrative Kompetenzkonflikt Jugendpflege/Jugendfürsorge immer mehr an Brisanz (5. JUGENDBERICHT 1980, S. 196 f.).

In einer Grobübersicht lassen sich die Aufgabenbereiche der Jugendhilfe wie folgt darstellen: (HOTTELET u.a. 1978, S. 20)

Für den Normalfall	*Für den Problemfall*
– Stärkung der Erziehungskraft von Erwachsenen und Eltern (Elternbildung)	– Adoptionsvermittlung
	– Regelung der Vormundschaft
– Unterstützung der Eltern/ Mütter bei der Kleinkinderziehung	– Unterbringung in Säuglings- und Kinderheimen
	– Vermittlung von Pflegestellen und Pflegefamilien
– Förderung der kindlichen Entwicklung durch Kindertagesstätten/Kindergärten	– Erziehungsberatung-/ Erziehungsbeistandschaft

68

- Angebote zur Freizeitgestaltung und Hinführung zur Mündigkeit (Jugendarbeit)
- Kompensatorischen Hilfen zur Herstellung der Chancengerechtigkeit
- Vorbereitung auf die Ehe und Erziehungsaufgaben.

- Hilfen zur Erziehung
- Unterbringung in Erziehungsheimen
- Jugendschutz in der Öffentlichkeit
- Hilfen gegen Suchtgefahren
- Eingriffe des Jugendamtes bei Gefahr für die Entwicklung von Kindern.

Angesichts der zunehmend problematischeren Lebenslage einer wachsenden Zahl von Jugendlichen erscheint allerdings zweifelhaft, ob in der Praxis der Jugendhilfe zukünftig die schematische Unterteilung in „Normalfälle" und „Problemfälle" noch Erklärungswert hat und praktizierbar ist.

Mitarbeiterinnen und Mitarbeiter in der Jugendarbeit machen jedenfalls immer häufiger die Erfahrung, daß der „Normalfall" von gestern zum Beispiel durch plötzlich eintretende Arbeitslosigkeit oder wachsende psychische Belastungen zum „Problemfall" von heute werden kann.

Angesichts des wachsenden Problemdrucks kann sich Jugendhilfe nicht mehr darauf beschränken, reaktiv mit kompensatorischen Programmen auf soziale Notlagen zu reagieren. Sie muß neben der Hilfe für Jugendliche auf die gesellschaftlichen Bedingungen einwirken, die die Lebenssituation der Jugendlichen bestimmen. Eine solche *offensive* Jugendhilfe hätte dabei als Aufgabe:

- Sie muß dem Einzelnen bei der Lösung seiner Konflikte und Probleme helfen.

- Sie muß mit ihm die gesellschaftlichen Ursachen für diese Probleme und Konflikte erkennen und seine Lebensbedingungen so verändern, daß er gegen Rückfälle gesichert ist.

- Sie muß bei der Gestaltung der Lebensverhältnisse für Kinder und Jugendliche dazu beitragen, daß die erkennbaren Entstehungsfaktoren für das Scheitern beim Aufwachsen der jungen Generation beseitigt werden.

Im folgenden Abschnitt werden wir die Ziele und Konzepte einer solchermaßen offensiven Jugendhilfe für die Arbeit mit Jugendlichen entwickeln.

Strukturmaximen der Jugendhilfe

Lebensweltorientierte Jugendhilfe konkretisiert sich innerhalb der unterschiedlichen Arbeitsfelder in Entwicklungen, die sich in Strukturmaximen beschreiben lassen, in Strukturmaximen wie Prävention, Regionalisierung, Alltagsorientierung, Partizipation, Integration. So sehr solche Strukturmaximen tendenziell die Arbeit bestimmen, so ergeben sich in den einzelnen Arbeitsfeldern doch sehr unterschiedliche Linien, zögerliche, mühsame, entschiedene, glatte; zwischen den Arbeitsfeldern zeigen sich große Ungleichzeitigkeiten . . .

1. Prävention

Lebensweltorientierte Jugendhilfe versteht sich als präventiv orientiert. Einheit der Jugendhilfe meint den Zusammenhang der verschiedenen Arbeitsfelder der Jugendhilfe, vor allem den Zusammenhang der Angebote für alle Jugendlichen und für belastete Jugendliche. Dieses Konzept gewann besondere Bedeutung angesichts der Undeutlichkeit des normativen Horizonts, wie er sich für unsere gegenwärtige Situation im Zeichen von Individualisierung und Pluralisierung ergibt, angesichts vor allem auch der Tatsache, daß Schwierigkeiten sich in gegebenen Verhältnissen ausbilden: in den Belastungen, im Druck, in der Provokation gegebener Strukturen; Schwierigkeiten entwickeln sich in Stufen, in Phasen, im Lauf einer Biographie; sie werden sich häufig nicht entwickeln, wenn die Situationen weniger belastend wären und wenn Hilfen rechtzeitig gelängen, also: wenn präventive Hilfen erreichbar gewesen wären.

Trotz dieses Wissens ist die traditionelle Jugendhilfe in weiten Bereichen primär nachgehend orientiert, bezogen auf eingetretene Notzustände. Institutionen und Handlungsmöglichkeiten sind auf Eingriffstatbestände hin zugeschnitten. Jugendhilfe — so wird seit je moniert — wird erst aktiv, wenn Probleme sich zuspitzen, verhärten, ja zur Hoffnungslosigkeit verschärft haben, wenn — wie es heißt — „das Kind schon in den Brunnen gefallen ist". Demgegenüber setzt sich zunehmend eine präventive Orientierung durch: Sie zielt — als primäre Prävention verstanden — auf lebenswerte, stabile Verhältnisse, auf Verhältnisse also, die es nicht zu Konflikten und Krisen kommen lassen, und — als sekundäre Prävention verstanden — auf vorbeugende Hilfen in Situationen, die erfahrungsgemäß belastend sind und sich zu Krisen auswachsen können. Im Zeichen eines solchen Präventionskonzepts ergeben sich für die Gewichtung der Aktivitäten der Jugendhilfe neue Akzente. Notwendig sind zunächst sozialpolitische und kommunalpolitische Aktivitäten zur Gestaltung von Lebensverhältnissen, z.B. Hilfen und Unterstützungen der Institutionen, die die heutigen Lebenslagen bestimmen, also der Familie, der Schule, des Arbeitsmarktes. Notwendig sind tragfähige soziale Bezüge, vor allem auch das soziale Netz in der Gemeinde. Notwendig sind schließlich Angebote zu Bildung, Aufklärung und Gestaltung von Lebensräumen für die Heranwachsenden.In einer zweiten Stufe müssen Angebote ausgebaut werden, die es belasteten Kindern, Heranwachsenden und Familien in kritischen Lebensereignissen erlauben, sich mit ihren Verhältnissen besser zu arrangieren, also Maßnahmen der Beratung, der vorbeugenden Unterstützung, vor allem aber auch gezielte Hilfen zur Erschließung von Ressourcen und Beziehungen zu Selbsthilfeinitiativen. Demgegenüber sind Hilfen in akuten Konflikten und überlasteten, verhärteten oder verfahrenen Situationen als Maßnahmen auf der dritten Stufe konzeptuell nachgeordnet — aber natürlich im Aufgabenspektrum der Jugendhilfe besonders wichtig und notwendig aufwendig. Diese Gewichtungen zeigen sich in vielfältigen konkreten Entwicklungen und Verschiebungen im Angebotsspektrum der Jugendhilfe, in der Betonung des sozialpolitischen Engagements, in Einmischungsstrategien, im Ausbau der Leistungs- und Beratungsangebote für alle, in der Verschiebung zwischen ambulanten und stationären Erziehungshilfen, in vielfältigen neuen Entwicklungen im ambulanten Bereich. So evident die Umorientierung von Jugendhilfe im Zeichen von Prävention ist, so deutlich sind auch Schwierigkeiten, die in diesem Konzept liegen. Zunächst:

Jugendhilfe im Konzept von Prävention zu sehen, könnte bedeuten, alle ihre Aktivitäten unter dem Gesichtspunkt der Verhütung von Schwierigkeiten (und damit Normalität gleichsam als verhinderte Schwierigkeit) zu verstehen und so — pointiert geredet — Wirklichkeit von der Bedrohung her nicht nur zu interpretieren, sondern zu pathologisieren (analog wäre es, wenn Gesundheit als noch nicht ausgebrochene Krankheit verstanden würde). Dies aber wäre eine schreckliche Konsequenz. Bildung ebenso wie Information und die Gestaltung von Lebensräumen haben eine eigene Bedeutung für Kinder, Heranwachsende und Familien. Für die Jugendarbeit, aber ebenso für Familienarbeit ist es entscheidend, sie vom Eigensinn ihrer Aufgaben und nicht von Belastungen und Risiken her zu begründen Präventive Orientierung ist nicht ein Konzept zur Struktur von Jugendhilfe überhaupt, sondern ein Moment in ihr . . .

2. Dezentralisierung/Regionalisierung

Lebensweltorientierte Jugendhilfe bedeutet Dezentralisierung und Regionalisierung der Leistungsangebote

Innerhalb der Institutionalisierungskritik in der Jugendhilfe wird zunehmend deutlich, wie sehr die Zentralisierung von Angeboten (wie sie parallel z.B. zur Entwicklung innerhalb der Gemeindereform gegeben war) einherging mit der Erschwerung der Zugangsmöglichkeiten für Adressaten und mit der „amtlich" institutionellen Unkenntnis und Nichtnutzung jener Ressourcen zur Selbsthilfe, wie sie in den Lebenswelten der Adressaten, im Alltag ihrer überschaubaren Verhältnisse verfügbar sind oder sein könnten. So entwickelten sich — in Gegenzug und Korrektur — Ansätze zur Dezentralisierung, Ansätze z.b. zur Neuordnung des Sozialen Dienstes oder zur Einrichtung von Stadtteiljugendämtern, Ansätze zur Dezentralisierung von Beratungsinstitutionen und Erziehungsheimen. Dezentralisierung aber ist zunächst nur eine formale Stukturmaxime – und darin zwar notwendig, aber noch nicht hinreichend. Werden z.b. große Ämter oder Beratungsinstitutionen nur verkleinert oder in ihrer Zuständigkeit auf gegebene Verwaltungsbezirke zugeschnitten, ohne daß geprüft wird, ob und wie dies den neuen und erhofften Problemzugang ermöglicht, dann bleibt die Umstrukturierung äußerlich und unbefriedigend. Das Konzept der Dezentralisierung füllt sich inhaltlich erst in dem der Regionalisierung. Regionalisierung meint die Einbettung der Arbeit in die gleichsam gewachsenen, konkreten lokalen und regionalen Strukturen, wie sie gegeben sind in den Lebenswelt- und Alltagstraditionen und in den sozialen Versorgungsangeboten. Regionslisierung also meint die Verortung der sozialen Arbeit z.b. in einem Stadtbezirk mit seiner alten Arbeiterkultur oder mit seinem Netz kirchlicher Einrichtungen oder mit seinem Geflecht von Nachbarschafts- und Freundschaftssystemen, seinem Miteinander unterschiedlicher Nationalitäten, meint die Verortung z. B. in der Besonderheit städtischer Zonen mit hohen Problembelastungen. Regionalisierung meint ebenso den Bezug der Jugendhilfe auf die Eigenheiten ländlicher Regionen mir ihrer, der Stadt gegenüber anderen und eigenen Tradition nicht nur in den dörflichlebensweltlichen (familiären und nachbarschaftlichen) Umgangsformen, sondern auch in ihrer spezifischen Öffentlichkeit und ihrem Verhälnis zu sozialen Dienstleistungsangeboten, meint aber auch den Bezug zu jenen regionalen Räumen, die sich zwischen den Dörfern für Jugendliche in Schul-, Arbeits- und Freizeitmöglichkeiten (in Treffs, Unternehmungen und Touren) ergeben und zur Ausbildung spezifischer Subkulturen; die können auch vorurteilsbestimmt, borniert und – vor allem – unzulänglich sein. Es bedeutet auch Gestaltung, also neben der Unterstützung und Ergänzung auch Neustiftung von regionalen Bezogen, Kooperationen und Vernetzungen, also Arbeit am gelingenden Alltag in der Region . . .

3. Alltagsorientierung in den institutionellen Settings und in den Methoden

3.1 Zugänglichkeit im Alltag

Lebensweltorientierte Jugendhilfe will mit ihren Leistungsangeboten nicht nur regional erreichbar, sondern im Alltag der Kinder/Heranwachsenden und Familien zugänglich sein. Gegenüber der mit Institutionalisierung und Professionalisierung gegebenen Tendenz zur Distanz zum Alltag versucht lebensweltorientierte Jugendhilfe institutionelle, organisatorische und zeitliche Zugangsbarrieren abzubauen, mit ihren Angeboten im Erfahrungsraum der Adressaten unmittelbar präsent zu sein.

3.2 Situationsbezogenheit

Lebensweltorientierte Jugendhilfe meint Hilfen, die den Menschen in seinen sozialen Verhältnissen sehen, in den Selbstverständlichkeiten, Schwierigkeiten und Belastungen seiner sozialen Systeme. Die Tradition der Jugendhilfe und weitgehend noch immer die gegenwärtige Praxis ist individualisierend, schon auch deshalb, weil besondere Hilfen primär fallbezogen definiert und finanziert werden. Demgegenüber sehen Beratungsansätze zunehmend den einzelnen in den Bedingtheiten seines „Systems", insistiert die mobile Jugendarbeit darauf, daß Heranwachsende im Kontext ihrer Gruppe, ihrer Clique verstanden werden müssen, Handlungen also nicht primär individuell zugerechnet werden können. Im Kontext der neueren Diskussion zu den Problemen von Pflege-, Adoptions- und Heimkindern wird deutlich, wie sehr hier auch die vielfältigen Bezüge, aus denen die Kinder stammen, gesehen und bearbeitet werden müssen.

3.3 Ganzheitlichkeit

Lebensweltorientierte Jugendhilfe meint Hilfen, die die Realität der Heranwachsenden und der Familien in jener komplexen Verflochtenheit sehen, wie sie für Alltagsverständnis und Alltagspragmatik charakteristisch sind (Ernst Bloch hat einmal formuliert, daß Erfahrungen immer interdisziplinär seien.).

Gegenüber der Vereinzelung, der Segmentierung und Parzellierung von Problemen, wie sie aus der Spezialisierung in Verwaltungszusammenhängen ebenso wie aus pädagogischen-methodisch oder therapeutisch orientierten Arbeitssettings hervorgeht, akzeptiert eine lebensweltorientierte Jugendhilfe das schwer überschaubare In- und Nebeneinander unterschiedlicher Erfahrungen und sucht dem mit ganzheitlicher Orientierung gerecht zu werden.

4. Integration — Normalisierung

Wenn lebensweltorientierte Jugendhilfe bestimmt ist durch die Maximen der Einheit und der Prävention, darf sie nicht unterscheiden zwischen Kindern/Heranwachsenden/Familien mit besonderen Belastungen, die in ihre Zuständigkeit fallen, und Kindern/Heranwachsenden/Familien außerhalb ihrer Zuständigkeit. Lebensweltorientierte Jugendhilfe ist integrativ orientiert. Ausbau und Differenzierungen der Jugendhilfe haben in den letzten Jahrzehnten zur Ausbildung spezieller Institutionen und zu Umgangsformen für spezielle Adressaten geführt. Kehrseite einer solchen Spezialisierung aber sind Verdrängung und Aussonderung: Besonderheiten, Andersartigkeiten werden aus dem allgemeinen Bewußtsein und seiner Normalität verdrängt und geraten ins Abseits . . .

5. Partizipation

Wenn lebensweltorientierte Jugendhilfe darauf hinzielt, daß Menschen sich als Subjekte ihres eigenen Lebens erfahren, ist Partizipation eines ihrer konstitutiven Momente. Der Vielfältigkeit der Arbeitsfelder der Jugendhilfe entsprechend gibt es höchst unterschiedliche Modelle und Konzepte . . .

Schließlich: Mitbestimmung als Partizipation ist konstitutiv für alternative Jugendhilfeeinrichtungen und Selbsthilfegruppen. Aufgaben, die als eigene erkannt und verantwortet werden, werden gemeinsam konzipiert und realisiert. In der Herausforderung durch und in der Auseinandersetzung mir diesen, für die etablierte Jugendhilfe provokativen Erfahrungen ergeben sich — wie uns scheint — die zur Zeit wichtigsten und weiterführendsten Ansätze für die Praxis der Partizipation.

aus: Achter Jugendbericht, Bonn 1990, S. 85-89 (Auszüge)

Weiterführende Literatur:

- JORDAN, Erwin/SENGLING, Dieter: Jugendhilfe, Weinheim und München 1992 (2. Auflage)
- MÜNDER, Johannes u.a.: Frankfurter Lehr- und Praxiskommentar zum KJHG, Münster 1991
- TEXTOR, Martin: Praxis der Kinder — und Jugendhilfe, Weinheim 1992

3.2 Ziele pädagogischer Arbeit mit Jugendlichen

„1. Jeder, der im Bereich Erziehung und Bildung tätig ist, hat Ziele; er geht daher nach didaktischen Überlegungen vor.

2. Nicht nur für Lehrende/Erzieher, auch für Lernende spielen Ziele eine wichtige Rolle. Sie bringen diese in den Lernprozeß ein.

3. Für den Jugendarbeiter folgt daraus:

- Er muß sich seiner eigenen Ziele bewußt sein (Erziehungsziele).

- Er muß die Ziele der Lernenden, der Jugendlichen berücksichtigen (Handlungsziele).

- Seine Zielvorstellungen sind also eine Synthese aus den Zielen beider Interaktionspartner (Lernziele)." (SCHILLING 1983, S. 21)

Während in der Schule und Betrieb durch Lehr- und Ausbildungspläne die Ziele der pädagogischen Arbeit inhaltlich relativ genau umrissen sind, sind von außen gesetzte Zielsetzungen in der außerschulischen Arbeit mit Jugendlichen zumeist global und allgemein formuliert. Hierin liegt die Chance der Erziehungsinstitution Jugendarbeit: dadurch ist es möglich, die Inhalte der Jugendarbeit an der konkreten Lebenssituation der Jugendlichen im Stadtteil zu orientieren, Schwerpunkte zu setzen und Zielgruppen für die eigene Arbeit zu definieren.

Andererseits bedeutet die relative Offenheit vorgegebener Zielsetzungen auch eine erhöhte Verantwortung für die Mitarbeiterinnen und Mitarbeiter in der Jugendarbeit: *sie selbst* sind es, die die Konkretisierung von Zielvorgaben auf ihr Arbeitsfeld hin täglich immer wieder leisten müssen.

„Wenn jedes Verhalten zielgerichtet ist und der Jugendarbeiter, also der Pädagoge erzieherisch tätig sein will, dann verfolgt das erzieherische Verhalten Ziele. Wenn aber ein Pädagoge Ziele hat, ist es wichtig, sich dieser bewußt zu sein. Ein Pädagoge, der nicht über seine Ziele reflektiert, ist für Jugendliche eine Gefahr. Wenn es um Didaktik der Jugendarbeit geht, besagt dies nicht, man müsse nun bei jeder kleinen Handlung über seine Absichten reflektieren. Solches Verhalten verunsichert und macht letztlich handlungsunfähig. Vor lauter Reflektieren käme man nicht zum Handeln." (ebd. S. 32)

Die relative Offenheit von inhaltlichen Zielvorgaben für die Jugendarbeit birgt darüber hinaus die Gefahr, daß die jeweiligen Konkretisierungen *von außen* aus spezifischen politischen Interessen oder aktuellen jugendpolitischen Erfordernissen heraus vorgenommen werden, d.h. Jugendarbeit gewissermaßen zum Spielball politischer Interessen wird. Die vorangegangenen Abschnitte haben gezeigt, daß die Geschichte der Jugendarbeit auch immer wieder Versuche von Staat und Politik aufweist, sich Jugendarbeit für ihre Zwecke dienstbar zu machen. Auch aus diesem Grunde ist es außerordentlich wichtig, daß Jugendarbeiter und Jugendarbeiterinnen eigenständig Zielvorstellungen für ihren Arbeitsbereich formulieren, diese gegenüber Jugendlichen und Öffentlichkeit transparent machen und selbstbewußt vertreten.

Als allgemeine Kriterien für die Entwicklung von Zielen für die pädagogische Arbeit mit Jugendlichen lassen sich festhalten:

— Um Jugendarbeit als eigenständige Erziehungsinstitution neben Familie, Schule und Betrieb zu etablieren, ist es notwendig, Ziele zu formulieren, die handlungsleitend für die pädagogische Praxis *und* überprüfbar sind;

— *inhaltlich* müssen diese Ziele an den Alltagsproblemen und der Lebenssituation der Jugendlichen im Stadtteil/in der Einrichtung orientiert und von diesen nachvollziehbar sein (Alltagsorientierung und Transparenz);

— Zielsetzungen pädagogischer Arbeit mit Jugendlichen dürfen sich nicht darauf beschränken, *Reaktion* auf vorfindbare Problemlagen zu sein, sondern müssen stattdessen die Veränderung der gesellschaftlichen Ursachen dieser Problemlagen mit einbeziehen (offensives Konzept).

Im folgenden wollen wir ein solches an der Lebenswelt der Jugendlichen und am Ziel der Emanzipation orientiertes Konzept vorstellen und anhand von Praxisbeispielen in seiner Bedeutung für den pädagogischen Alltag diskutieren.

Das Konzept offensiver Jugendhilfe

„Wenn man die bisherige Funktion von Jugendhilfe zusammenfassend als das Bemühen definieren kann, Sozialisationsdefizite bei Minderjährigen zu verhindern, zu beseitigen oder zu kompensieren, so ergibt sich die Notwendigkeit einer neuen Funktionsbestimmung aus den berechtigten Zweifeln an der Legitimation zu Bestimmung von Sozialisationsdefiziten. Die Definition solcher Defizite setzt die Bestimmung von Normen voraus, denen man einen hohen Grad allgemeiner Verbindlichkeit zuweist. Jugendhilfe, die Defizite im Sinne von normabweichendem Verhalten zu beseitigen sucht, kann damit auch ein Instrument zur Förderung konformen Verhaltens, zur Integration werden. Emanzipation wäre dann nicht mehr das Anliegen von Jugendhilfe." (MEHR CHANCEN... 1974, S. 122)

Mit dieser programmatischen Positionsbestimmung setzt sich die offensive Jugendhilfe von einer reaktiven Jugendhilfe ab. Jugendhilfe in diesem Sinne ist nicht mehr nur Instrument zur „Einpassung" Jugendlicher in bestehende Gesellschaftsstrukturen, sondern ergreift Partei für die Bedürfnisse und Interessen der Jugendlichen. Folgerichtig heißt es daher auch an anderer Stelle:

„Adressat der Jugendhilfe ist jeder junge Mensch unserer Gesellschaft mit seinen Bedürfnissen, in seiner Umwelt, unter den Bedingungen dieser Gesellschaft. Aufgaben der Jugendhilfe sind unter Parteiergreifung für die jungen Menschen:

— Durchsetzung optimaler Entwicklungsbedingungen für die Jugend
— Durchsetzung ihres Anspruches auf Emanzipation als Erweiterung ihrer Entscheidungs- und Handlungsmöglichkeiten
— Durchsetzung ihrer Mitwirkungsmöglichkeiten
— Durchsetzung der Chancengleichheit als Parteiergreifung für die Benachteiligten." (ebd. S. 142 f.)

Die offensive Jugendhilfe hat demnach dreierlei zu tun:

— „Sie muß dem Einzelnen bei der Lösung seiner Konflikte und Probleme helfen.

Sie muß mit ihm die gesellschaftlichen Ursachen für diese Probleme und Konflikte erkennen und seine Lebensbedingungen so verändern, daß er gegen Rückfälle gesichert ist.
— Sie muß bei der Gestaltung der Lebensverhältnisse für Kinder und Jugendliche dazu beitragen, daß die erkennbaren Entstehungsfaktoren für das Scheitern beim Aufwachsen der jungen Generation beseitigt werden." (HOTTELET u.a. 1978, S. 96)

Ziel der Sozialisation ist die Entwicklung eines Jugendlichen zu einer selbständigen Persönlichkeit. Dieses pädagogische Grobziel erfordert fünf wichtige Fähigkeiten, die die offensive Jugendhilfe neben den anderen Sozialisationsfeldern Familie, Schule und Beruf nachhaltig zu fordern hat:

— Selbstverwirklichung und Selbstbestimmung (Autonomie),
— Leistungsfähigkeit (Produktivität),
— Humane Liebesfähigkeit (Sexualität),
— Kommunikations- und Kooperationsfähigkeit (Soziabilität),
— Phantasie und Spontaneität (Kreativität).

Lernziel Autonomie

Autonomie ist ein Zustand der Selbstverwirklichung und Eigenständigkeit, bei dem die psychischen, physischen und gesellschaftlichen Aspekte einer Person in ausgeglichenem Verhältnis zueinander stehen, so daß sie sich selbst und anderen gegenüber verantwortlich handeln kann.

Dafür müssen bestimmte Haltungen und Fähigkeiten erworben werden:

— Die Entwicklung eines *realistischen Selbstbildes* und damit verbunden ein persönliches Selbstbewußtsein und Selbstwertgefühl;
— Kenntnis über sich selbst und die *Ursachen* des eigenen Handelns;
— Entwicklung von persönlichen Zielen und Fähigkeiten zur eigenen Lebensplanung;
— Einsicht in eigene Fähigkeiten und Grenzen sowie die Fähigkeit zur kritischen Selbstreflexion;
— Wille zur individuellen Bedürfnisbefriedigung;
— Urteils- und Entscheidungsfähigkeit;
— Fähigkeit zur Entwicklung von Handlungsstrategien (vgl. HOTTELET 1978, S. 42).

Jugendhilfe muß Jugendliche bei der Entwicklung dieser Fähigkeiten unterstützen, indem sie Raum für sanktionsarmes Experimentieren mit eigenen Verhaltensweisen und neuen Rollen ermöglicht, Freiräume für selbstverantwortliche Entscheidungen einräumt und zugleich auf die Notwendigkeit solcher Freiräume auch in anderen Sozialisationsfeldern hinweist. Ermöglicht werden muß der Erwerb folgender Kenntnisse und Fähigkeiten:

- Kenntnis über sich selbst und die Ursachen des eigenen Handelns,
- Fähigkeit zur persönlichen Lebensplanung,
- Einsicht in das Können und die eigenen Grenzen,
- Urteils- und Entscheidungsfähigkeit,
- Wille zur individuellen Bedürfnisbefriedigung,
- Fähigkeit zur Entwicklung von Handlungsstrategien.

Genausowenig, wie man das Gehen im Sitzen erlernen kann, läßt sich Autonomie innerhalb von Strukturen entwickeln, die keinen Raum für selbstbestimmtes Handeln bieten und stattdessen vorschreiben, wie Jugendliche zu handeln haben.

Lernziel Produktivität

Produktivität als Ziel der Jugendhilfe bedeutet nicht lediglich Anpassung an und Qualifizierung für die Leistungsanforderungen unserer Gesellschaft, sondern schließt die Fähigkeit und Bereitschaft mit ein, herrschende Leistungsnormen kritisch zu hinterfragen und ggf. zu verändern.

Der positive Leistungsbegriff muß daran gemessen werden, inwieweit er legitimierten sozialen und individuellen Bedürfnissen gerecht wird. Auch eine Leistungsgesellschaft ist kein Wert an sich, sondern nach Maß ihrer Ermöglichung von sozialer Gerechtigkeit und menschlicher Selbstverwirklichung zu messen." (MEHR CHANCEN ... 1974, S. 103)

„Der Jugendhilfe kommt deshalb die Aufgabe zu, die

- Bereitschaft und Fähigkeit zur Leistung als Selbstbestätigung zu fördern,
- kritische Auseinandersetzung mit einem vordergründigen Leistungsbegriff anzuregen,
- Befähigung zur Teilhabe an den wirtschaftlichen Verfügungsrechten zu vermitteln,
- zur Leistung im Hinblick auf humane Zwecke aufzufordern,
- gegen Mißbrauch zu mobilisieren."

Sie hat allen Erwachsenen unmißverständlich klarzumachen, daß Produktivität kein Wert schlechthin in der Erziehung ist, sondern erst mit Autonomie, Sozialität oder Kreativität zusammen relevant sein kann." (HOTTELET S. 48/49).

In einer Zeit, in der aufgrund ökonomischer Krisen die Konkurrenzsituation in den Sozialisationsfeldern Schule und Betrieb außerordentlich stark ausgeprägt ist, ist es für die Jugendhilfe wichtig, nicht diesen Trend fortzuführen, sondern im Rahmen der eigenen Arbeit gegenzusteuern und einer überbetonten Leistungsorientierung entgegenzuwirken.

Lernziel Sexualität

Sexualität als Lernziel in der Jugendhilfe ist mehr als nur Information über Sexualität und Aufklärung über Verhütungsmittel und Geschlechtskrankheiten, Sexualität, verstanden als humane Liebesfähigkeit, die die eigenen Bedürfnisse ebenso einbezieht wie das Verständnis und die Toleranz für die Bedürfnisse des Partners, umfaßt auch die emotionalen Aspekte, die bei der „Behandlung" dieses „Themas" in der Schule vollkommen außer acht bleiben. Jugendhilfe muß dieser einseitigen Ausrichtung auf Sachlichkeit entgegenwirken. Sie muß Jugendlichen dabei helfen

— die biologischen und emotionalen Zusammenhänge geschlechtlicher Beziehungen zu erkennen,
— die Fähigkeit zu dauerhaften Beziehungen zu entwickeln,
— auf die Gefühle des anderen Rücksicht zu nehmen,
— Vorurteile, Tabus und Ideologien zu überprüfen,
— Gefühl, Zärtlichkeit und Zuwendung zuzulassen und zu bejahen.

Hinführung zu humaner Liebesfähigkeit im Rahmen der Jugendhilfe bedeutet nicht Anpassung an rigide Sexualnormen oder Orientierung an ohnehin umstrittenen Sittlichkeitsbegriffen.

Lernziel Soziabilität

Soziabilität meint die Fähigkeit zur Aufnahme befriedigender Sozialbeziehungen sowie die Bereitschaft und Fähigkeit, in sozialen Bezügen über Konflikte und unterschiedlichen Interessen mit anderen in Kommunikation zu treten. Soziabilität ist damit zugleich Voraussetzung für das Erreichen anderer Lernziele (z.B. Autonomie). Die Entwicklung von Soziabilität umfaßt

— die Bereitschaft zur Auseinandersetzung,
— den konstruktiven Umgang mit der Kritik anderer,
— die Fähigkeit zur Zusammenarbeit mit anderen,
— die Fähigkeit, eigene Interessen argumentativ in Entscheidungsprozesse einzubringen und die Interessen anderer zu akzeptieren,
— die Fähigkeit zu Solidarität zur Erreichung gemeinsamer Ziele.

Für die Entwicklung von Soziabilität muß Jugendhilfe vielfältige Möglichkeiten sozialen Lernens eröffnen, zumal in der Schule soziales Lernen immer mehr in den Hintergrund getreten ist.

Lernziel Kreativität

Kreativität meint nicht — wie man vom Alltagssprachgebrauch ableiten könnte — die Entwicklung künstlerischer Fähigkeiten oder das Vorbereiten „kreativer" Einfälle — sondern in erster Linie die persönliche Fähigkeit, neue Beziehungen zu sehen, Einfälle zu haben und von traditionellen Denkmustern abzuweichen. Ein in diesem Sinne kreativer Jugendlicher wäre in der Lage, auch mal „über den eigenen Tellerrand" zu gucken. Dies erfordert

„— Fähigkeit zu Abstand und Kritik gegenüber gewohntem Denken und Handeln,
— Befähigung zur Entdeckung neuer Zusammenhänge und Entwicklungen,
— Vorstellungskraft für alternative Handlungen und Gedankengänge,
— Mut zur Abweichung vom Überkommenen,
— Fähigkeit zur Spontaneität" (MEHR CHANCEN . . . S. 54).

Diese Qualifikationen sind nicht durch Appelle oder die Vermittlung von Lerninhalten zu erlangen, sondern erfordern, daß Jugendliche innerhalb der Jugendhilfe selbst zu handelnden Subjekten werden, also Ziele und Inhalte der Jugendarbeit als „Nutzer" oder „Betroffene" selbst mitgestalten. Eine solche Mitgestaltung setzt voraus, daß Ziele und Arbeitsbedingungen der Jugendarbeit transparent und damit für die Jugendlichen nachvollziehbar werden.

„Sie muß die Sozialisationsziele für die Betroffenen durchschaubar, hinterfragbar, korrigierbar machen; sie muß den Minderjährigen in die Lage versetzen, ihn betreffende Sozialisationsprozesse zu reflektieren und gegebenenfalls zu korrigieren . . .

Unter dem oben dargelegten allgemeinen Anliegen von Metasozialisation lassen sich im einzelnen folgende *Metasozialisationsziele* bestimmen:

— Erkennen der eigenen Bedürfnisse und der von Bezugspersonen,
— Wissen um die Entstehungsbedingungen dieser Bedürfnisse,
— Fähigkeit zum Erkennen und Beurteilen der Sozialisationsabsichten von Sozialisationsagenten,
— Wissen um die Wirksamkeit anderer Sozialisationsfaktoren (Massenmedien z.B.),
— Differenzierte, realitätsnahe, unvoreingenommene und kritische Wahrnehmung der Umwelt,
— Bereitschaft und Fähigkeit zu alternativem (kreativem) Denken und Handeln, Flexibilität des Denkens,
— Wissen um den Wert von Fertigkeiten, Einstellungen und sozialen Verhaltensmustern angesichts einer gegebenen sozialen und materiellen Umwelt als Voraussetzung autonomer Lebensplanung,
— Fähigkeit zur Einflußnahme auf Sozialisationsabläufe durch Förderung von Selbstbewußtsein, Autonomie, Durchsetzungsfähigkeit (Frustrationstoleranz, Ausdauer, Wissen um Handlungsstrategien) und Kommunikationsmöglichkeiten (Sprache)." (MEHR CHANCEN . . . S. 122 f.)

Zur Erreichung der emanzipatorischen Lernziele offensiver Jugendhilfe muß Jugendarbeit bereit sein, sich selbst immer wieder in Frage zu stellen bzw. sich von den Jugendlichen in Frage stellen zu lassen.

Emanzipation setzt Lernleistungen voraus, die mit den Lernzielen Autonomie, Produktivität, Sexualität, Soziabilität und Kreativität im Rahmen der offensiven Jugendhilfe konkretisiert werden.

Für eine Jugendarbeit, die emanzipatorische Prozesse leisten will, lassen sich nunmehr folgende Aufgaben nennen:

— Jugendarbeit soll Prozesse einleiten oder begünstigen, die den einzelnen Jugendlichen befähigen, seine eigene Situation und die sie bestimmenden inneren und äußeren Faktoren erfahren und verstehen zu lernen.

— Jugendarbeit soll zur Auflockerung festgefahrener Verhaltensmuster beitragen, um so die Handlungsmöglichkeiten der Jugendlichen zu erweitern. Sie soll dazu befähigen, daß der einzelne Jugendliche Verhaltensalternativen entwickeln und diese auf ihre Tragfähigkeit hin überprüfen kann. Diese Prozesse werden z.b. durch das Erfahren und Erlernen einer angstfreien und selbstbewußten Kommunikation und durch die Ermöglichung vielfältiger sozialer Beziehungen gefördert.

— Jugendarbeit soll dazu beitragen, daß sich der einzelne aus seiner Isolation lösen und solidarisches Handeln und solidarische Bewältigung von Konflikten lernen kann.

— Jugendarbeit muß in ihrem Bereich ständig die eigenen Zielsetzungen reflektieren und dabei für alle Fragestellungen offen sein. Sie muß in ihrem eigenen Organisationsbereich Möglichkeiten der Selbstbestimmung und Selbstorganisation durch die Jugendlichen sicherstellen. Dazu gehört vor allem die Durchschaubarkeit ihrer Strukturen und die weitestmögliche Verlagerung von Entscheidungskompetenzen auf die Ebene der unmittelbar betroffenen Jugendlichen.

— Jugendarbeit soll jenen Selektionsmechanismen entgegenwirken, die besonders Jugendliche aus unterprivilegierten Schichten benachteiligen. Sie muß dabei in Rechnung stellen, daß die Situation der einzelnen Jugendlichen abhängig ist von Sprach- und Bildungsniveau, von der beruflichen Tätigkeit, von den Wohnverhältnissen, vom ökonomischen Status der Familie usw.

— Jugendarbeit soll in ihren Angeboten und Programmen eine starke Bezogenheit zu anderen Lebensbereichen, besonders zur Schule, zum Arbeitsplatz und Wohnort, herstellen, um nicht in einer unverbindlichen „Spielwiese" stecken zu bleiben.

(vgl. NEUMANN/SAUTER o.J., S. 23-25)

Pädagogische Konsequenzen des Sozialen Wandels

Zusätzlich zu den aus dem Konzept offensiver Jugendhilfe abgeleiteten Zielsetzungen ergeben sich aus den gegenwärtigen sozialen Wandlungsprozessen Konsequenzen für die pädagogische Arbeit in Feldern der Jugendhilfe. Wenn der soziale Wandel bei Jugendlichen

— *Angst auslöst,* muß gefragt werden, wie diese Angst zu vermindern ist;

— *Orientierungsprobleme verursacht,* muß gefragt werden, wie Jugendarbeit zur Orientierung beitragen kann;

— *Vereinzelung und Entfremdung* bewirkt, muß gefragt werden, welche Erfahrungsräume Jugendarbeit anbieten kann, um ihnen entgegenzuwirken;

— *Versagensängste produziert,* muß gefragt werden, welche Qualifikationen vermittelt werden müssen, um diese zu überwinden.

Diese Eckpunkte pädagogischer Planung legen weitere Grundlinien nahe, die bei der Formulierung pädagogischer Ziele für die Jugendarbeit und ihrer inhaltlichen und methodischen Ausgestaltung handlungsleitend sein sollten.

Jugendarbeit muß die Identitätsbildung und die Ich-Stabilisierung von Jugendlichen fördern

Die Ich-Stärke Jugendlicher muß gefördert werden, damit diese in der Lage sind, in kritischer Auseinandersetzung mit gesellschaftlichen Normen und dem eigenen Verhalten ihre Interessen und Bedürfnisse zu formulieren. Die Vermittlung von Erfahrungen und Zusammenhängen muß darauf angelegt sein, ihnen die Veränderbarkeit ihrer individuellen Situation aufzuzeigen und sie zur selbstbestimmten Gestaltung ihrer Lebenswelt zu ermutigen.

Gleichzeitig müssen Kompetenzen und Verhaltensstrategien erprobt und erlernt werden, die ihnen ermöglichen, sich selbst und andere in Gruppen wahrzunehmen und die eigenen Interessen, Gefühle, Bedürfnisse und Ängste auszudrücken (mehr dazu: KLAWE 1988, S. 47).

Die erworbenen Sicherheiten und Kompetenzen müssen auf den Alltag der Jugendlichen übertragbar sein und übertragen werden. Für eine solche alltagsorientierte Arbeit läßt sich ein wiederkehrender methodischer Verlauf beschreiben:

— einen Erfahrungsaustausch über die in Schule, Betrieb, Familie, Partnerschaft und sonstigen Bereichen des Alltags auftretenden Probleme, Konflikte und Fragen zu initiieren, gemeinsame Problemlagen herauszuarbeiten und so die Allgemeingültigkeit der angesprochenen Probleme zu verdeutlichen;

– durch gemeinsame Diskussion, Informationsvermittlung, Rollenspiele und andere Verfahren Konfliktlösungsmöglichkeiten zu suchen und Handlungsalternativen zu erproben;

– Abhängigkeiten in ihren Ursachen und Auswirkungen aufzuzeigen und kritisch zu hinterfragen;

– über gemeinsame Aktionen und Projekte Erfolgs- und Gruppenerlebnisse zu ermöglichen, die das Vertrauen und den Rückhalt in der Gruppe stärken und andererseits auch positive (erfolgreiche) Erfahrungen mit kollektiven Aktionen vermitteln.

Jugendarbeit muß klarer, parteilicher und damit glaubwürdiger Orientierung bieten

Vorhersehbarkeit, Überschaubarkeit und Verbindlichkeit in der Jugendarbeit sind wichtige Elemente einer solchen Orientierung. Sie erst geben dem Jugendlichen Verhaltenssicherheit und eröffnen ihm reale Partizipationschancen. Gleichwohl sind diese Bedingungen jedoch in der offenen Jugendarbeit nicht immer erfüllt (vgl. KLAWE/MATZEN 1989).

Das hat z.T. seine Ursache in einem zu kurz gegriffenen Verständnis von Demokratisierung und Selbständigkeit, demzufolge alles diskutierbar und daher relativ erscheinen. Regelungen, Absprachen, Meinungen und Konfliktverläufe erhalten so etwas Beliebiges. Wo ein klares Wort der Betroffenheit oder die eigene Meinung des Pädagogen am Platz wäre, erfahren die Jugendlichen umständliche, vorwiegend sprachliche Diskurse als „olles Gelaber" und nehmen den Pädagogen nicht mehr ernst.

Zu einer solchen Orientierung gehört auch, sich als Person klar und offen in die Arbeit einzubringen. Wichtig ist, daß uns Jugendliche nicht als den allwissenden/übermächtigen Pädagogen erfahren, sondern wir auch unsere Grenzen und Probleme zeigen. Wir werden damit glaubwürdiger, unsere Reaktion kalkulierbar.

Pädagogen können aber in solchen Beziehungen nur Wirkung erzielen, wenn sie selbst deutliche Werte und Handlungsregeln entwickelt haben und auch fähig sind, sie in Konflikten zu vertreten. Sie müssen wissen, wo sie selbst stehen, aber auch sich der Relativität eigener Überzeugungen bewußt sein. Sie müssen wagen, Konflikte einzugehen, auch mit dem Risiko, sich selbst verändern zu müssen. (vgl. STURZENHECKER 1993, S. 113)

Der direkte persönliche Kontakt zu den Jugendlichen ermöglicht erst ein Gefühl von Sicherheit, Akzeptiertsein und Vertrauen. Gefordert ist ein *ganzheitlicher Ansatz:*

– der die gesamte Breite ihrer persönlichen Erfahrungen, Wünsche und Perspektiven berücksichtigt;

— der die historischen Ursachen gegenwärtiger Prozesse, die Reflexion der Gegenwart und utopisches Denken für die Zukunft miteinander verbindet;

— der die aus der alltäglichen Lebensbewältigung erwachsenden, manchmal durchaus verkürzten und problematischen Handlungs- und Planungsstrategien ernst nimmt und ihrer Reflexion und Weiterentwicklung Raum schafft.

Jugendarbeit muß Jugendlichen realistische Handlungsräume eröffnen, in denen sie echte Partizipation erproben und so umsetzen können, daß sie innerhalb und außerhalb der Einrichtung Konsequenzen für ihre Lebenswelt hat.

Hinter dieser etwas umständlich erscheinenden Formulierung verbirgt sich eine Forderung, die sich andernorts salopp als „demokratische Gegenerfahrungen ermöglichen" findet. Eine solche Forderung klingt zwar griffiger, verschweigt indes aber eine Reihe von vorhersehbaren Problemen.

Zunächst — und das hat vor allem die Entwicklung der Jugendzentrumsbewegung gezeigt — ist der Spielraum für „demokratische Gegenerfahrungen" begrenzt. Für die Schule gilt das allemal. Sollen die Erfahrungen, die Jugendliche in der Jugendeinrichtung machen, nicht die vorgängigen Ohnmachts- und Frustationserfahrungen verstärken, müssen die Handlungsräume überlegt ausgewählt werden, damit partizipatives Handeln wirklich etwas bewirkt.

Zweitens ist es mit „Gegen"-Erfahrungen nicht getan. Jugendarbeit kann und sollte nicht (nur) die heile demokratische Gegenwelt zur bösen Welt draußen sein, sondern muß Jugendliche für diese Welt draußen stärken und mit Kompetenzen versehen, auch dort ihre Interessen durchzusetzen.

Trotz dieser Einwände bleibt aber die Forderung richtig, die Strukturen von Schule und Jugendarbeit daraufhin zu befragen, wie demokratisch sie selbst sind.

Jugendarbeit muß erlebnisintensive Arbeitsformen fördern, die zugleich intensive Gruppenverfahren ermöglichen

Hierzu zählen nicht nur erlebnispädagogische Projekte im engeren Sinne (vgl. FISCHER u.a. 1985), wie Ferienfahrten, Kanu-, Segel- oder Radtouren, sondern auch kleinere gruppenbezogene Aktionen innerhalb und außerhalb der Einrichtung (Wochenendübernachtungen in der Einrichtung, Stadtspiele und -erkundungen usw.).

Jugendarbeit muß bemüht sein, möglichst konkrete Qualifikationen zur Bewältigung des Alltags zu vermitteln.

Die Versagensängste Jugendlicher angesichts einer sich rasch wandelnden Arbeitsgesellschaft können aufgefangen werden, wenn neben sozialen und kommunikativen Kompetenzen auch konkrete Qualifikationen vermittelt oder ihr Erwerb ermöglicht werden, die die Durchsetzungschancen eigener Interessen im täglichen Konkurrenzkampf erhöhen. Dazu können beispielsweise der nachträgliche Erwerb von Bildungsabschlüssen, berufliche Grundbildung o.ä. gehören. Solche (Bildungs-)Angebote können sicher nicht von Institutionen der Jugendarbeit selbst initiiert werden. Die Kooperation mit Bildungsträgern, Volkshochschulen, autonomen Jugendwerkstätten, sozialpädagogisch orientierten Werkstattprojekten kann jedoch zu einer Vernetzung der Angebote führen und die Übergänge für Jugendliche erleichtern.

MATZEN hat die Anforderungen an Jugendarbeit in Zeiten sozialen Wandels treffend zusammengefaßt.

"Jugendarbeit begreife ich daher allen Ernstes als politische Alphabetisierung der Hoffnung, die dann aussichtsreich ist und Spaß bereitet

— wenn Jugendliche ernst genommen werden und sich auf die Mitarbeiter und Mitarbeiterinnen verlassen können;
— wenn sie gefordert werden;
— wenn Zumutungen und „Mutmachen" sich ergänzen;
— wenn Zugänge zur komplexen Welt eröffnet und gemeinsam erschlossen oder glaubhaft vermittelt werden;
— wenn die Arbeit lebensbejahend, phantasievoll und attraktiv gestaltet wird;
— wenn Gegenerfahrungen in einem kommunikativen Anregungsmilieu ermöglicht, gleichsam praktisch, konkret und eben auch (jugend-) politisch umgesetzt werden und
— wenn Mitarbeiterinnen und Mitarbeiter eine Lebensperspektive offenbaren, die allen Zweifeln und Anfechtungen zum trotz Zuversicht ausstrahlt und signalisiert, daß das Leben und erwachsen werden auch Spaß bereiten kann." (MATZEN 1991, S. 6)

4 Exkurs: Geschichte und Ansätze der offenen Jugendarbeit

In der kurzen Geschichte der offenen Jugendarbeit und ihrer pädagogischen Ansätze spiegeln sich — stärker und deutlicher als in anderen Bereichen der Jugendarbeit — gesellschaftliche Trends und die Bedeutung wider, die Jugendarbeit zugebilligt wird.

Bereits weiter oben war darauf hingewiesen worden, daß Jugendarbeit bisher vorwiegend *Reaktion* auf die Lebenssituation und das Verhalten Jugendlicher war. Das soll im folgenden Abschnitt verdeutlicht werden. Dabei gelten die beschriebenen Tendenzen prinzipiell auch für andere Felder der Jugendarbeit. Offene Jugendarbeit und ihre Entwicklung kann daher als exemplarisch für die pädagogische Diskussion von Jugendarbeit angesehen werden. Die Geschichte der offenen Jugendarbeit ist bereits in Abschnitt 1.1 kurz skizziert worden, so daß wir uns hier darauf beschränken können, die jeweilige soziale und politische Situation sowie die daraus abgeleitete konzeptionelle Reaktion zu beschreiben.

Offene Jugendarbeit als jugendpflegerische Maßnahme

Nach Kriegsende bestimmten Arbeitslosigkeit, Wohnungsnot und die Sozialisation in unvollständigen Familien die Lebenssituation der Jugend.

Nach der kurzen Episode alliierter Jugendpolitik bis 1949 bestimmten daher der Jugendschutz und die Jugendfürsorge zunächst Zielsetzung und Konzeption der offenen Arbeit. Jugendfreizeitheime sollten eine Verwahrlosung der deutschen Jugend verhindern, sie „von der Straße holen" und „sinnvoll beschäftigen". Welche Umwelteinflüsse „gefährdend" und was „sinnvoll" war, legten dabei Jugendpfleger und erwachsene Pädagogen fest.

„Die Angebote konzentrierten sich auf kontinuierliche Arbeitsgemeinschaften, in denen musische, kulturelle oder technische Aktivitäten im Vordergrund standen.

Die Entfaltung schöpferischer Fähigkeiten war auf traditionelle bürgerlich-ästhetische Ideale ausgerichtet und ließ in Form und Inhalt eine Befassung mit anderen Lebenszusammenhängen außen vor. Auch andere Veranstaltungen, die sich als Konkurrenz zu kommerziellen Angeboten sahen, wurden von den pädagogischen Zielsetzungen geprägt, sei es bei der Auswahl pädagogisch und künstlerisch wertvoller Filme in den Filmprogrammen, sei es die ‚stilvolle' Gestaltung von Tanztees und Festen." (KRAFELD 1984, S. 150 f.)

Die Jugendlichen hatten nur die Möglichkeit, das Angebot der Jugendfreizeitheime anzunehmen oder aber wegzubleiben. Genau das taten sie auch: Anfang der fünfziger Jahre beklagten alle Einrichtungen der Jugendarbeit einen starken Besucher- bzw. Mitgliederrückgang.

Dieser wiederum veranlaßte die Träger offener Jugendarbeit zu einer konzeptionellen Neuorientierung, die in den *„Gautinger Beschlüssen"* von 1953 ihren Niederschlag fand. In ihnen hieß es:

„I. Die Aufgaben des Heimes der offenen Tür

Das Heim der offenen Tür ist eine Freizeit- und Begegnungsstätte im freien Erziehungsraum und ergänzt die Erziehung im Elternhaus, in der Schule und im Beruf. Es dient der gesamten Jugend und muß allen täglich offen stehen. Im Heim der offenen Tür soll der junge Mensch der sozialen Gesamtheit begegnen; deshalb muß das Heim der offenen Tür die soziale Struktur der Gemeinde oder Nachbarschaft widerspiegeln.

Das Heim der offenen Tür vermittelt dem jungen Menschen das Gemeinschaftserlebnis und weist ihm Wege zur Welt der Erwachsenen. Dadurch lernt er, daß mit dem Erwerb von Rechten auch die Übernahme von Pflichten verbunden ist. Diese Erkenntnis bildet die Grundlage für die staats- und mitbürgerliche Erziehung.

Das Heim der offenen Tür hat die Aufgabe, im jungen Menschen die Kräfte zu wecken, die zu einer freien, selbständigen und selbstverantwortlichen Persönlichkeit führen.

Durch Interessengruppen und Arbeitsgemeinschaften werden brachliegende Fähigkeiten und Neigungen erkannt und entwickelt. Damit wirkt das Heim der offenen Tür ausgleichend und fördernd zur Tätigkeit in der Schule und im Beruf.

Die Erziehungsarbeit im Heim der offenen Tür findet da ihre Grenze, wo es um die Formung der Persönlichkeit unter weltanschaulicher oder parteipolitischer Zielsetzung geht. Neben diesen allgemeinen Aufgaben ergeben sich aus der jeweiligen sozialen und politischen Situation besondere Aufgaben, für die das Heim der offenen Tür geeigneter Träger sein kann . . ." (zit. nach GIESECKE 1983, S. 46)

Empirische Untersuchungen in den folgenden Jahren zeigten jedoch, daß die Praxis der offenen Jugendarbeit von diesen Zielsetzungen weit entfernt war. Noch immer überwogen „restaurative politische und pädagogische Vorstellungen" (GIESECKE), die mit der ökonomischen und sozialen Entwicklung in jenen Jahren nicht Schritt halten konnten.

In dieser Situation waren es vor allem zwei Praktiker der Jugendarbeit, Lutz RÖSSNER und C. Wolfgang MÜLLER, die aus ihrer praktischen Arbeit in Jugendfreizeitheimen theoretische Entwürfe zur offenen Jugendarbeit versuchten. RÖSSNERs Arbeit ‚Jugend in der offenen Tür – zwischen Chaos und Verartigung' (1962) kritisierte die erzwungene Anpassung Jugendlicher an vorgegebene Normen der Erwachsenen und forderte auf, die spontan geäußerten Bedürfnisse der Jugendlichen ernstzunehmen. Daneben sah er auch die pädagogische Bedeutung von unstrukturierten, informellen Gruppierungen und definierte sie als gleichrangige Erfahrungsräume zu den bisher pädagogisch favorisierten überschaubaren Kleingruppen.

Zeitgleich zu diesem Vorstoß stellte C.W. MÜLLER eine Diskrepanz zwischen den Ansprüchen von Jugendlichen an ein Freizeitheim und den pädagogischen Vorstellungen von Erwachsenen fest und setzte sich ebenfalls dafür ein, die Bedürfnisse und Interessen der Jugendlichen zum Ausgangspunkt zu nehmen. „Den Intentionen RÖSSNERs und MÜLLERs war gemeinsam, daß sie den Akzent von den von Erwachsenen bestimmten pädagogischen Inhalten auf die konkreten, vorfindbaren Bedürfnisse der Jugendlichen hin verlagerten. Kritisch kann dagegen angemerkt werden, daß sie diese Bedürfnisse noch nicht als gesellschaftlich produzierte problematisierten. Ihre Stoßrichtung zielte in erster Linie dahin, die Partei der Jugendlichen gegen die ‚falschen' Erwartungen ihrer Erzieher zu ergreifen." (GIESECKE 1983, S. 57)

Progressive Jugendarbeit

Die durch die Stellungnahme von RÖSSNER und MÜLLER ausgelöste Diskussion führte zum ersten umfassenden Theorieversuch „Was ist Jugendarbeit? – Vier Versuche zu einer Theorie" (München 1964 Reprint 1986) von C. Wolfgang MÜLLER, Helmut KENTLER, Klaus MOLLENHAUER und Hermann GIESECKE, deren Theorieansatz später als ‚progressive Jugendarbeit' bezeichnet wurde. Die einzelnen Beiträge der Autoren waren nicht in *einem* umfassenden Theorieansatz integriert, sondern näherten sich aus unterschiedlichen Blickwinkeln dem Feld offener Jugendarbeit.

MÜLLER lehnt in seinem Beitrag spezifische Inhalte der Jugendarbeit ab und beschreibt offene Jugendarbeit als Feld kommunikativer Erfahrungen. „Das gesellschaftliche Bedürfnis junger Leute, das ich gern zum (vorläufigen) Zentrum inhaltlicher Aussagen über allgemeine Jugendarbeit machen möchte, ist das Bedürfnis des einzelnen, andere Menschen kennenzulernen, sich ihnen gegenüber als Person darzustellen, von ihnen anerkannt zu werden, sich mit ihnen zu messen, an ihrer Reaktion zu erfahren, ‚wo man selbst steht' und trotzdem bei ihnen beheimatet zu sein." (MÜLLER 1986, S. 22 f.)

Für eine solche Kommunikation ist ein bestimmter *Stil* erforderlich, den zu erlernen Jugendarbeit fördern muß. „Dieses Ziel ist ein Teilziel. Es wird wieder die Probleme der jungen Leute lösen, noch wird es den gesellschaftlichen Fortschritt wahrnehmbar fördern. Es wird ihn höchstens erträglich machen. Aber wenn dieses Teilziel auch nur annäherungsweise erreicht wird, dann wird dies dazu beitragen können, junge Leute sicherer und selbstbewußter, weil distanzierter, in ihrer gesellschaftlichen Umwelt zu machen. Es wird dazu beitragen können, ihr gesellschaftliches Handlungspotential zu vergrößern, indem es ihnen hilft, sich im gesellschaftlichen Leben zu engagieren." (ebd. S. 36)

Ergänzend zu MÜLLER sieht KENTLER Jugendarbeit als engagierte und kritische Aufklärung über den Widerspruch zwischen gesellschaftlicher Wirklichkeit und dem Anspruch auf Mündigkeit. „Jugendarbeit als engagierte, kritische Aufklärung nimmt sowohl die Wirklichkeit wie die Utopie ernst und arbeitet an ihrer Vermittlung, indem sie beide der Kritik unterwirft, um Ansätze zu finden, wo die Utopie wirklicher und die Wirklichkeit der Utopie gemäßer werden kann." (MÜLLER 1986, S. 49)

MOLLENHAUER setzt sich in seinem Beitrag vor allem mit den Bedingungen und Faktoren von Jugendarbeit auseinander. Zentrale Merkmale sind aus seiner Sicht

— die Freiwilligkeit der Teilnahme
— die Möglichkeit der Jugendlichen, Bedürfnisse und Interessen zu artikulieren.

Besonders letztere spielen in seiner Vorstellung von den Inhalten der Jugendarbeit eine zentrale Rolle.

„Gerade weil es in sich schon von pädagogischem Wert ist, ist die Jugendarbeit gehalten, das Interesse ihrer Teilnehmer rückhaltlos ernst zu nehmen und als den Inhalt ihrer Arbeit festzusetzen. Es gibt also in der Jugendarbeit keine didaktische Überlegung, in der vorweg entschieden würde, welche Inhalte in ihren Zusammenhang eintreten dürfen, sondern jeder Inhalt, sofern er als das Interesse eines Jugendlichen artikuliert ist, muß als Inhalt der Jugendarbeit zugelassen werden, wenn die Jugendarbeit nicht zu einer quasi-schulischen Einrichtung pervertieren will. Das bedeutet allerdings nicht, daß mit dem Eintritt eines Jugendlichen in eine Einrichtung der Jugendarbeit die Inhalte durch dessen Interessen bereits festgelegt sind oder daß der Inhalt der Jugendarbeit nichts als die Summe der Interessen ihrer jugendlichen Teilnehmer bei ihrem Eintritt sein soll." (MÜLLER 1986, S. 103)

GIESECKE schließlich sieht in seinem Beitrag Jugendarbeit als wenig vorstrukturierten sanktionsarmen Schonraum. In ihm soll Jugendlichen die Möglichkeit zu „sozial folgenlosem Meinen und Verhalten" gegeben und „soziale Geborgenheit" geboten werden. „Sinnvolle Aktivitäten" sollen Jugendarbeit ebenso ausmachen wie die „Auseinandersetzung mit individuellen und kollektiven Konflikten". Dabei sollen die „spezifischen Begabungen und Interessen" der Jugendlichen gefördert und Defizite, die durch die gesellschaftliche Situation bedingt sind, ausgeglichen werden.

Obwohl es sich bei den „vier Versuchen" zur Jugendarbeit um kein geschlossenes Theoriekonzept handelte, signalisierten sie doch einen Schritt nach vorn in der Theoriebildung zur Jugendarbeit und ihrem politischen Anspruch. Orientiert an dem Ziel der „Mündigkeit" „will (sie) das Individuum durch Aufklärung und Initiierung individueller Lernprozesse zur Selbstbestimmung und individuellen Praxisgestaltung befähigen" (BIERHOFF 1974, S. 26). Damit standen erstmals die Jugendlichen selbst im Mittelpunkt der Gestaltung von Jugendarbeit.

Kritisch ist gegenüber der „progressiven Jugendarbeit" zu bemerken,

— daß sie von einem homogenen Jungendbegriff ausgeht und nicht differenziert die Lebenslage Jugendlicher in unterschiedlichen Schichten analysiert;

— daß sie ausschließlich im Freizeitbereich ansetzt und Bezüge der Freizeit zu Arbeit, Familie und Schule vernachlässigt;

— daß sie subjektive Interessen und Bedürfnisse von Jugendlichen nicht auf ihre objektiven Entstehungszusammenhänge hin hinterfragt, sondern so, wie sie geäußert werden zum Gegenstand ihrer Arbeit macht.

Trotz dieser rückblickenden Kritik veränderte die „progressive Jugendarbeit" weitreichend die bis dahin übliche Praxis der Jugendarbeit. Stärker als bisher standen die (subjektiven) Interessen und Bedüfnisse der Jugendlichen im Vordergrund.

Emanzipatorische Jugendarbeit

Im Zusammenhang mit der Studentenbewegung Ende der sechziger Jahre wird neben anderen Erziehungsinstitutionen auch die Jugendarbeit kritisch betrachtet. Im Vordergrund steht die Forderung, daß Jugendliche nicht mehr nur pädagogische Objekte der Jugendarbeit, sondern selbstbestimmt gestaltende Subjekte sein sollen und Jugendarbeit zugleich auch gesellschaftsverändernde Praxis sein muß.

Aus dieser Diskussion heraus entstehen mit der emanzipatorischen und antikapitalistischen Jugendarbeit neue konkurrierende Ansätze offener

Jugendarbeit, die sich vor allem in ihrer gesellschaflichen Analyse und damit auch in ihren pädagogischen Strategien stark voneinander unterscheiden.

Hermann GIESECKE legt 1971 in seinem Buch ‚Die Jugendarbeit' Aspekte einer emanzipatorischen Jugendarbeit vor und faßt damit Überlegungen zusammen, die bereits vorher die pädagogische Diskussion prägten.

Für GIESECKE ist *Emanzipation* „ein politischer Begriff, er zielt auf gesellschaftliche Veränderungen zum Zwecke der Abschaffung einseitiger Abhängigkeiten und Unterprivilegierungen und damit auf einen Zuwachs an Demokratisierung. Insofern betrifft er lediglich politische Handlungen und Aktionen, die mit pädagogischen zunächst noch gar nichts zu tun haben.

Pädagogisch relevant wird dieser Begriff erst in dem Augenblick, wo man davon ausgeht, daß diesen politischen Befreiungsaktionen bestimmte Lernleistungen entsprechen müssen bzw. wo die gesellschaftlichen Lernziele überhaupt so definiert werden, daß eine zielgerichtete Veränderung der Gesellschaft im Sinne zunehmender Demokratisierung intendiert wird. Es leuchtet ein, daß die Lernziele ganz oder teilweise sich unterscheiden, je nachdem, ob man vom Leitbild einer im wesentlichen stabilen oder mehr mobilen Gesellschaft ausgeht." (GIESECKE 1971, S. 147).

Diese Lernleistungen sollen emanzipatorische Jugendarbeit ermöglichen, indem sie dafür Lernfelder bereitstellen. Zentraler *Ansatzpunkt* emanzipatorischer Jugendarbeit sind die erlebten Konflikte der Jugendlichen. Die Aufgaben der Jugendarbeit beziehen sich dabei auf *vier Dimensionen:*

1. die lebensbegleitende Dimension —
   Themen und Inhalte müssen aus dem Lebenszusammenhalt der Jugendlichen selbst kommen und in Zusammenarbeit mit ihnen entwickelt werden;

2. die korrigierende Dimension —
   Normen und Werte und das damit verbunden Verhalten muß in Frage gestellt und korrigiert werden;

3. die aktuelle Dimension —
   Inhalte und Themen müssen politisch, kulturell und gesellschaftlich Aktualität besitzen. Notwendig ist aber auch die subjektiv empfundene Aktualität der Inhalte, die sich nach den jeweiligen Bedürfnissen und Interessen der Jugendlichen richten wird;

4. die solidarische Dimension —
   von individuellen Problemen und Inhalten muß auf kollektive geschlossen werden. Man muß lernen, kollektive Probleme auch kollektiv zu lösen zu versuchen.

Mit dieser Verortung emanzipatorischer Jugendarbeit geht GIESECKE über den in der progressiven Jugendarbeit zentralen Begriff der Mündigkeit hinaus. „Man wurde ‚mündig‘ zu dem Zweck, in der *Gesellschaft, so wie sie war,* seinen Platz einzunehmen." (GIESECKE 1971, S. 147). Emanzipatorische Jugendarbeit dagegen schließt neben individueller Emanzipation auch die Veränderung gesellschaftlicher Strukturen mit ein.

Giesecke hat diese Auffassung von Emanzipation sicher auch vor dem Hintergrund der veränderten sozialen Situation rund zehn Jahre später in der neubearbeiteten 5. Auflage seines Buches „Die Jugendarbeit" relativiert und als autonomes Erziehungsziel in Frage gestellt. Nicht mehr die „Abschaffung einseitiger Abhängigkeiten und Unterprivilegierungen", sondern die *Gleichberechtigung* im öffentlichen Leben scheinen ihm nun ein angemessenes Ziel emanzipatorischer Jugendarbeit. Er führt weiter aus, „daß Emanzipation nicht positiv beschreibbar ist, nicht operationalisierbar ist, sie drückt lediglich eine kritische Tendenz aus, ist kritische Reflexion und Korrektur der bestehenden Sozialisation, insofern also kein in sich geschlossenes Erziehungskonzept wie eine sozialistische oder kirchlich-religiöse Erziehung. Das bedeutet aber auch, daß Emanzipation nicht allein ein Bildungs- oder Erziehungskonzept zu tragen vermag . . . Selbstbestimmung und Mitbestimmung sind jedoch keine in sich plausiblen Postulate. Wird dies übersehen, dann verkümmern sie zu leeren Formalismen. Ihren Sinn erhalten beide Maximen vielmehr nur aus irgendwelchen Bedürfnissen der Menschen, deren Realisierung von Selbst- und Mitbestimmung abhängt. So ist es schon eine Frage, ob Selbstbestimmung in jedem Falle, zu jeder Zeit und in jedem Lebensalter die wirklichen Bedürfnisse ausdrückt. Selbstbestimmung heißt schließlich auch, daß die Lebensentscheidungen selbst getroffen werden und auch selbst verantwortet werden müssen, und das stellt sich für ein Vorschulkind anders dar als für einen 18jährigen, für einen Studenten anders als für einen Jugendarbeiter . . ." (ebd. S. 111) Als Konsequenzen für die pädagogische Arbeit hält Giesecke fest: „So gesehen setzt das emanzipatorische Konzept bei den Pädagogen eine hohe Bereitschaft voraus, sich immer wieder möglichst unvoreingenommen auf die gesellschaftliche wie auf die subjektive Realität der Partner einzulassen. Daß dies offenbar so selten geschieht, daß im Gegenteil unter dem Begriff ‚emanzipatorisch‘ eher ‚geschlossene‘ statt offene Konzepte verstanden werden, mag daran liegen, daß professionelle Pädagogen für ihren Alltag ein gewisses Maß an standardisierten Vorstellungen benötigen, um einen möglichst großen Teil ihres Handelns routinemäßig wiederholen zu können." (ebd. S. 113)

Antikapitalistische Jugendarbeit

Die antikapitalistische Jugendarbeit geht von der marxistischen Kritik der bürgerlichen Gesellschaft aus und leitet aus ihr die Folgerung ab, daß die Beschränkungen individueller Entfaltung in dieser Gesellschaft ihre Ursache im Produktionsprozeß haben.

„An den Problemen und Interessen der Jugendlichen anzuknüpfen setzt (also) die Erkenntnis voraus, daß subjektives Verhalten vor allem abhängig ist von der objektiven Stellung des einzelnen im Produktions- und Verwertungsprozeß, die in unserer Gesellschaft die Verfügung der Lohnabhängigen über Produktionsmittel, den Produktionsablauf und den Produktionszweck ausschließt. Erst wenn individuelle Konflikte als gesellschaftlich erklärt und durchschaut werden, besteht die Chance sowohl für eine Entwicklung des Bewußtseins als auch für eine Veränderung der objektiven sozialen Lage" (DEPPE-WOLFINGER, 1973, S. 26).

Aus diesem Grunde setzt antikapitalistische Jugendarbeit bei den Erfahrungen von Jugendlichen in der Arbeitswelt an und versteht Konflikterfahrungen in anderen Bereichen (Freizeit, Familie, Schule) als Folge der Strukturen im Produktionsprozeß. Ziegruppe ihrer Arbeit sind daher Arbeiterjugendliche, die auch nicht — wie in der emanzipatorischen Jugendarbeit — individuell, sondern als revolutionäres Kollektiv angesprochen werden sollen.

„Antikapitalistische Jugendarbeit zielt ab auf die Mobilisierung subjektiver Potentiale, die die kapitalistische Klassengesellschaft durch kollektivorganisierte Anstrengungen aus den Angeln heben können." (LIEBEL 1974, S. 168) Wichtige Teilziele auf diesem Weg sind die Erlangung von Klassenbewußtsein, die Schaffung von Veränderungsmotivation und die Erfahrung von Solidarität sowie die Beteiligung an gesellschaftspolitischen Aktionen (z.B. betrieblichen Kämpfen).

Diese Ziele sollen in zwei miteinander verschränkten Stufen des Lernprozesses erreicht werden:

— *Aufklärung, Theorie.*
Vermittlung einer kritischen Theorie der Gesellschaft mit marxistischer Orientierung; Klarheit über die Struktur unserer Gesellschaft (Eigentumsfrage, Entfremdung, Verelendung, Kapitalkonzentration etc.) als Lernziel für den kognitiven Bereich.

— *Praxis.*
Einübung kollektiv-emanzipatorischer Verhaltensweisen (nicht nur im Freizeitraum, im Freiraum der Jugendarbeit, sondern auch in der konkreten Wirklichkeit, in der Ernstsituation); Stärkung des Ich; Abbau autoritärer Strukturen; Motivierung für gesellschaftliche Praxis; Aufzeigen der sozialen Relevanz der Solidarisierung in der Ernstsituation der Praxis; Betriebsarbeit in Basisgruppen; Kanalisierung des

Handlungspotentials in gesellschaftsrelevante Aktion; Reduktion individueller Probleme auf gesellschaftliche Tatbestände (als Voraussetzung der Motivierung für gesellschaftliche Praxis durch Berühren der eigenen Problemsituation und deren Kopplung mit gesellschaftlich-objektiven Tatbeständen) (vgl. BIERHOFF, 1974, S. 34).

War die Kritik der antikapitalistischen Jugendarbeit an progressiven und emanzipatorischen Entwürfen vor allem, diese würden die subjektive Seite des Lernprozesses, also das Individuum mit seinen Bedürfnissen, Interessen und psychischen Befindlichkeiten zu sehr in den Vordergrund stellen, wurde am antikapitalistischen Ansatz die Überbetonung der objektiven, gesellschaftsstrukturellen Faktoren kritisiert.

Objektivistische Bildungstheorien tun so, als läge das Problem politischer Bildung und intendierter Praxisveränderung allein oder vorrangig in der Vermittlung von objektiv gesicherten Erkenntnissen, richtigen Informationen und pädagogischen Organisationsformen ... Wissenschaftliche Vermittlung von Objektivität, sei sie noch so geschickt didaktisch aufbereitet, hilft dem Subjekt nicht weiter, die Objektwelt zu erkennen und zu verändern." (BELARDI, 1975, S. 62)

Darüberhinaus wurde kritisiert, daß der Ansatz die wichtige Frage pädagogischer Vermittlung nicht thematisiert habe und überdies die Gefahr besteht, daß im Sinne dogmatischer Theorievermittlung die Arbeiterjugendlichen als „revolutionäre Subjekte" schnell und unversehens zu Objekten besserwissender Pädagogen werden.

In der weiteren Diskussion der Ansätze wurden verschiedene Versuche unternommen, subjektive Bedürfnislage und objektive Strukturen als Ausgangspunkt einer praktikablen Jugendarbeit zusammenzubringen. Dies geschah einmal durch die Einbeziehung gruppendynamischer und kommunikationstheoretischer Elemente (BIERHOFF 1974, FRITZ 1973, 1975), vor allem aber durch den Versuch Diethelm DAMMs in seinen Entwürfen einer bedürfnisorientierten Jugendarbeit (DAMM 1975, 1980).

Bedürfnisorientierte Jugendarbeit

Um Inhalte und Programmstrukturen außerschulischer Jugendarbeit orientiert an den Bedürfnissen der Jugendlichen Zielgruppe strukturieren zu können, reichen — so DAMM — die gegenwärtig in der Jugendarbeit weitverbreiteten Annahmen über die Bedürfnisstrukturen von Jugendlichen nicht aus. In der Praxis vorfindbar sind vor allem:

a) *subjektivistische* Bedürfnisannahmen
   denen zufolge die wirklichen Interessen der Jugendlichen die empirisch feststellbaren, d.h. die, die die Jugendlichen ohne großes Nach-

denken äußern und die sich bei oberflächlicher Betrachtung des Frei-
zeitverhaltens von Jugendlichen beobachten lassen: Flippern, Fuß-
ballspielen, Discothek, ins Kino gehen oder andere komsumptive Aktivitäten. Die Interessen der Jugendlichen werden vor allem als Ver-
langen nach bestimmten Formen der Jugendarbeit definiert, vor allem
solche, die bei den Jugendlichen den größten Zuspruch finden.

Kritik: Dieser Ansatz ist rein reaktiv und nimmt den Bewußtseinsstand
der Jugendlichen als unveränderbar hin. Das bei Jugendlichen vorfindbare Bedürfnis nach Verdrängung statt Lösung von Alltagsproblemen wird unterstützt, die bereits vorhandene Abtrennung von Erfahrungen in verschiedenen Lebensbereichen wird verstärkt, Problemlagen werden nicht thematisiert („die wollen das nicht") und eine Verarbeitung so unmöglich gemacht.

b) *objektivistische* Bedürfnisannahmen
die objektive Interessenanlagen aus der jeweiligen Klassenlage polit-
ökonomisch ableiten. Sie erklären alle subjektiven Bedürfnisse von
Jugendlichen für manipulierte und falsche. Eine von diesen Annahmen ausgehende Praxis vermeidet jeden Ansatz im Freizeitbereich
und sieht das Feld der Arbeit im Produktionsbereich.

Kritik: Subjektive Bedürfnisse der Jugendlichen werden vernachlässigt, letztlich werden die Jugendlichen in dieser Arbeit damit wieder
zu Objekten.

Bei beiden Argumentationen handelt es sich offensichtlich um verkürzte
Annahmen, von denen jede für sich gesehen eine an den Bedürfnissen
der Jugendlichen orientierte Arbeit nicht zu begründen vermag. Stattdessen erscheint es angebracht, beide Elemente miteinander zu verknüpfen, um Aufschluß über die Bedürfnislage jugendlicher Zielgruppen zu bekommen.

Erich FROMM hat durch vergleichende Untersuchungen verschiedene
existentielle Bedürfnisse beschrieben, die durchaus zum Ausgangspunkt
einer in der Jugendarbeit vorzunehmenden Bedürfnisanalyse gemacht
werden können. Als Bedürfnisse nennt FROMM: Orientierung, Verwur-
zelung, das Bestreben, etwas zu bewirken, Erregung und Stimulation
und das Bedüfnis nach Identität. FROMM betont, daß diese Bedürfnisse
allen Menschen gemeinsam sind, die Art der Befriedigung jedoch sehr
verschieden sein kann.

„So ist zum Beispiel sowohl der Arbeiter- als auch bei Mittelschichtju-
gendlichen ein Bedürfnis, etwas zu bewirken, sich beispielsweise in einem Produkt auszudrücken, zu unterstellen. Jedoch scheinen Mittel-
schichtjugendliche eher zu Ausdrucksformen wie Dichten, überhaupt
schreiben oder Malen zu neigen, während Arbeiterjugendliche eher bau-
en, basteln oder konstruieren – wenn möglich mit konkreter Verwen-
dungsmöglichkeit." (DAMM 1975, S. 52)

Eine emanzipatorische Jugendarbeit müßte das Bestreben der Jugendlichen, etwas zu bewirken, auf Aktivitäten beziehen, die befriedigendere und humanere Lebensbedingungen herstellen und dazu verhelfen, diese in allen ihren Lebensbereichen gegen die verschiedenen Hemmnisse durchzusetzen. Dabei wird sie sinnvollerweise die jeweils spezifischen Bedürfnisse und Fähigkeiten der Jugendlichen aufgreifen, stärken und weiterentwickeln, um damit zugleich ihr Selbstwertgefühl zu stärken. Aufzugreifen sind dabei folgende handlungsleitende Bedürfnisse:

1. *Bedürfnis nach Erkenntnis und Orientierung*
   Probleme des Alltags sind zunächst die hautnahen, konkreten und aktuellen, jene, die sich täglich stellen und gelöst werden müssen. Dies sind Probleme aus den Bereichen Familie, Berufsbildung/Betrieb, Schule, Sexualität und Freizeit. Zu all diesen Fragen besteht ein durch den Handlungsdruck gesteigertes Orientierungs- und Problemlösungsbedürfnis, das auf die Gewinnung von Einstellungs- und Verhaltenssicherheit zielt. (ebd. 57 f.) Emanzipatorische Jugendarbeit mußte dem Jugendlichen einen von seinen Bedürfnissen ausgehenden Interpretationsrahmen und einen Kommunikationszusammenhang bieten, mit dessen Hilfe er seine täglichen Erfahrungen ständig verarbeiten kann.

2. *Bedürfnis nach sozialer Anerkennung*
   Die Suche nach sozialer Anerkennung ist die Suche nach einer gleichberechtigten und von der Gesamtheit der Lebensbeziehungen her anerkannten Position in der Gesellschaft. Sie ist zugleich die Suche nach sozialer Identität. Das Bedürfnis nach sozialer Anerkennung läßt sich in den vielfältigen Formen und Imponiergehaben verfolgen bis hin in jene Gesprächs- und Verhaltensebenen, auf denen durch das Angeben etwa mit hohem Mädchen- oder Bierkonsum um Anerkennung geworben wird.

3. *Bedürfnis nach Anregung und vielfältigen Erfahrungen*

4. *Bedürfnis nach Kontakt und Kommunikation*
   Das Bedürfnis nach Kontakt und Kommunikation entspringt letztlich dem Wunsch nach Sicherheit, Harmonie und Solidarität. Dieses Bedürfnis zielt auf die Bewältigung aller Lebensprobleme. Es resultiert einerseits aus der gesellschaftlichen Natur des Menschen, andererseits aus der ständigen Tendenz zur Isolierung der Individuen unter den gesellschaftlichen Verhältnissen einer arbeitsteiligen Gesellschaft. Der Zusammenschluß in zielgerichteten Jugendverbandsgruppen sind ebenso wie die Cliquen- und Bandenbildung nichtorganisierter Jugendlicher Ausdrucksformen dieses Bedürfnisses nach Solidarität. Reduktionsformen sind jenes schweigende Zusammenhocken von Jugendlichen bei überlauter Musik in Discotheken oder Jugendzentren oder jene Gespräche, die nur geführt werden, um sich der gegenseitigen Übereinstimmung zu versichern (ebd. S. 69).

Zur praktischen Bedeutung der Ansätze

Die Bedeutung der Theoriediskussion Ende der sechziger bis Mitte der siebziger Jahre für die Praxis der Jugendarbeit kann nur global eingeschätzt werden. Ein wesentliches Ergebnis ist sicher, daß, seitdem Jugendarbeit stärker gefordert ist, die eigenen Bedingungen immer wieder zu reflektieren und die Konzepte der eigenen Arbeit offenzulegen sind. Für viele Mitarbeiter und Mitarbeiterinnen in der Jugendarbeit ist es selbstverständlich geworden, die eigene Arbeit nicht nur pädagogisch zu planen, sondern dabei auch die Bedürfnisse der Jugendlichen einzubeziehen und nach den jeweiligen Erfahrungen die Konzepte zu verändern.

Viele Träger haben — oft zum ersten Mal — über disziplinierende Hausordnungen hinausgehende *pädagogische* Konzepte entwickelt. Insofern hat die Theoriediskussion die Professionalisierung der Jugendarbeit gefördert. Die inhaltlichen Positionen der beschriebenen Ansätze haben in den verschiedenen Einrichtungen der Jugendarbeit bis heute eine durchaus unterschiedliche Relevanz. Jugendverbände und Einrichtungen offener Jugendarbeit in kommunaler Trägerschaft orientieren sich mehrheitlich tendenziell stärker an progressiven, emanzipatorischen oder bedürfnisorientierten Elementen, während antikapitalistische Ansätze — wenn überhaupt — nahezu ausschließlich im Rahmen der Jugendzentrumsbewegung Anerkennung fanden.

Von der Freizeitarbeit zur Sozialarbeit?

Theoriediskussion und Jugendzentrumsbewegung wurden Mitte der siebziger Jahre von den Folgen der ökonomischen Krise beeinflußt. Ein rapider Anstieg der Arbeitslosigkeit unter Jugendlichen, strukturelle Umwälzungen im Arbeitsleben, politische Krise und Wandel bisher gültiger Werte (vgl. Abschnitt 2.2) konfrontierten die offene Jugendarbeit in immer stärkerem Maße mit den Problemen der von diesen Entwicklungen betroffenen Jugendlichen. Dem wachsenden Problemdruck der Jugendlichen standen Einrichtungen gegenüber, die ihrerseits nur unzureichend auf die krisenhafte Situation vorbereitet waren und selbst unter deren Auswirkungen zu leiden hatten. Dies gilt zunächst für die allgemeine Situation der Jugendhilfe:

— Ökonomisch wirkte sich die Krise auf die finanzielle und personelle Ausstattung der Einrichtungen aus: In einer Zeit, in der die Probleme und Konflikte Jugendlicher zunahmen, wurden personalintensive Beratungsangebote reduziert und immer mehr Problemgruppen ausgegrenzt.

— Inhaltlich entwickelte sich Jugendhilfe immer stärker zu einer Sozialhilfe mit kompensatorischen Maßnahmen, die die Folgen des Herausfallens großer Gruppen Jugendlicher, die durch Arbeitslosigkeit und Desintegration gefährdet waren, auffangen sollten. Dabei traten emanzipatorische Lernprozesse immer mehr in den Hintergrund; an die Stelle aktiver Gestaltung von Lernprozessen trat die Reaktion auf soziale Notlagen im Sinne von Versorgung.

— Dabei ist Jugendhilfe durch die Definition immer neuer Problemgruppen und deren Ausgrenzung charakterisiert durch eine starke Spezialisierung der institutionellen Beratungs- und Hilfsangebote.

Politisch-emanzipatorische Jugendarbeit entwickelt sich dabei zusehends zu einer kompensatorisch-versorgenden Sozialhilfe.

Dieser Aufgabenverschiebung entsprechen die seit 1975 entwickelten größtenteils aus der Sozialarbeit abgeleiteten Ansätze für die offene Jugendarbeit:

— *Institutionalisierte Jugendberatung*

Jugendberatung kann
— dem Jugendlichen helfen, Probleme konkreter zu fassen und zu differenzieren,
— den Jugendlichen an für das genau bestimmte Problem kompetente Beratungsstellen verweisen,
— den Jugendlichen bei der Bewältigung materieller Folgen helfen,
— den Jugendlichen gegenüber Institutionen wie Arbeitsamt und Sozialamt unterstützen.

— *Straßensozialarbeit (Streetwork)*
„Sozialpädagogen und Sozialarbeiter lösen sich vorübergehend von ihrer Einrichtung, vom Jugendclub, von ihrem Büro und begeben sich dorthin, wo die Jugendlichen leben und ihre Freizeit verbringen, um die Zielgruppe der eigenen Arbeit kennzulernen und deren Lebens- und Alltagsrealität zu begreifen." (ARBOGAST 1981, S. 27)

— *Jugendberufshilfe*
Jugendeinrichtungen führen Seminare zur Berufsvorbereitung durch, trainieren für das Bewerbungsverfahren oder für den Umgang mit Arbeits- und Sozialamt.
Darüber hinaus werden in Jugendeinrichtungen in Werkstätten handwerkliche Teilqualifikationen vermittelt, die die Chancen bei der Ausbildungsplatzsuche erhöhen sollen.

— Arbeitslosentreffs und Unterstützung von Selbsthilfegruppen.

Mit der Übernahme all dieser Aufgaben sind Einrichtungen der offenen Jugendarbeit quantitativ und qualitativ überfordert. Mit zunehmendem Status eines öffentlichen Erziehungs- und Versorgungsbetriebes verfestigt sich die Jugendarbeit institutionell und „desto schwieriger wird es für sie, ‚offene' pädagogische Bezüge zu den Jugendlichen herzustellen

98

und ‚vorstrukturierte' Verhaltensräume in der Jugendarbeit zu akzeptieren." (BÖHNISCH 1981, S. 98) Dabei ist vielfach eine Überschätzung der
eigenen Einwirkungsmöglichkeiten zu beobachten. Jugendhilfe kann
nicht die ökonomischen und politischen Ursachen und Bedingungen für
die Probleme Jugendlicher verändern, sondern wird auf die Bewältigung
ihrer Folgen angesetzt. Dies verleitet dazu, auffällige Verhaltensweisen
Jugendlicher (Aussteigen, Arbeitslosigkeit, Schulversagen etc.) als Folge
eines sozialen oder bildungsmäßigen Defizits des Betroffenen zu definieren und mit konzentrierter Einzelfallhilfe zu reagieren, die bei der derzeitigen Personalausstattung der Einrichtungen in den meisten Fällen
kaum effizient geleistet werden kann. Da eine Kooperation mit anderen
sozialen Diensten und Einrichtungen in der Regel kaum institutionali-
siert ist, sind die Chancen des Mitarbeiters, ausgehend vom Arbeitsfeld
Jugendarbeit nachhaltig zur Problembewältigung beizutragen, außerordentlich gering. Für Mitarbeiter und Jugendliche ist so der Mißerfolg vor-
programmiert: Der persönliche Einsatz hat nicht den gewünschten Erfolg gebracht, der Jugendliche verspürt keine wesentliche Änderung seiner Lage.

So wird Jugendarbeit sowohl von ihren „Abnehmern" als auch von der
Öffentlichkeit an etwas gemessen, das sie strukturell gar nicht leisten
kann. Um diese Überforderung abzuwehren, beherrscht gegenwärtig das
Zauberwort von der „Vernetzung im Stadtteil" als Ausweg die jugendpolitische Diskussion.

Gemeint ist damit eine engere und differenzierte Kooperation der Ju-
gend- und Sozialeinrichtungen, Ämter und Sozialen Dienste.

Jugendarbeit in Zeiten sozialen Wandels: Der sozialräumliche Ansatz

Fortschreitende Individualisierung angesichts der Dynamisierung Sozialen Wandels, zunehmender Funktionsverlust traditioneller Sozialisationsinstanzen — auch der Jugendarbeit — sowie strukturelle Brüche linearer
biographischer Entwicklung führten seit Anfang der 90er Jahre zu einem
weiteren Paradigmenwechsel in der Betrachtung von Jugendarbeit. Konfrontiert mit starken Einbrüchen in den Besucherzahlen bei gleichzeitigen
Anstieg der Attraktivität öffentlicher Räume, die mit Graffiti und Tags als
eigene Territorien gekennzeichnet und symbolisch in Besitz genommen
wurden, gerieten diese Sozialräume pädagogisch in den Blick.

„Die eigene soziale Welt der Jugend entwickelt sich vor allem im Räumlichen, aus der jugendkulturellen Besetzung des Raums entwickeln sich
eigenartige soziale Beziehungen, Regeln und gruppenbezogene Verhaltensmuster, aus denen ein besonderer Typ sozialen Lernens und sozialer
Orientierung Jugendlicher hervorgeht." (BÖHNISCH 1993, S. 255)

Diese sozialräumliche Dimension jugendlicher Entwicklung – so die Vertreter dieses Ansatzes – ist in seiner Bedeutung für die Identitätsentwicklung deshalb gestiegen, weil Identität heute nicht mehr vorrangig über traditionelle Milieus oder die Sozialisationsinstanzen Familie oder Schule vermittelt wird.

„Es kommt deshalb darauf an, die Umwelt - vor allem als sozialräumliche Umwelt begriffen – so zu gestalten, daß man sich ausdrücken kann, daß jeder eine Chance zur Individualität hat, die nicht auf sich selbst zurückgeworfen ist, sondern ihm die Möglichkeit gibt, aus dieser Individualität heraus sozialräumlichen Lebenswelt der Jugendlichen mediatisiert werden." (BÖHNISCH/ MÜNCHMEIER 1993, S. 98)

Verbunden mit diesem Grundverständnis ist eine – sicher realistische – Relativierung der Bedeutung von Jugendarbeit: offene Jugendarbeit ist längst nicht mehr *das* zentrale Feld jugendlicher Emanzipationsbemühungen. Offene Jugendarbeit kann ihre Position nur dann neu finden und erhalten, wenn sie eigenes Profil entwickelt, ihre Funktion als Mittler sozialräumlicher Interessen begreift und auf eigene intentionale Erziehungsansprüche verzichtet. Dementsprechend fordert der sozialräumliche Ansatz von der Jugendarbeit

– eigene Räume anzubieten bzw. neue Räume im Stadtteil zu erschließen
– diese so offen zu gestalten, daß sie jugendkulturelle spezifische Ausdrucksformen möglich machen, anregen und zulassen
– flexibel und offen auf selbständige Aktivitäten Jugendlicher zu reagieren
– sozialräumliche Möglichkeiten mit thematischen Bezügen zu verknüpfen
– die Reflexion sozialräumlicher Erfahrungen Jugendlicher anbieten und fördern
– sozialräumliche Kompetenzen zu vermitteln, d.h. die individuellen, institutionellen und politischen Möglichkeiten sozialräumlicher Durchsetzung eigener Bedürfnisse und Interessen zu fördern.

Der sozialräumliche Ansatz fordert auch ein verändertes Selbstverständnis der pädagogischen Mitarbeiterinnen und Mitarbeiter und verspricht Entlastung: an die Stelle aufreibender „Beziehungsarbeit" soll im Verständnis dieses Ansatzes seine strukturierende Kompetenz treten.

„Die Strukturierung und Ausgestaltung des offenen Bereiches mit seinen informellen Angeboten, räumlichen Arrangements usw. gewinnt mit Blick auf ungeplante, selbst gestaltete Aneignungssituationen eine wichtige Bedeutung. In diesem Bereich ist nicht die Beziehungsfähigkeit des Mitarbeiters gefragt, sondern eher eine *strukturierende Kompetenz,* mit der es gelingen kann, den offenen Bereich so zu gestalten, daß sich dort immer wieder die *Möglichkeit zur Veränderung von Situationen,* zum eigenen Finden eines *Themas* für die Besucher ergibt." (DEINET 1991, S. 259)

Die gegenwärtige Diskussion über unterschiedliche Ansätze in der offenen Jugendarbeit ist vor allem von steigendem Legitimationsdruck angesichts umfassender Sparmaßnahmen geprägt. Viele Hauptamtliche verspüren vor diesem Hintergrund kaum Lust oder finden keine Zeit, grundsätzlich über neue Konzeptionen nachzudenken. Andererseits ist der Bestand offener Jugendarbeit nur über eine klare konzeptionelle (Neu-)Orientierung langfristig zu legitimieren und zu sichern. Dennoch ist die Konzeptionsentwicklung – wenn sie denn stattfindet – vielerorts eher durch pragmatisch-additive Lösungen als durch eine grundsätzliche Neuorientierung geprägt. Diese pragmatischen „Lösungen" lassen vor allem drei Trends erkennen:

– Jugendarbeit wird als Jugendkulturarbeit verstanden, in der Medien und künstlerische Ausdrucksformen zum dominanten Instrumentarium der Alltagspraxis werden.

– Jugendarbeit wird (weiterhin) vor allem sozialpädagogisch in die Verantwortung genommen, um die soziale Grundversorgung sicherzustellen oder durch Ausbildungs- und Beschäftigungsprojekte – auch in Vernetzung mit Bildungsträgern – soziale Problemlagen abzufedern.

– An die Stelle mühsamer Alltagspädagogik tritt die Orientierung an spektakulären sog. „Jugendproblemen" u.a. auch, weil hierfür häufig Projekt- oder Sondermittel zur Verfügung stehen. Projekte gegen Gewalt, Rassismus, Sucht oder Aids ersetzen häufig schleichend eine ernsthafte Auseinandersetzung mit den alltäglichen Lebensbewältigungsproblemen Jugendlicher.

Trotz mancher konzeptioneller Schwächen und noch unzureichend entfalteter praktischer Stringenz ist es das Verdienst des sozialräumlichen Ansatzes, diese Alltagsprobleme und -bedürfnisse wieder stärker in den Blick gerückt zu haben.

Weiterführende Literatur zu diesem Abschnitt:
– Geschichte der Jugendarbeit
KRAFELD, Franz Josef: Geschichte der Jugendarbeit, Weinheim 1984
– Progressive Jugendarbeit
Müller, C.W./KENTLER, H./MOLLENHAUER, K./GIESECKE, H.: Was ist Jugendarbeit?, Weinheim und München 1986
– Emanzipatorische Jugendarbeit
GIESECKE, Hermann: Die Jugendarbeit, München 1983 (6. Aufl.)

- Antikapitalistische Jugendarbeit
LESSING, H./LIEBEL, M.: Jugend in der Klassengesellschaft, München 1974
- Bedürfnisorientierter Ansatz
DAMM, Diethelm: Politische Jugendarbeit, München 1975
DERS. Die Praxis bedürfnisorientierter Jugendarbeit, Weinheim und München 1986 (2. Aufl.)
- Sozialräumlicher Ansatz
BÖHNISCH, Lothar/MÜNCHMEIER, Richard: Pädagogik des Jugendraums, Weinheim und München 1993 (2. Auflage)

5 Pädagogische Ansätze in der Jugendarbeit

Im folgenden Abschnitt werden die gängigen methodischen Ansätze für die Arbeit mit Jugendlichen vorgestellt.

Die dargestellten Ansätze werden in der Praxis selten in ‚Reinkultur‘ und eher nebeneinander vorfindbar sein. Überdies sind die methodischen Ansätze nicht trennscharf voneinander abgrenzbar, die Übergänge sind eher fließend, wie die aufgeführten Praxisbeisspiele zeigen werden. Methoden werden in der Pädagogik gewöhnlich als Mittel angesehen, mit deren Hilfe man einen bestimmten Zweck, eine Lernleistung oder eine Verhaltensänderung zu erreichen sucht. Dabei sind geeignete Methoden jedoch nicht gradlinig ableitbar aus den pädagogischen Zielen, zu deren Umsetzung sie beitragen sollen, sondern müssen zwischen den Zielvorstellungen des Pädagogen und den subjektiven Lernvoraussetzungen der Jugendlichen vermitteln.

Abb. Pädagogische Ansätze in der Jugendarbeit

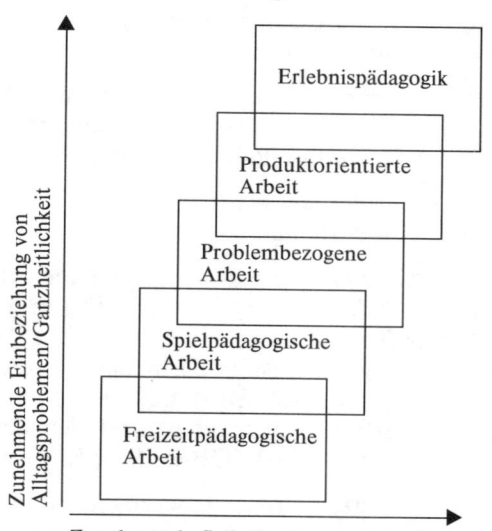

Erlebnispädagogik

Produktorientierte Arbeit

Problembezogene Arbeit

Spielpädagogische Arbeit

Freizeitpädagogische Arbeit

Zunehmende Einbeziehung von Alltagsproblemen/Ganzheitlichkeit

Zunehmende Selbstbestimmung der Jugendlichen abnehmende Strukturierung durch den Pädagogen

Die leitenden Fragen sind nicht: Welche Methoden gibt es? Welches sind ihre Vorzüge und Nachteile? Wozu lassen sie sich gebrauchen? Sondern: Welches ist die zu lösende Aufgabe? Wie wird sie in der einen oder anderen Methode aufgefaßt? Wo liegen in der einen oder anderen Fassung der Aufgabe die spezifischen Schwierigkeiten? (SCHULZE 1978, S. 31)

Orientiert an diesen Fragestellungen kann man feststellen, daß die verschiedenen Ansätze gewissermaßen hierarchisch zueinanderstehen, je nachdem wie stark sie ganzheitlich orientiert sind, oder — anders gesagt — in welchem Umfang sie die gesamte Persönlichkeit und Lebenssituation der Jugendlichen einbeziehen.

5.1 Jugendarbeit als Freizeitpädagogik

Freizeit ist traditionell immer Ansatzpunkt und Feld von Jugendarbeit gewesen. Waren es zunächst Angebote, die Gestaltungsmöglichkeiten Hobbys und Aktivitäten für die Freizeit bieten und aufzeigen sollten, wurde unter dem Eindruck wachsender Freizeit und gleichzeitiger Expansion des kommerziellen Freizeitmarktes immer stärker die Forderung nach „sinnvoller" Freizeitgestaltung erhoben. Jugendarbeit erschöpfte sich in dem hilflosen Versuch, den perfekten kommerziellen Angeboten mit eigenen halbherzig-improvisierten Arrangements hinterherzueilen. „Selbermachen statt kaufen" war die Devise, unter der eine Vielzahl von Hobby- und Interessengruppenangeboten und zahlreiche Film- und Tanzveranstaltungen durchgeführt wurden.

Erst unter dem Eindruck der „progressiven Jugendarbeit", die für den Freizeitbereich eigenständige Ziele formulierte, entwickelte sich eine *Freizeitpädagogik*, in der Freizeit in doppeltem Sinne eine Funktion hat:

— Freizeit als *Lern- und Erfahrungsfeld*
— Freizeit als *Erziehungsgegenstand*.

„Der Begriff Freizeiterziehung meint im engsten Sinne die Erziehung in der Freizeit für die Freizeit." (NAHRSTEDT 1974, S. 79) Freizeitpädagogik meint also mehr als nur *Beschäftigung* in der Freizeit. „Das allgemeine Richtziel einer Freizeitpädagogik besteht darin, bei ihren Adressaten die Fähigkeit zu entwickeln, die für sie selbst angemessenen Lebens- und Freizeitbestimmungen ausfindig zu machen und sich damit auch auf weitere Ziele . . . festzulegen." (RÜDIGER, 1977, S. 156)

Der Stellenwert, der dem Freizeitbereich dabei zugemessen wird, ist in der Freizeitpädagogik umstritten. In ihrem Grundverständnis des Freizeitbegriffs stehen sich hier zwei grundverschiedene Positionen gegenüber:

— in der *arbeitspolaren Freizeit-Definition* wird Freizeit als autonomer Strukturbereich verstanden, der so etwas wie eine *Gegenwelt* zum Arbeitsbereich darstellt;

— die *arbeitskomplementäre* Freizeit-Definition geht zwar ebenfalls von einem Gegensatz zwischen Arbeit und Freizeit aus, betrachtet beide Bereiche aber nicht als unabhängig, sondern als abhängig voneinander. „Freizeitstruktur und Freizeitverhalten werden durch die Arbeitserfahrungen geprägt ... Die Freizeit erfüllt regenerative disziplinierende, kompensierende oder reproduktive Funktionen für die Arbeitswelt." (PRAHL 1977, S. 120)

Emanzipatorische Jugendarbeit, die mehr sein will als nur eine Inszenierung zur Befriedung und Kompensation von Konflikten und Frustrationen in anderen Lebensbereichen, muß sich auf einen komplementären Freizeitbegriff beziehen und das Freizeitverhalten von Jugendlichen vor dem Hintergrund ihrer Sozial- und Arbeitserfahrungen interpretieren. Sie darf diese Bereiche also nicht ausklammern und sich stattdessen darauf beschränken, eine angenehme, gesellige und heile Freizeitwelt zu präsentieren.

„Alle Lernziele im Freizeitbereich müssen daran gemessen werden, inwieweit sie zum kritischen Selbstverständnis und zur Reflexion gesellschaftlicher Zusammenhänge befähigen. Um im Sinne der Zielprojektion (Leitprinzip) zur bewußten und aktiven Teilnahme und Teilhabe an der Demokratisierung und Humanisierung aller Lebensbereiche bereit und fähig zu werden, muß das Individuum lernen,

— die Bedingungen, Abhängigkeiten, Zusammenhänge und Widersprüche im Arbeits- und Freizeitsystem und reaktive Freizeit- und Urlaubsverhaltensweisen (z.B. „Flucht aus dem Berufsalltag"/ „Ausnahmezustand"/„Zweites Leben") Als Ausdruck eines in der Arbeit entstandenen Unbehagens zu beurteilen;

— die freie Zeit nicht als isolierte und privatistische (=gesellschaftspolitisch gleichgültige) „Gegenwelt" zum „Arbeitsleben" zu sehen;

— die freie Zeit als ein Handlungsfeld zu begreifen, in dem die Chance besteht, gesellschaftliche Alternativen zu entwickeln und die Arbeits- und Lebensbedingungen selbst zu planen und zu verbessern;

— an einer humaneren Gestaltung des eigenen Wohn- und Lebensmilieus aktiv mitzubestimmen und mitzuwirken (z.B. Selbstorganisationsversuche, Bürgerinitiativen);

— die Sach- und Konsumzwänge im Freizeitsystem zu durchschauen und methodisches Mißtrauen und Widerstandskraft gegenüber Steuerungs-, Täuschungs- und Fremdbestimmungstendenzen in der Freizeit zu entwickeln;

— über die gesellschaftliche Bedeutung der Konsumangebote und Freizeitaktivitäten zu reflektieren und Wahlentscheidungen zu rationalisieren;

— die freie Zeit als einen Raum zur bewußten Erweiterung des eigenen Erlebnis- und Erfahrungshorizonts wahrzunehmen und zu Einstellungs-, Bewußtseins- und Verhaltensänderungen bereit zu sein;

— die freie Zeit als Möglichkeit zur Veränderung (Innovationspotential) der eigenen Person und der sozialen Umwelt zu erkennen und danach zu handeln." (OPASCHOWSKI 1977, S. 169)

Praktische Konsequenzen

Aktivitäten und Aktionen einer Jugendarbeit, die sich so verstanden als ein Teilbereich emanzipatorischen Lernens versteht, muß ihre Angebote daraufhin überprüfen, inwieweit neben Funktionen wie Regeneration und Geselligkeit auch emanzipatorische Lernprozesse möglich sind. „Es genügt demgemäß nicht mehr, die Programme der Jugend- und Jugendverbandsarbeit als offene Angebote für die soziale Gesamtheit der Jugend zu erklären; diese Programme und die Methoden ihrer Durchführung sind vielmehr selbst unter dem Aspekt von Freizeit in der gegenwärtigen Gesellschaft neu zu konzipieren. Es genügt nicht mehr, in defensiver Wartestellung diverse offene Angebote bereit zu halten; sondern es sind vielmehr offensive Möglichkeiten ausfindig zu machen, um neue Programmde durchzusetzen." (v. HENTIG, 1977, S. 150)

Die Entwicklung von freizeitpädagogischen Angeboten in der Jugendarbeit erfordert eine sorgfältige Planung, die einerseits verhindert, daß gerade diejenigen Gruppen Jugendlicher ausgeschlossen werden, die der Bearbeitung ihrer Sozialerfahrungen am stärksten bedürfen und die andererseits eine Transparenz der Angebote und ihrer Zielsetzung ermöglicht. Folgende Planungsschritte können für eine solche Veranstaltungsplanung hilfreich sein:

Abb. Veranstaltungsplanung

ZIELGRUPPE
- wen möchte ich erreichen
- wer wird an der Veranstaltung teilnehmen

MOTIVATION DER TEILNEHMER
- warum werden die Teilnehmer kommen
- welche Erwartungen, Bedürfnisse, Interessen
  und Probleme haben sie
- wie kann ich das Interesse für mein Angebot wecken

ZIELSETZUNG
- was möchte ich mit dem Angebot erreichen
  a) für die Gruppe
  b) für das einzelne Gruppenmitglied

INHALT/PROGRAMM
- was möchte ich anbieten
- in welchem Verhältnis steht mein Angebot zu Zielgruppe
  und deren Interessen?

METHODE
- wie will ich mein Ziel erreichen/meine Inhalte vermitteln
- welche Hilfsmittel benötige ich dazu

ORGANISATION
- Veranstaltungsablauf (Ablaufstruktur, Zeitplan, Abfolge von
  Einzelaktivitäten etc.)
- welche Rahmenbedingungen und Materialien werden benötigt?
- Finanzierung
- Werbung und Öffentlichkeitsarbeit
- Aufgabenverteilung (wer macht was?)

AUSWERTUNG
- wie ist mein Angebot aufgenommen worden
- habe ich meine Ziele erreicht
- was ist falsch gelaufen/was ist mir gut gelungen?

Praxisbeispiel:
Rallye als Stadtteilerkundung

*Die Stadtrallye in der von uns entwickelten Form verbindet als spielpäd-
agogische Methode folgende Elemente:*

- *angelegt als soziale Erkundung ermöglicht sie den Jugendlichen die
  eigenständige und selbstbestimmte Erarbeitung von Informationen
  und Zusammenhängen;*
- *als soziale Aktion bietet sie Raum für spontanes und kreatives Handeln und die Artikulation eigener Interessen und Einschätzungen;*
- *als produktorientierte Arbeit zwingt sie die Teilnehmer zur Kooperation
  bei der Erstellung gemeinsamer Ergebnisse und ermöglicht durch das
  Produkt eine Veröffentlichung und weitere Diskussion der Erfahrungen.*

*Für unsere Stadtrallye entwickelten wir vor diesem Hintergrund folgende
Ziele:*

- *Erkundung des eigenen Stadtteils im Hinblick auf Freizeit- und Bera-
  tungsmöglichkeiten für Jugendliche;*
- *Bewertung des Angebotes nach eigenen Bedürfnissen und Interessen;*
- *Erstellung einer Jugendlandkarte durch Kooperation der Stadtteil-
  gruppen;*
- *spielerische Durchsetzung eigener Interessen gegenüber Institutionen
  und Behörden (Konfrontation der dort tätigen Mitarbeiter mit den
  eigenen Interessen);*
- *Abbau von Vorurteilen der Stadtteile, Jugendeinrichtungen und Cliquen untereinander;*
- *Erfahrungen in kooperativen Arbeitsformen.*

*Die von uns konzipierte Stadtrallye startet dezentral in den verschiedenen
Stadtteilen von den offenen Jugendeinrichtungen aus und ist auf ca. 6 –
7 Stunden angelegt. Sie verläuft in drei Phasen und endet mit einer Abschlußveranstaltung.*

*Phase I dient der stadtteilbezogenen Erkundung der eigenen, unmittel-
baren Wohnumgebung der Jugendlichen. Die Jugendlichen treffen sich
am Startpunkt (Jugendheim des Stadtteils), finden sich zu Gruppen von
3 bis 6 Teilnehmern zusammen und erhalten die Aufgaben. Einheitlich
für die Gruppen in allen Stadtteilen gelten die Vorgaben des nachstehen-
den Arbeitsblattes:*

1. *Einigt euch in eurer Spielgruppe auf ein Gruppenkennzeichen, mit dem
   ihr euch gegenseitig schminkt.*
2. *Wo befinden sich in eurem Stadtteil Treffpunkte oder Einrichtungen,
   die für euch oder andere Jugendliche wichtig sind?*
   - *Sammelt solche Treffpunkte in eurer Gruppe.*
   - *Findet die Anschrift heraus und sucht die Treffpunkte auf der Karte.*

— Geht auf der günstigsten Route zu diesen verschiedenen Treffpunkten, findet Näheres heraus und füllt für jeden Treffpunkt/Einrichtung eine Treffpunktkarte aus (die Treffpunktkarte umfaßt Fragen nach Träger, Öffnungszeiten, Zielgruppe und Angebote der Treffpunkte/Einrichtungen sowie eine Bewertung durch die Jugendlichen).

— Malt gemeinsam ein typisches Kennzeichen des Treffpunktes auf die Treffpunktkarte, so daß der Treff auch von anderen erkannt werden kann, die ihn nicht kennen.

3. Wenn ihr auf eurem Weg Verbotsschilder findet, die euch nicht erlauben, euch dort aufzuhalten oder zu spielen, versucht, sie abzuschreiben oder durchzupausen.

Zusätzlich erhalten die Gruppen jeweils Aufgaben im Hinblick auf die Schlußveranstaltung sowie stadtteilspezifische Aufgaben, die sie auffordern, bestimmte im Stadtteil befindliche Institutionen aufzusuchen bzw. sich entsprechende Informationen zu verschaffen. Beispiele enthält das 2. Arbeitsblatt.

1. Einigt euch in eurer Spielgruppe auf drei Musiktitel, die ihr am liebsten hört. Bringt sie zur Abschlußfete mit.
2. Ihr möchtet ein Praktikum als Kfz-Mechaniker machen. Findet mindestens drei Norderstedter Betriebe heraus, die Praktikumsstellen haben! (Hilfsmittel: Branchenbuch, Telefon).
3. Nehmt telefonisch Kontakt auf mit
   — dem Arbeitsamt
   — der Volkshochschule
   — anderen Institutionen: Wohnungsamt, Sozialamt, Jugendamt. Wann haben sie geöffnet, wann ist Publikumsverkehr? Vereinbart einen Termin für heute nachmittag ab 16.00 Uhr und füllt dann eine Treffpunktkarte aus. Bringt ein Formular, Infozettel oder Broschüre von dort mit.
4. Geht auf dem kürzesten Weg zum Jugendheim Buschweg, dort hat ein Norderstedter Verein eine interessante Aufgabe für euch. Findet alles über den Verein heraus, was euch interessiert, und füllt eine Treffpunktkarte aus. (Hier jeweils stadtteilspezifische Einrichtungen.)

Ziel dieser ersten Arbeitsphase ist die Erstellung einer ‚Jugendlandkarte' des Stadtteils aus der subjektiven Sicht und Einschätzung der Jugendlichen. Gleichzeitig sollen sie Erfahrungen damit sammeln, ihnen unbekannte, für ihre Interessendurchsetzung aber wichtige Institutionen aufzusuchen und dort ihre Fragen anzubringen.

Die zweite Phase dient der stadtteilspezifischen Auswertung der erarbeiteten Ergebnisse. Die einzelnen Gruppen versammeln sich wieder an ihrem Standort und bearbeiten den nächsten Fragenkomplex unter Anleitung eines Mitarbeiters. Die einzelnen Gruppenergebnisse werden so in *einen größeren Rahmen gestellt, subjektive Einschätzungen relativiert oder ergänzt. Die Fragen dieses Arbeitsabschnitts fördern sowohl eine Identifikation mit dem eigenen Stadtteil wie auch eine kritische Einschätzung. Aufgaben dieser Arbeitsphase sind beispielhaft im 3. Arbeitsblatt aufgeführt:*

1. *Findet für alle Gruppen, die von eurem Startpunkt aus gestartet sind, ein gemeinsames Stadtteilkennzeichen, mit dem ihr euch gegenseitig schminkt.*
2. *Übertragt die Gruppenergebnisse der ersten Erkundungsphase in den Stadtplan. Vergleicht eure Treffpunktkarten und tauscht eure Informationen und Erfolge aus. (Alles zum Zielort mitbringen.)*
3. *Diskutiert gemeinsam darüber, wie ihr euren Stadtteil für Jugendliche findet, und nehmt diese Diskussion auf Kasette auf (zum Zielort mitbringen).*
4. *Dichtet oder erfindet einen Werbespruch für euren Stadtteil und malt ein Transparent, das ihr zum Zielort mitbringt.*

Die dritte Phase schließlich dient der stadtteilübergreifenden Erkundung anhand konkreter vorgegebener Arbeitsaufgaben, mit denen einerseits unbekannte oder mit Vorurteilen belegte Institutionen bekannt gemacht werden sollen, andererseits der Erfahrungshorizont der Jugendlichen erweitert werden soll. In dieser Phase erfolgt sowohl die Einordnung der stadtteilbezogenen Ergebnisse in einem größeren Kontext als auch die Konfrontation mit behördlichen Institutionen. Aufgaben dieser Phase waren jeweils stadtteilspezifisch variiert (Beispiele bringt das 4. Arbeitsblatt).

1. *Wo ist in Norderstedt das Jugendaufbauwerk und was läuft da? Findet die Anschrift heraus und geht direkt dort hin (Treffpunktkarte ausfüllen). Dort erwarten euch praktische Aufgaben.*

2. *Zum Thema: Praktikum/Lehre*
   Ihr beendet demnächst eure Schule, wißt aber absolut nicht, wo und wie ihr an eine Lehrstelle/Praktikum rankommt bzw. was ihr überhaupt lernen wollt. Was macht ihr?
   – *Lieber gar nicht darum kümmern; das sollen Lehrer/Eltern machen;*
   – *mit Bekannten und/oder Eltern reden;*
   – *mit der Clique bereden;*
   – *Informationen über Broschüren (VHS, Arbeitsamt . . .) einholen;*
   – *vom Arbeitsamt beraten lassen;*
   – *selber Firmen anrufen/anschreiben/aufsuchen.*

3. *Zum Thema: Eltern/Wohnen*
   Ihr habt ständig Ärger mit euren Eltern und möchtet unbedingt von zu Hause weg, spätestens wenn ihr 18 seid. Ihr wißt aber nicht, wie ihr an eine Wohnung rankommt und wie das finanzierbar ist. Was macht ihr?

- *Sobald wie möglich abhauen;*
- *Problem mit Freunden besprechen, evtl. bei denen unterschlüpfen;*
- *Bekannte/Lehrer um Hilfe bitten;*
- *sich bei Familien- und Erziehungsberatungsstelle, Kirchplatz 1, beraten lassen;*
- *beim Jugendamt nachfragen, welche Möglichkeiten es gibt;*
- *Wohnungsamt und Sozialamt um Beratung bitten;*
- *sonst . . .*

4. *Versucht, herauszubekommen, was die Paul-Gerhard-Kirchengemeinde für Jugendliche tut (Treffpunktkarte ausfüllen).*

5. *Sucht auf dem Weg zum Zielort die Institution(en) auf, mit denen ihr vorher einen Termin vereinbart habt. (Formulare, Broschüre oder Infozettel mitbringen.)*

6. *Kommt jetzt zum Zielort: Jugendclub Kirchengemeinde Falkenberg. Bringt alle eure*
   - *Aufzeichnungen und Treffpunktkarten,*
   - *die Unterlagen aus den Institutionen und*
   - *eure Gruppenhitparade*
   mit!

Die gesamte Stadtrallye endet in einer Abschlußveranstaltung, die der Auswertung der einzelnen Ergebnisse und der Zusammenstellung einer Jugendlandkarte für die Stadt dient. Darüber hinaus wird die weitere Arbeit vereinbart. Zugleich ist diese Abschlußveranstaltung Fete mit Möglichkeit zwangloser Kommunikation mit Leuten, die man normalerweise nicht trifft. Verschiedene Jugendverbände haben das Angebot genutzt und ihre Arbeit mit Ausstellungen und Infotischen dargestellt.

Ergebnisse und Weiterarbeit

Wir waren besonders überrascht von der Vielfalt der zusammengetragenen Ergebnisse. Die Jugendlichen hatten
- *informelle Treffpunkte (Straßenecken, freie Plätze etc.)*
- *kommerzielle Einrichtungen*
- *kommunale und kirchliche Jugendeinrichtungen*
- *Vereine und Verbände*

in überraschend großer Zahl gesammelt und ausgesprochen kritisch bewertet. Sie fanden heraus, daß mehrere Stadtgebiete auf der Jugendlandkarte als ‚weiße Flecken' gesehen werden können, da hier eine absolute Unterversorgung mit Freizeitmöglichkeiten vorliegt.

Sie waren in der Lage, eine fundierte (und zum Teil berechtigte) Kritik an den kommunalen Jugendeinrichtungen zu formulieren. Deutlich zeigte sich in der Auswertung auch, daß die Jugendlichen ihre Freizeit in der Hauptsache tatsächlich in ihrer unmittelbaren Wohnumwelt verbringen und daß sie die Stadtteilgrenzen zumeist zur Wahrnehmung kommerzieller Angebote überschreiten.

Insgesamt waren die Ergebnisse so differenziert und vielfältig, daß eine intensive und effektive Auswertung auf der Abschlußveranstaltung nicht mehr möglich war. Daher wurden folgende Möglichkeiten der Weiterarbeit vereinbart:

— Eine anschließende Projektarbeit diente der ausführlichen Zusammenfassung der Ergebnisse.

— Diese Ergebnisse dokumentierten sich in einem Produkt, einer ,Jugendlandkarte' mit allen Treffpunkten informeller und institutionalisierter Art aus der Sicht der Jugendlichen und mit ihrer Bewertung. Diese Landkarte weckte das Interesse der lokalen Presse und Politiker.

— Ein kontinuierlicher jugendpolitischer Arbeitskreis schließlich sollte den Politkern gegenüber eigene Interessen artikulieren und geplante jugendpolitische Entscheidungen kommentieren und diskutieren.

— Darüber hinaus wurde in einem Stadtteil versucht, im Rahmen einer umfassenden Projektarbeit nicht nur Freizeitmöglichkeiten, sondern auch Wohnumwelt und Lebensbedingungen zu erkunden und öffentlich zu machen.

Zusammenfassend läßt sich sagen, daß — ohne die hier vorgestellte Arbeitsform ,Stadtrallye' überbewerten zu wollen — diese Aktion sowohl selbst ein Teil politischer Bildungsarbeit ist, als auch in ihrer aktivierenden Form eine wesentliche Voraussetzung dafür schafft. Offensichtlich ist es hier gelungen, Jugendliche für die Auswirkungen politischer Entscheidungsprozesse in ihrem Nahbereich zu interessieren und sie zu weitergehendem Engagement zu motivieren.

Aus: W. Klawe: Rallye als Stadtteilerkundung — Politische Bildung im Nahbereich, in: deutsche jugend 9/1983, S. 420-424

Literatur zu Theorie und Praxis von „Freizeitpädagogik":
— PRAHL, Hans-Werner: Freizeitsoziologie, München 1977
— OPASCHOWSKI, Horst W.: Freizeitpädagogik in der Leistungsgesellschaft, Bad Heilbrunn 1977
— HÖLZEL, Sven: Freizeitpädagogik zwischen Gleichgültigkeit und Zwang, Neuwied 1972.

5.2 Spielpädagogik in der Jugendarbeit

Gemeinsame Spiele in Gruppe und offener Arbeit, Brettspiele im Clubraum oder sportliche Spiele auf Freizeiten sind seit jeher beliebte und häufige Aktivitäten in der Jugendarbeit. Oft dienen sie als Mittel der Geselligkeit und Beschäftigung, hin und wieder werden sie auch gezielt eingesetzt, um den Kontakt untereinander herzustellen oder ein gemeinsames Gruppenerlebnis zu fördern.

Spiele jedoch im Rahmen eines methodischen Ansatzes gezielt, geplant und systematisch für Jugendarbeit zu nutzen, hat sich erst in den letzten Jahren mit der Entwicklung einer eigenständigen Spielpädagogik durchgesetzt.

„Spielpädagogische Methoden sind planmäßige Verfahren der Erziehung zum und durch Spiel, die soziales Lernen, politisches Lernen Lernen (z.b. Selbstagitation einer Gruppe), inhaltliches Lernen (z.b. Spiel als didaktisches Mittel zur Vermittlung von Inhalten), ästhetisch-künstlerisches Lernen (z.b. eine Aufführung als Kunstwerk) beinhalten, aber auch die Bedürfnisse der Menschen nach Spiel befriedigen." (BRANDES 1978, S. 39)

Spielpädagogische Ansätze in der Jugendarbeit haben dabei zwei Zielsetzungen:

— die *Erziehung zum Spielen* (Motivation und Befähigung zum Spielen und die pädagogische Einflußnahme auf das Spielverhalten; hierzu zählt etwa auch die aktuelle Diskussion über Viedospiele und Kriegsspielzeug)

— die *Erziehung mit und durch Spiel,* d.h. die Anwendung der Methode Spiel in organisierten Lernprozessen.

In dem Bemühen emanzipatorischer Jugendarbeit, Jugendlichen andere Lernerfahrungen als in der Schule zu vermitteln, scheint das Spiel als Form lebendigen, ganzheitlichen Lernens besonders geeignet (vgl. dazu BAER 1981, S. 10/11.)

Das Spiel bildet eine erdachte Realität, die sich von den Ernstsituationen des Lebens unterscheidet — vor allem darin, daß die Folgen von Handlungen nicht wirklich passieren, sondern für die Zeit des Spielens nur angenommen werden. Dabei sind die Inhalte des Spiels, die Rollen und das Verhalten im Spiel nicht völlig frei erfunden, sondern spiegeln die Lebenssituation der Spieler wider. Spiel ermöglicht so auch „spielerisch" die Hereinnahme des Alltags ins Spielgeschehen:

— Spiel ist überwiegend ein Prozeß und wird um des Prozesses willen gemacht. Nicht das Ereignis, nicht irgendein Produkt oder Profit, sondern der Ablauf der Handlung, die Tätigkeit selbst ist interessant;

— Spiel ermöglicht die Übernahme neuer ungewohnter Rollen oder Probehandeln in sanktionsarmen Räumen;

— Spiel als Methode fordert und fördert die ganze Person, Wissen, emotionales Erleben und motorische Fähigkeiten fließen in das Spielgeschehen ein;

— zum Spiel gehört der Spaß, oft der Spaß in der Gruppe — also die Geselligkeit und die individuelle Freude.

Praktische Konsequenzen

Diese für eine emanzipatorische Jugendarbeit nutzbaren Vorteile spielpädagogischer Methoden kommen allerdings nur zur Geltung, wenn ihr Einsatz pädagogisch geplant wird. „Spielpädagogische Prozesse sollten in ihren Einzelheiten so geplant werden, daß sie in ihrer Wirksamkeit überprüfbar werden, d.h. es muß einer Gruppe entsprechend vorausgedacht werden, nach Ablauf des jeweiligen Gruppenprozesses analysiert werden, um sich anhand des Verlaufs kritisch mit den Ergebnissen auseinandersetzen zu können . . . die Freizeit der Entscheidung während der direkten Begegnung mit den an dem Prozeß Beteiligten bleibt aber erhalten." (BRANDES 1978, S. 29/30)

Die gruppenangemessene Entwicklung von Spielfolgen, also der Abfolge einzelner Spiele, die zueinander passen, aufeinander aufbauen und jeweils zusätzliche neue Erfahrungen ermöglichen, fällt leichter, wenn folgende *Prinzipien* berücksichtigt werden:

— VOM VERTRAUTEN ZUM NEUEN
Der Einstieg in Spielsituationen fällt leichter, wenn mit Spielformen begonnen wird, deren Ablauf und Regeln den Teilnehmern bekannt ist.

— VOM UNVERBINDLICHEN ZUM PERSÖNLICHEN
Ist das Ziel einer Spielfolge, den Teilnehmer dazu zu ermutigen mehr von seiner Person einzugeben, sollte mit Spielen begonnen werden, die ihm zunächst die Entscheidung überlassen, wieviel er von sich einbringen will.

— SPIELE EINER SPIELFOLGE SIND PRINZIPIELL GEGEN GLEICHARTIGE SPIELE AUSTAUSCHBAR.

Die praktische Bedeutung dieser Prinzipien wird in der Übersicht verdeutlicht, die eine Spielfolge beschreibt, die zu einem problemorientierten Rollenspiel hinführen soll.

Abb. Zum Aufbau von Spielfolgen

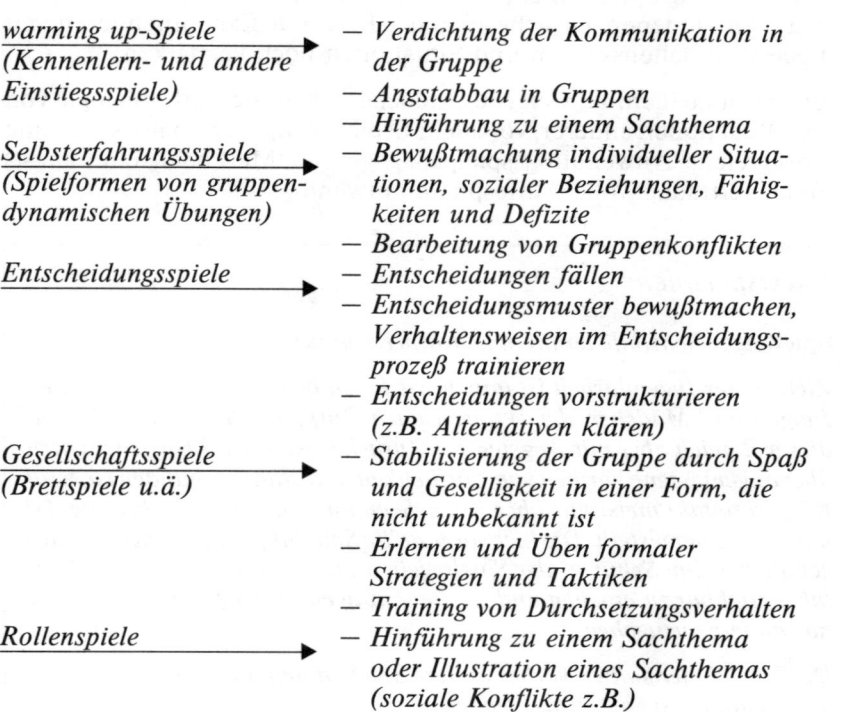

Phasen	Ziele	alternative Methoden (Spielformen)						
1. Phase	Kennenlernen in der Gruppe; Spielhemmungen voreinander abbauen; Spaß am Spielen gewinnen; Aktivierung	Ratespiele	oder	„Blödelspiele" (mit Verkleiden)	oder	Interaktionsspiele	oder	freies Spiel mit Puppen, Masken, Marionetten
2. Phase	Spieltechnische Fähigkeiten verbessern (Ausdrucksvermögen, Zusammenspiel, Wahrnehmungsfähigkeiten, usw.)	pantomimische Spiele und Übungen	oder	Interaktionsübungen	oder	Maskenspiele		
3. Phase	Intensives, inhaltliches Kennenlernen (Meinungs- und Erfahrungsaustausch, Einschätzung und Feedback)	„Info-Spiel"	oder	„Remscheider Diskussionsspiele"	oder	Gespräche		
4. Phase	Komplexe Kommunikation in einem zusammenhängendem, unproblematischem Spielablauf üben. Übergang zu Problem-Rollenspielen.	Stehgreifrollenspiele	oder	„Klamaukspiele"	oder	lustige, kurze Entscheidungsspiele	oder	Rollenspiel „Personenerfindung"

(links vertikal: SPIELFOLGE)

problemorientiertes Rollenspiel

Funktion verschiedener Spiele in der Jugendarbeit

warming up-Spiele
(Kennenlern- und andere
Einstiegsspiele) ►
— *Verdichtung der Kommunikation in der Gruppe*
— *Angstabbau in Gruppen*
— *Hinführung zu einem Sachthema*

Selbsterfahrungsspiele
(Spielformen von gruppendynamischen Übungen) ►
— *Bewußtmachung individueller Situationen, sozialer Beziehungen, Fähigkeiten und Defizite*
— *Bearbeitung von Gruppenkonflikten*

Entscheidungsspiele ►
— *Entscheidungen fällen*
— *Entscheidungsmuster bewußtmachen, Verhaltensweisen im Entscheidungsprozeß trainieren*
— *Entscheidungen vorstrukturieren (z.B. Alternativen klären)*

Gesellschaftsspiele
(Brettspiele u.ä.) ►
— *Stabilisierung der Gruppe durch Spaß und Geselligkeit in einer Form, die nicht unbekannt ist*
— *Erlernen und Üben formaler Strategien und Taktiken*
— *Training von Durchsetzungsverhalten*

Rollenspiele ►
— *Hinführung zu einem Sachthema oder Illustration eines Sachthemas (soziale Konflikte z.B.)*

Themenorientierte Großgruppenspiele (z.b. *Planspiel, Produktionsspiel*)	— Bewußtmachung eines Problems in der Gruppe der Spielenden — Verhaltenstraining (auch: Berufsrollentraining) — Bewußtmachung gesellschaftlicher Zusammenhänge, Prozesse, Konflikte *und Interaktionsformen* — *Verhaltenstraining für Gruppeninteraktionen*

Aufgeführt wurden die wesentlichen Funktionen der genannten Spielarten. Generell ermöglichen fast alle Spiele darüber hinaus eine Verbesserung kommunikativer Kompetenzen und eine Stabilisierung der Gruppen durch Spaß und Geselligkeit.
Aus: U. BAER 1981

Die Entwicklung von Spielfolgen für die Arbeit mit Jugendlichen muß dabei die besonderen Schwierigkeiten dieser Altersgruppe mit dem Mittel „Spiel" berücksichtigen:

— Viele Jugendliche lehnen Spiel zunächst als „Kinderkram" ab;

— in ihrem Rollenverhalten noch unsicher, vermeiden Jugendliche zunächst häufig Spielformen, die diese Rollen hinterfragen oder die bereits vorhandenen Unsicherheiten z.b. durch Experimentieren mit neuen Verhaltensweisen und Situationen noch verstärken;

— die instabile Identität vieler Jugendlicher macht sie stark abhängig von den Reaktionen anderer, vor allem Gleichaltriger. Deshalb ist für eine erfolgreiche Anwendung spielpädagogischer Methoden eine angstfreie, vertrauensvolle Atmosphäre notwendig.

Praxisbeispiele:

Spielfolge: *Sensibilisierung und Körperkontakt*

Ziel: In der Jugendarbeit ist immer wieder zu beobachten, daß zwischen Jungen und Mädchen der Wunsch nach Körperkontakten besteht. Da dieser Bereich aber mit Ängsten vor Zurückweisung und Unsicherheiten über angemessene Formen von Zärtlichkeit und Nähe verbunden ist, wird Körperkontakt meist nur über Rangeleien und auf eine eher brutale Art und Weise hergestellt. Die hier vorgestellte Spielfolge ist geeignet, den Jugendlichen „im Schutze" der Spielregeln andere Formen des Körperkontakts erlebbar zu machen und sie zu ermutigen und befähigen, sensibler auf andere zuzugehen.

Die Teilnehmer sollten vorher andere Spiele miteinander gespielt haben und einander schon etwas kennen.

— *Knoten lösen*

Zwei Jugendliche verlassen den Raum. Die übrigen fassen einander bei den Händen und bilden eine Kette. Die Kette bildet ein Knäuel, indem sie angefaßt kreuz und quer durcheinandergeht. Dann werden die beiden Jugendlichen hereingerufen und sollen den Knoten lösen, ohne Gewalt anzuwenden oder die Kette zu zerreißen.

— *Gruppenknäuel*

Die Jugendlichen werden aufgefordert, Gruppen von 6 — 10 Teilnehmern (gerade Teilnehmerzahl) zu bilden, die sich jeweils Schulter an Schulter im Kreis aufstellen. Die Teilnehmer schließen die Augen und strecken zunächst jeder den rechten Arm in die Mitte, um eine andere Hand zu ergreifen. Hat jeder eine andere Hand gefunden, werden nun die linken Arme in die Mitte gestreckt und eine andere linke Hand gesucht. Dann öffnen die Teilnehmer die Augen und versuchen, das Knäuel zu lösen, ohne einander loszulassen (nicht immer ist eine vollständige Auflösung möglich).

— *Burg öffnen*

die Jugendlichen teilen sich in zwei zahlenmäßig gleich starke Gruppen, eine verläßt den Raum. Die andere Gruppe stellt sich im Kreis auf und einigt sich auf ein Körperteil eines Gruppenmitgliedes, das den Klingelknopf zur Öffnung dieser ,Burg' darstellt. Die zweite Gruppe wird hereingerufen und aufgefordert, durch Tasten den ,Klingelknopf' zu finden und die Burg zu öffnen. Die ,Burg' hilft durch Summen, indem sie lauter summt, wenn die ,Sucher' in die Nähe des ,Klingelknopfes' kommen.

— *,Burg öffnen' als Partnerübung*

Die Jugendlichen tun sich zu Paaren zusammen, ein Partner denkt sich einen Punkt, der andere muß — wie oben— suchen. Rollentausch.

— *Rückengemälde*
Die Paare der letzten Übung erhalten Papier und Filzstift. Ein Partner malt oder schreibt dem anderen etwas auf den Rücken, dieser versucht, das „Gemälde" auf's Papier zu bringen. Rollentausch.

— *Stille Post nonverbal*

Die Partner trennen sich und bilden hintereinander stehend zwei Reihen. Der vordere Teilnehmer hat Zeichenpapier und Stift. Der letzte Teilnehmer malt oder schreibt seinem Vordermann etwas auf den Rücken, dieser gibt es an seinen Vordermann weiter, bis der erste in der Reihe es auf's Papier gebracht hat. Kurzer Vergleich zwischen Ur-

sprungs-‚gemälde' und Endergebnis, dann schließt der Zeichner hinten an die Reihe an, malt ein neues Gemälde, das nach vorn weitergegeben wird. usw.

— Nonverbal einen Kreis bilden

Nach Abschluß der vorangegangenen Übung werden alle Teilgruppen aufgefordert, gemeinsam einen großen Kreis zu bilden. Die Teilnehmer erhalten fortlaufend eine Nummer. Die Teilnehmer schließen die Augen, lösen den Kreis auf und gehen durcheinander (evtl. ruhige Hintergrundmusik). Auf Anweisung des Spielleiters versuchen die Teilnehmer nun mit geschlossenen Augen und ohne zu sprechen, den Kreis in der alten Form wieder herzustellen, also die richtigen Nachbarn wiederzufinden.

— Auswertung

Nach Abschluß dieser — wie jeder — Spielfolge ist ein Auswertungsgespräch notwendig. Leitfragen können dabei z.B. sein:
— *Welche Berührungen waren angenehm/unangenehm*
— *wann fühlte ich mich sicher/unsicher*
— *wie gut konnte ich andere berühren/die Berührung durch andere ertragen*
— *fiel mit die Kontaktaufnahme mit geschlossenen Augen leichter/ schwerer*
— *was haben diese Erfahrungen mit meinem sonstigen Verhalten/Alltag zu tun? usw.*

Planspiel: Konflikt im Jugendverband

Planspiele im pädagogischen Bereich versuchen spielerische Elemente mit strategischen Überlegungen zu verbinden und sind als organisiertes Probehandeln in gedachten Ernstsituationen zu verstehen. Zur Charakterisierung der Methode Planspiel lassen sich folgende Elemente unterscheiden:

1. Das Merkmal „Spiel":
Eine überschaubare Anzahl von Personen handelt innerhalb einer bestimmten Zeit nach festgelegten aber für alle verbindlichen Regeln, um ein Ziel zu erreichen. Dieses Ziel wird von den Beteiligten als in sich selbst erstrebenswert angesehen und die Spielhandlung ist meist von Freude, Spannung und Aufregung begleitet. Wie auch in anderen Spielformen hat die dem Probehandeln im Planspiel zugrunde liegende Konflikt- oder Spielsituation einen mehr oder weniger engen Bezug zur Realität.

2. Das Merkmal „Rollenspiel":
Das Rollenspiel zwingt die Teilnehmer zur Übernahme und zu Auseinandersetzungen mit bestimmten Anforderungen ihrer Spielrolle. Je nach Umfang der emotionalen und kognitiven Anteile der Rollenanforderung können unter der Voraussetzung, daß sich der Planspielteilnehmer überhaupt mit seiner Spielrolle identifiziert, die Gefühlskomponenten der dem Spieler bisher fremden Rolle durch eigene Einfühlung vertraut und die intellektuellen Anforderungen, die mit der Spielrolle verbunden sind, zu bewältigen versucht werden. Damit werden folgende Lerneffekte gefördert:
- *die Möglichkeit allgemeinen Interaktionslernens durch das Spiel der Gruppen untereinander*
- *die Erfahrung der rollenabhängigen Interessenperspektive und Handlungsorientierung der eigenen und fremden Spielgruppe*
- *die Erlebnisse der im Spiel stattfindenden Gruppenbildung und Rollendifferenzierungen und*
- *die Ausbildung von Gruppengefühl und Abgrenzung zu Außengruppen.*

3. Das Merkmal „Simulation sozialer Konflikte und Prozesse"
Im Planspiel können die Teilnehmer komplexe und zusammenhängende gesellschaftliche Prozesse selbst spielen, wodurch diese einen hohen Erlebnischarakter erhalten und bei den Teilnehmern eine höhere Betroffenheit hervorrufen. Jede Planspielsituation stellt eine Vereinfachung der Wirklichkeit dar. Die im Simulationsmodell vorgenommene Vereinfachung und Abstraktion von komplexer Wirklichkeit kann für den Lernenden hilfreich sein, indem er im Planspiel lediglich mit den wirksamsten Faktoren der Wirklichkeit konfrontiert wird und ihre funktionalen Beziehungen kennenlernen kann. Im Vergleich zu anderen pädagogischen Methoden liegt in der Simulation sozialer Prozesse im Planspiel für den Lernenden die Chance, Einblick durch eigene Erfahrung oder sogar Aktion in die Funktionsweise sozialer Systeme zu bekommen.
Folgende Elemente sind für die Durchführung eines Planspiels wichtig. Die Ausgangslage beschreibt die Ausgangssituation und die Rahmenbedingungen für den Konflikt der im Laufe des Planspiels gelöst oder doch zumindest einer Lösung nähergeführt werden soll. Sie muß Aussagen über den Inhalt des Konfliktes, die speziellen Rahmenbedingungen, und die spielenden Gruppen enthalten. Darüber hinaus ist es sinnvoll, den beteiligten Spielgruppen spezifizierte Rollenanweisungen auszuhändigen, die ihnen ihren spezifischen Standpunkt in dem beschriebenen Konflikt schildern und ihnen erleichtern, sich in die Spielrolle hineinzufinden. Als drittes wesentliches Element müssen Spielregeln verabredet oder vorab entworfen werden, die den Umgang der Gruppen miteinander festlegen. Für die Auswertung des Planspiels empfiehlt sich darüber hinaus, entsprechend den jeweiligen mit dem

Spiel verbundenen Lernzielen Auswertungsfragen vorzubereiten, um die Auswertungsdiskussion vorzustrukturieren und den Gruppen die Möglichkeit zu geben, sich auf diese Auswertungsdiskussion vorzubereiten.

Praktische Anwendung

Vor Beginn des Planspiels werden folgende Materialien in ausreichender Anzahl bereitgestellt:

— *die Regeln des Planspiels (pro Teilnehmer ein Exemplar),*
— *die Ausgangslage (pro Teilnehmer ein Exemplar).*

Für jede Spielgruppe wird eine Materialmappe zusammengestellt, bestehend aus
— *dem jeweiligen für die Spielgruppe relevanten Rollenpapier und gegebenenfalls Zusatzinformationen (in Anzahl der Gruppenteilnehmer),*
— *einer ausreichenden Anzahl der Spielbogen (mindestens 30 Stück pro Gruppe, gelocht),*
— *je 100 Blatt gelochtem Durchschlagpapier,*
— *einigen Bogen Kohlepapier, Büroklammern,*
— *je zwei Heftstreifen zur Abheftung der Ein- und Ausgänge,*
— *Türschild zur Kennzeichnung der Arbeitsräume.*

Für die Spielleitung außerdem einige Spielbogen, das Ablaufregister und das quantitative Auswertungsschema. Für die Auswertung außerdem die „Fragen zur Auswertung" für jeden Teilnehmer sowie eine ausreichende Anzahl aller Rollenpapiere, um nach Beendigung des Spiels in der Auswertung jedem Spielteilnehmer jedes Rollenpapier aushändigen zu können.

Im Plenum werden zunächst der Zweck des Planspiels, die Lernchancen und die Lernziele erläutert. Im Anschluß daran ist es ratsam, die Regeln des Planspiels auszuteilen und jeden Punkt zu erläutern. Dabei ist insbesondere darauf hinzuweisen, daß vor Beginn des Spiels jede Spielgruppe zunächst ihre im Rollenpapier angedeutete Rolle und die beabsichtigte Strategie diskutieren, in einem „Strategiepapier" festhalten und dieses bei der Spielleitung abgeben soll. Erst danach kann die Gruppe das Spiel beginnen.

Wichtig ist weiter, daß unbedingt alle Spielschritte über die Spielleitung erfolgen, wobei notwendig ist, neben der erforderlichen Anzahl von Durchschlägen für die Empfängergruppe(n) einen Durchschlag für die Spielleitung (Dokumentation) und einen Durchschlag für die Absendergruppe (Ablage Ausgänge) erstellen zu lassen.

Nach Verteilung der Ausgangslage sollte auch diese im Plenum erklärt und mögliche Fragen besprochen werden. Im Anschluß daran werden die Spielgruppen gebildet. Es empfiehlt sich, diese vor Bekanntgabe der

Spielrollen einzuteilen, da die im Planspiel vorgesehenen Spielgruppen unterschiedlich attraktiv für die Schüler sind. Die Gruppeneinteilung für die Spielgruppen sollte von der jeweiligen Gruppenstruktur abhängig gemacht werden. Um eine annähernd gleiche Funktionsfähigkeit und Mitwirkung der Spielgruppen im Spielverlauf zu gewährleisten, liegt es im Ermessen des Spielleiters, ob selbstgewählte Gruppen bestehen bleiben oder die Zusammensetzung der Gruppen beeinflußt wird. Zweckmäßig ist in jedem Fall, mindestens einen Jugendlichen in die Spielleitung aufzunehmen.

Nach erfolgter Einteilung der Spielgruppen beziehen diese ihre Arbeitsräume und bekommen hier die für sie zusammengestellten Materialien ausgehändigt. Von jetzt an gelten die Planspielregeln, d.h. die Kontaktaufnahme der Spielgruppen untereinander ist jetzt nur noch schriftlich über die Spielleitung möglich.

Die Spielgruppen schreiben ihre Briefe auf die Spielbogen (mit entsprechenden Durchschlägen) und bringen diese zur Spielleitung, die jeden Spielschritt numeriert, registriert und ein Exemplar an die angeschriebene Empfängergruppe weiterleitet.

Die Spielleitung ist im wesentlichen mit folgenden Aufgaben betraut:
— Dokumentation der einzelnen Spielschritte und Auswertung
— Erstellung eines Ablaufplanes,
— Entgegennahme, Registrierung und Weiterleitung der einzelnen Spielbogen,
— Beobachterfunktion bei mündlichen Spielschritten (Erstellung eines Kurzprotokolls),
— Simulation gesellschaftlicher Umwelt je nach den Erfordernissen (z.B. Presse, Partei, Rechtsorgane, Bürger),
— Entscheidung über organisatorische Fragen, Bereitstellung im Spiel notwendig werdender Materialien (z.B. Jugendarbeitsschutzgesetz, Berufsbildungsgesetz).

Darüber hinaus kann die Spielleitung in begründeten Einzelfällen Spielschritte, die sie für völlig unrealistisch hält, zurückweisen oder eigene Spielschritte eingeben.

Der in der Spielleitung anwesende Jugendliche soll gleichberechtigt neben den Teamern die oben genannten Funktionen ausfüllen.

Das Spiel soll grundsätzlich von Anfang an zeitlich begrenzt werden, wobei eine Spieldauer von zweieinhalb bis dreieinhalb Stunden nach unseren Erfahrungen ausreicht.

In diesem Zusammenhang ist zu bedenken, daß mindestens noch einmal eineinhalb Stunden für die intensive Aufarbeitung und die Diskussion in den Kleingruppen und im Plenum benötigt werden und schon das reine Spiel viel psychische und physische Energie erfordert. Die Auswertungszeit für die Spielleitung ist in dieser Zeit noch nicht berücksichtigt.

Nach Spielabschluß wird von der Spielleitung der Auswertungsfragebogen zum Spielverlauf und den Gruppenstrategien eingegeben; die dort aufgeworfenen Fragen sollen zunächst in den Kleingruppen und nach einer längeren Pause im Anschluß daran im Plenum diskutiert werden.

Neben der Durchführung des Planspiels sind auch Form und Inhalt von Auswertung und Nachbereitung zu planen.

Nach unseren Erfahrungen sollten folgende Themenbereiche untersucht und besprochen werden:

— *Erfassung und Rekonstruktion des abgelaufenen Spielprozesses anhand der Spieldokumentation,*
— *Analyse dieser Spielschritte und des Spielprozesses zur Feststellung*
  a) des Einflusses der Spielleitung auf den Spielablauf,
  b) der spielentscheidenden bzw. für die Entwicklung des Spieles besonders relevanten Handlungen der Gruppen,
  c) der Kommunikationsstrukturen während des Spiels, Vergleich der Handlungen der einzelnen Gruppen mit den in ihren Strategien und Rollenkonzepten entwickelten Zielsetzungen, Erfolgskriterien, Strategien und Umsetzungsformen, um zu Aussagen über ihren Erfolg oder ,Mißerfolg' zu kommen, Analyse der Spielschritte und Strategiepapiere, um Aussagen über die im Planspiel abgelaufenen Lernprozesse treffen zu können.

Die Ergebnisse dieser Auswertung, vorgenommen in der Regel durch die Spielleitung (oder auch eine besondere Auswertungsgruppe), werden dann in der Nachbereitungsphase in das Plenum eingegeben und auf einer Wandzeitung dargestellt.

Um die Wiedergabe von Planspielergebnissen für Auswertungszwecke zu strukturieren, werden den Spielgruppen die Auswertungsraster zur gruppeninternen Besprechung und Bearbeitung zum Abschluß der Spielphase gegeben.

Es hat sich als sinnvoll erwiesen, grundsätzlich erst die beteiligten Spielgruppen (evtl. durch Gruppensprecher mit Ergänzungsmöglichkeiten durch übrige Gruppenteilnehmer) im Plenum ihre Sicht des Spielverlaufs darstellen zu lassen. In der Diskussion der Nachbereitungsphase — nach Abschluß der Kleingruppenbesprechung entsprechend Frageraster — im Plenum, soll neben der Rekonstruktion des Spielablaufs ein Vergleich zwischen Spielablauf und der möglichen Entwicklung des Konfliktes in der Realität zu dem Zwecke unternommen werden. Übereinstimmung und Differenz zwischen Realität und Spiel bestimmen und lokalisieren, begründen und erklären zu können. Es sollen auch Konsequenzen für die Praxis der Lehrlinge in ihrer gesellschaftlichen Situation diskutiert werden. Diese Konsequenzen können auf den verschiedenen Ebenen des Wissens (welche Informationen fehlen mit?), der Ziele (was will ich tun?) und der Aktion (was werde ich tun?), der Ziele (was will ich tun?) und der

Aktion (was werde ich tun?) liegen. Sie sollen sich nach unserer Auffassung unbedingt auch auf abgelaufene Prozesse der Kommunikation und Kooperation in und zwischen den Gruppen beziehen.

Regeln des Planspiels

Das Planspiel hat die Aufgabe, den Teilnehmern durch ihre Beteiligung am Spielgeschehen wirklichkeitsnahe Lösungsmöglichkeiten von Konfliktfällen deutlich zu machen.

1. Das Spiel wird zwischen mehreren Spielgruppen über die Spielleitung ausgetragen, die auch Spielschritte einspielen kann.

2. Jede Gruppe überlegt sich aufgrund ihres Rollenpapiers die Vorgehensweise (Strategie). Das Ergebnis wird als erster Spielschritt der Spielleitung schriftlich mitgeteilt.

3. Die folgenden Spielschritte erfolgen schriftlich oder mündlich. Schriftliche Spielschritte werden auf die beigelegten Spielbögen geschrieben und an die Spielleitung gegeben, die sie an die Bestimmungsgruppe weiterleitet.

4. Mündliche Spielschritte werden schriftlich bei der Spielleitung angemeldet, die einen Zeitpunkt für ein Treffen zwischen den betreffenden Spielgruppen sowie die Dauer des Gesprächs festsetzt. Für diese Gespräche bestimmt die Gruppe einen Sprecher, der von der Gruppe Anweisungen erhält, was er in dem Gespräch sagen soll. Ein Beobachter notiert die wichtigsten Gesprächsbeiträge.

5. Jeder direkte Kontakt zwischen den Spielgruppen ohne Anmeldung bei der Spielleitung ist ausgeschlossen. In den Spielpausen darf inhaltlich nicht über das Spiel gesprochen werden.

6. Spielpausen bzw. Spielende werden von der Spielleitung mitgeteilt.

Ausgangslage:

Der Kreisverband eines Hamburger Jugendverbandes beschließt ein Wochenendseminar für alle Gruppenleiter mit dem Thema „Konflikte im Elternhaus — sind die Erziehungsmethoden unserer Eltern veraltet?" zu veranstalten, da wiederholt bei Mitgliedern solche Konflikte deutlich geworden sind. Man will den Gruppenleitern einen Erfahrungsaustausch ermöglichen und überlegen, wie man Mitglieder bei derartigen Konflikten unterstützen kann. Nach längerer Diskussion wird der Vorschlag vom Kreisverband einstimmig angenommen. Der Kreisverband wird beauftragt, einen Programmvorschlag auszuarbeiten, Referenten zu suchen und organisatorische Vorbereitungen zu treffen.

Der Kreisverband verschickt eine Einladung an alle Gruppenleiter und bittet den Landesverband um finanzielle Unterstützung, da Zuschüsse vom Amt für Jugend nicht zu erwarten sind.

Einige Eltern jedoch reagieren — nach Versendung der Einladungen — empört auf das Seminarthema, bezeichnen es als Aufhetzung ihrer Kinder und als unzulässigen Eingriff in ihre Erziehungsaufgabe. Sie lehnen das Seminar ab und verweigern jede Unterstützung.

Hier setzt das Planspiel ein . . .

Beteiligte Gruppen: Kreisverband, Landesverband, betroffene Eltern

Planspiel: Konflikt im Jugendverband
Rollenpapier: Landesverband

Für Sie als Landesverband stellt sich die Beurteilung des geplanten Wochenendseminars nicht eindeutig dar.

Einerseits begrüßen Sie die Initiative des Kreisverbandes, den Gruppenleitern Hilfen bei derartigen Problemen anzubieten, Ihnen ist aus Erzählungen bekannt, daß viele der jugendlichen Mitglieder Probleme mit ihren Eltern haben. Sie möchten deshalb das Projekt unterstützen, weil Ihrer Meinung nach die Arbeit des Verbandes so erfolgreicher und für die Mitglieder attraktiver wird.

Andererseits sehen Sie durch den Protest der Eltern die Gefahr, daß die Arbeit des Verbandes unmittelbar gefährdet wird, einmal weil die Eltern evtl. ihren Kindern die weitere Mitarbeit verbieten, zum anderen weil einige einflußreiche Eltern durchaus in der Lage wären, Druck auf die zuständigen Behörden auszuüben.

Sie müssen deshalb auch darauf achten, daß der bisher gute Ruf des Verbandes erhalten bleibt, Sie andererseits aber den Kollegen vom Kreisverband nicht in den Rücken fallen.

Planspiel: Konflikt im Jugendverband
Rollenpapier: Eltern

Die Gruppe der Eltern ist über das Wochenendseminar sehr empört und betrachtet das Thema als einen Eingriff in ihre Erziehungsaufgabe. Bereits häufiger mußen die Eltern feststellen, daß ihre Kinder in häuslichen Konfliktsituationen kritisch argumentierten und die eigene Situation mit der ihrer Freunde aus dem Jugendverband verglichen. Sie sehen in dem geplanten Wochenende ihre Vermutung bestätigt, daß der Jugendverband ihre Kinder gegen sie aufwiegeln will.

Ihnen ist ohnehin der Jugendverband seit längerer Zeit ein Dorn im Auge, da ihr Kind häufiger auf den dortigen Gruppenabenden als am häuslichen Abendbrottisch zu finden ist.

Planspiel: Konflikt im Jugendverband
Rollenpapier: Kreisverband

Der Kreisverband hat nach langer Diskussion das Thema des Wochenendseminars beschlossen, weil in der Vergangenheit immer deutlicher wurde, daß die Probleme, die die jugendlichen Mitglieder des Verbandes im Elternhaus haben, nicht einfach aus der Verbandsarbeit ausgegliedert werden können. Es versteht das Wochenendseminar als Hilfestellung für die Gruppenleiter, den auftretenden Problemen gerecht zu werden und den betroffenen Mitgliedern bei der Bewältigung ihrer Probleme zu helfen. Dabei geht der Kreisverband davon aus, daß Jugendarbeit nicht gesellschaftlich isoliert lediglich in der Freizeit stattfindet, sondern — will sie erfolgreich sein — die Alltagsprobleme der Mitglieder mit berücksichtigen muß.

Der Kreisverband hält ein solches umfassendes Verständnis von Jugendarbeit für unverzichtbar und besteht deshalb auf der Durchführung des Wochenendseminars, notfalls auch gegen die Eltern der Mitglieder.

Zur theoretischen Einführung in spielpädagogische Methoden:
— BRANDES, Eva: Methodik der Spielerziehung — Anleitung zu spielpädagogischem Denken, Recklinghausen 1978

Als Beispiel für gute praktische Anregungen:
— HÖPER, Claus-Jürgen/KUTZLEB, Ulrike/STOBBE, Anke/WEBER, Bertram: Die spielende Gruppe, Wuppertal 1977[6]
— Die Remscheider-Spielkartei (zu beziehen über Akademie Remscheid, Küppelstein 36, 42857 Remscheid)

5.3 Problembezogene Arbeit mit Jugendlichen

Probleme und Alltagskonflikte der Jugendlichen, die ihre Ursache außerhalb des Sozialisationsfeldes Jugendarbeit haben, fließen auf vielfältige Weise in die Interaktion der Jugendlichen untereinander und in die Gespräche mit den pädagogischen Mitarbeitern und Mitarbeiterinnen ein. Sie äußern sich in

— Störungen in der Gruppenstunde, Verspätungen, Mitgliederfluktuation, oberflächlichen Gesprächen, mangelnder Verbundenheit mit der Gruppe und dem Angebot sowie

— einer oft vorfindbaren „Doppelstruktur" in Jugendgruppen, bei der die eigentlichen Bedürfnisse erst anschließend oder neben dem offiziellen Programm befriedigt werden. Hier werden dann „Probleme vor allem mit bestimmten Leuten, die man näher kennt und deren Bereitschaft und Kompetenz zur Beratung sicher ist, besprochen, und zwar dann, wenn sie für den Betroffenen aktuell sind, gelöst werden müssen und vor allem auch lösbar erscheinen." (DAMM 1977, S. 35)

125

oder im Bereich offener Arbeit in Aggressionen, übermäßigem Alkoholkonsum usw.

In der Praxis wird häufig auf diese ‚Einzelfälle' mit ‚Einzelgesprächen' reagiert – da es aber überall brennt, ist dies angesichts der Vielzahl vermeintlicher Einzelfälle ein eher hoffnungsloses Unterfangen.

Problembezogene Arbeit wird dieser Problematik eher gerecht, da sie

- Möglichkeiten gruppenbezogener Bearbeitung von gemeinsamen Problemlagen möglichst mehrerer Jugendlicher aufzeigt und

- dazu anregt, Jugendliche mit ähnlichen Alltagsproblemen miteinander ins Gespräch zu bringen und gemeinsam nach Ursachen und Lösungsmöglichkeiten zu suchen,

- statt nur *reaktiver* Aufnahme auch ein *aktives* Vorgehen des Erziehers ermöglicht.

Problembezogene Arbeit heißt in der praktischen Gruppenarbeit konkret:

- Jugendliche zu ermutigen und zu animieren, ihre Probleme zu artikulieren und von Alltagskonflikten zu erzählen. Jugendliche haben in anderen Sozialisationsfeldern gelernt, daß ihre persönlichen Probleme nicht gefragt sind, als störend oder unwichtig angesehen werden. Von sich aus thematisieren sie Konflikte und Probleme daher selten; diese werden eher verdrängt oder aber sie deuten diese in informellen Gesprächen oft nur vage und unverbindlich an, testen also gewissermaßen die Reaktion des Gesprächspartners, jederzeit bereit, ihren Gesprächsversuch abzubrechen, wenn der Zuhörer das Signal nicht erkennt oder nicht darauf eingeht. Für den Gruppenleiter stellt sich die Aufgabe
  - auch scheinbar nur so eingeworfene Bemerkungen ernstzunehmen und ggf. durch Nachfrage zum Weitererzählen zu ermutigen und
  - häufiger bei Gruppenabenden auch Abschnitte vorzusehen, die – etwa mit spielpädagogischem Instrumentarium – für Jugendliche Anreiz zu bieten, in einem spielerischen Rahmen Probleme zu benennen und gemeinsam zu durchdenken. Oft wird sich dann herausstellen, daß andere Gruppenmitglieder Ähnliches erlebt haben, auch unterschiedliche individuelle Lösungswege können ausgetauscht werden.

- Die Bereitschaft und Fähigkeit einzelner Gruppenmitglieder über Alltagsprobleme zu sprechen, ist abhängig von der Rolle des Jugendlichen in der Gruppe und den dort herrschenden Gruppennormen. Problembezogene Arbeit setzt eine entspannte und vertrauensvolle Gruppenatmosphäre voraus; der Jugendliche darf nicht die Erfahrung machen, daß über seine Konflikte gelacht, diese nicht ernstgenommen werden. Aufgabe des Gruppenleiters ist es daher (nicht nur unter dem

Aspekt problembezogener Arbeit) durch gemeinsames Erleben und Lernen (das überhaupt nichts mit thematischer Arbeit zu tun haben muß) zu einem angstfreien Erfahrungsraum in der Gruppe beizutragen.

— Konflikte entstehen im Alltag häufig durch subjektiv unterschiedliche Sichtweisen der Beteiligten. Ein wichtiger Aspekt problembezogener Arbeit ist daher, den Jugendlichen zu einer kritischen Reflexion seines Standpunktes zu befähigen bzw. ihm erstmal überhaupt dabei zu helfen, einen solchen orientiert an den eigenen Bedürfnissen und Interessen zu entwickeln. Der Gruppenleiter kann neben Gesprächen durch Anregung von Diskussions- und Meinungsspielen, Rollenspielen und produktorientierter Arbeitsformen dazu beitragen, daß die betroffenen Jugendlichen ihre Sichtweise des Problems erweitern, Ursachen in umfassenderen Zusammenhängen erkennen und daraus Lösungswege selbst ableiten.

— Bei Alltagsproblemen, die ein betroffener Jugendlicher mit anderen Gruppenmitgliedern teilt, kann oft die Gruppe selbst (nicht unbedingt der Gruppenleiter) Lösungswege vorschlagen oder von eigenen Lösungsstrategien und deren Erfolg berichten. Der Jugendliche wird so angeregt, selbst über Lösungen nachzudenken und Alltagskonflikte nicht — z.B. weil sie auf Abhängigkeitsverhältnissen beruhen — als gegeben und unveränderlich zu akzeptieren. Aber nicht jedes Problem läßt sich aus gemeinsamer Lebenslage heraus ohne professionelle Hilfe lösen. In solchen Fällen ist es die Aufgabe des Gruppenleiters, dem Jugendlichen behilflich zu sein, für seine spezielle Problemlage kompetente Beratung in der professionellen Jugend- und Sozialarbeit zu finden.

— Problembezogene Jugendgruppenarbeit ist auch nichts prinzipiell Neues, schon immer haben ehrenamtliche Mitarbeiter einzelne Jugendliche beraten. Problembezogene Arbeit als didaktisches Prinzip soll die Gruppenmitglieder vor allem dafür sensibilisieren, in allen Gruppenaktivitäten latente Problemstrukturen einzelner Mitglieder zu erkennen und sie in der Gruppe zum Thema zu machen, auch wenn eigentlich etwas anderes auf dem Programm steht (ein Jugendlicher mit einem schwerwiegenden Problem hat ohnehin den Kopf für eine engagierte Mitarbeit nicht frei).

Aus diesen Überlegungen heraus ergibt sich folgender *Planungsverlauf* für problembezogenes Vorgehen in der Jugendarbeit:

Abb.: Planung problembezogener Arbeit

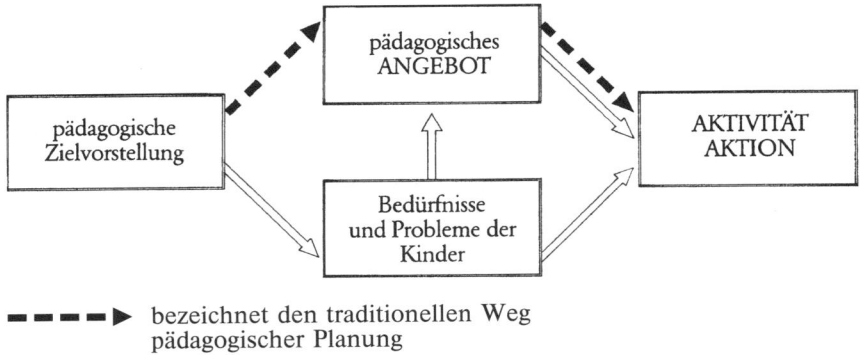

▬ ▬ ▬ ▬▶ bezeichnet den traditionellen Weg
pädagogischer Planung

Methoden problembezogener Arbeit

Aus eigenen Lernerfahrungen wiessen wir:

— wir lernen eher, wenn wir durch den Lerngegenstand unmittelbar betroffen sind und unsere Erfahrungen einbringen können;
— wir sind für Lernprozesse besonders dann motiviert, wenn wir die dabei erworbenen Fähigkeiten und Kenntnisse unmittelbar in unserer
Lebenssituation verwerten können;
— auch Sachkenntnisse werden leichter erworben, wenn sie handelnd
und nicht abstrakt vermittelt werden.

Soll problembezogene Jugendarbeit für die Jugendlichen also ‚etwas
bringen‘, sind folgende Anforderungen an ihre Methoden zu stellen:

— Die Methoden müssen Lernen durch Erfahrung, Lernen durch (Pro-
be-)Handeln ermöglichen.
— Das Lernen muß (im Gegensatz zum schulischen Lernen) eher selbst-
bestimmend sein.
— Das Lernen muß sich auf unmittelbare Situationen, Problem- und
Konfliktlagen der Jugendlichen beziehen. Die Ergebnisse des Lernens
müssen für diese Probleme bedeutsam sein (Sinn haben).
— Das Lernen muß in der Gruppe stattfinden, es muß sich also um grup-
penorientierte Methoden handeln.
— Die Lernprozesse sollten nach Möglichkeit längerfristig angelegt und
lernbereichübergreifend sein (Projektorientierung).
— Die Methoden müssen begeistern, aktivieren, spannend sein und für
Spaß sorgen.
— Die Methoden müssen Freiräume für spontane und kreative Aktivitä-
ten der Jugendlichen haben.

Diesen Kriterien wird man in der Regel eher mit einer Kombination von
Methoden als mit einer einzelnen Methode gerecht werden können.

Eine Auswahl außerschulischer Methoden für problembezogene Arbeit*

Spiel- und interaktionspädagogische Ansätze	produkt- und medienorientierte Ansätze
Kennenlern- und Einstiegsspiele	Collagen
Selbsterfahrungsspiele (Spielformen von gruppendynamischen Übungen)	Comics
	Film- und Videoarbeit
Entscheidungsspiele	soziale Erkundung, Reportage
Gesellschaftsspiele (Brettspiele, Gruppenspiele)	Theater, Laienspiel
	Hörspiel
Rollenspiele	Problembezogene Fotoarbeit
Themenorientierte Großgruppen- spiele (z.B. Planspiel, Produktions- spiel, Stadtspiel)	

Für die Planung problembezogener Arbeit muß überdies im Hinblick auf die Problemlagen Jugendlicher noch folgendes bedacht werden:

— Problemlagen im Jugendalter sind in der Regel mehrdimensional und auf vielfältige Weise miteinander verknüpft. Schwierigkeiten bei der Ablösung vom Elternhaus, Konflikte im Berufsalltag und Probleme in Partnerschaft und Peer-group werden von den Jugendlichen als nicht voneinander trennbar erlebt. Versuche der Jugendlichen, kausale Zu- sammenhänge zu erfassen und selbständig zu erarbeiten, bleiben meist auf halbem Wege stecken. Je nach Ausprägung der Ich-Identität fangen die Jugendlichen entweder an, an sich und ihren Fähigkeiten zu zweifeln und entwickeln Versagensängste, machen die Umwelt für ihre Probleme verantwortlich, oder empfinden diese als nicht beein- flußbar und ziehen sich resigniert zurück.

— Die Unfähigkeit, die Probleme selbst zu analysieren und Kausalzu- sammenhänge zu entwirren, wird verstärkt durch die Schwierigkeiten,

---

* Dies ist nur *eine* mögliche Kategorisierung. Besonders berücksichtigt wurden Methoden, die für soziales Lernen geeignet sind und *problembezogen* einge- setzt werden können. Diese Aufstellung ist *nicht vollständig*.

Schon diese Aufstellung macht deutlich, daß es sich keinesfalls um unbe- dingt neue Methoden und Arbeitsformen handeln muß. Sie werden in unse- rem Zusammenhang lediglich mit anderer Zielsetzung eingesetzt und sollen — anders als in der Freizeitarbeit — zur Problembewältigung beitragen helfen.

Probleme zu benennen und zu artikulieren. Grenzen ergeben sich dabei einmal auf der sprachlichen Ebene, aber auch in der Beziehung zur Erwachsenenwelt generell, die durch vielfältige, meist negative Erfahrungen in den Sozialisationsinstanzen oft nicht die notwendige Vertrauensbasis aufweist.

— Die Bereitschaft und Fähigkeit, Probleme zu benennen, ist weiter abhängig von der Rolle des Jugendlichen in seiner gleichaltrigen Bezugsgruppe und den dort herrschenden subkulturellen Nomen. Oft haben wir erlebt, daß ein Gespräch schlagartig abbrach, wenn andere Mitglieder der Peer-group hinzukamen („Es ist nicht in, Probleme zu haben") oder aber Jugendliche, die in ihrer Bezugsgruppe eine starke, selbstbewußte Rolle spielten, im Einzelgespräch plötzlich vielschichtige Probleme zur Sprache brachten.

Daraus ergibt sich folgende Abfolge problembezogener Arbeitsschritte:

Lernbereiche der Methoden

1. Medien — Methoden und Spiele zum *Erkennen von Zusammenhängen* und zum *Sprechen über Probleme* (z.B. Geschichten erzählen, Comic, Collage, Interviews, Hörspiel, Reportage, Zeitung u.ä.)

2. Medien — Methoden und Spiele zum Erkennen von Zusammenhängen der *eigenen Meinungsbildung,* zum *Beziehen eines eigenen Standpunktes* und dessen *Artikulation.* (z.B. Meinungsspiele, Entscheidungsspiele, Problemgeschichten o.ä.)

3. Methoden — Medien und Spiele zum *Entwickeln von Lösungsmöglichkeiten* und *Experimentieren mit neuem Verhalten.* (z.B. Interaktionsspiele, verschiedene Formen von Rollenspielen, Planspiele o.ä.)

Die hier dargestellten drei Lernphasen bauen aufeinander auf und machen deutlich, daß problembezogene Arbeit — wenn sie Probleme nicht nur anreißen will — nur in längerfristigen Bezügen gewährleistet werden kann, deren kurze Lernsequenzen thematisch miteinander in Verbindung stehen. Wenn vom Praxisfeld her irgend möglich, sollten darum möglichst häufig themenbezogene Projekte durchgeführt werden. Bei diesen Projekten

— handelt es sich um eine komplexe Aufgabe, die einen längeren Zeitraum zur Vorbereitung, zur Durchführung und Auswertung benötigt und damit auch eine Kontinuität von Aktivitäten ermöglicht;

— in einem solchen Projekt müssen die Jugendlichen selbständig mit planen können, muß Raum für eigene Initiative, Aktivitäten und Spontaneität sein;

— das Ziel muß klar definiert, den Jugendlichen bekannt und von ihnen akzeptiert sein;

– das Ergebnis muß sichtbar oder erfahrbar sein;

– das Lernen geschieht durch konkrete Erfahrung bei der Aktivität.

Zusammenfassend lassen sich als *didaktisch-methodische Prinzipien* problembezogener Arbeit nennen:

– Die Alltagserfahrungen der Jugendlichen werden aufgegriffen und in den Mittelpunkt der pädagogischen Arbeit gestellt;

– An diese Erfahrungen wird nicht nur scheinbar angeknüpft, um die Jugendlichen hinterher mit hier für den Pädagogen interessanten Themen zu konfrontieren, sondern diese Erfahrungen werden ernst genommen, mit dem Ziel, die Jugendlichen bei ihrer Verarbeitung zu unterstützen;

– einzelne Probleme werden nicht isoliert voneinander „bearbeitet", sondern miteinander verbunden und gemeinsam behandelt, damit gemeinsame Alltagserfahrungen der Jugendlichen deutlich werden.

Praxisbeispiel: Konflikte im Elternhaus

Die im folgenden dargestellten Spiele und Aktivitäten zeigen eine Auswahl möglicher Arbeitsformen auf, die entweder getrennt voneinander oder aber – wie in unserem Praxisbeispiel – aufeinander aufbauend in etwa 14 Tagen neben anderen Aktivitäten in die Gruppe eingebracht werden können. Die einzelnen Spiele sind jeweils exemplarisch, sie sind selbstverständlich vom Erzieher durch entsprechend ähnlich gelagerte Angebote austauschbar.

Der Spielfolge liegt die Überlegung zugrunde, daß es zunächst notwendig ist, die Jugendlichen zu einer genauen Schilderung der eigenen Erfahrungen anzuregen und sie zu ermutigen, ihre Probleme angstfrei in die Gruppe einzubringen. Im zweiten Lernschritt geht es darum, ähnliche Erfahrungen und Problemlagen in der Gruppe zu erkennen sowie zu helfen, den jeweils eigenen Standpunkt zur anstehenden Problematik zu finden. Im dritten Lernschritt schließlich sollen Konfliktlösungsstrategien entwickelt und entsprechende Verhaltensweisen im Schonraum der Gruppe erprobt werden, um so Handlungskompetenz für die Konfliktbewältigung in der Realität zu erlangen.

Alle Spielvorschläge wurden gemeinsam mit Erziehern entwickelt und in Gruppen 10-16jähriger erprobt. Übergreifende Ziele sind für uns dabei:

– *Jugendliche dazu zu bringen, offener über ihre Probleme zu sprechen, die sie in der Familie haben;*
– *Jugendliche zu ermutigen, die eigenen Interessen und Bedürfnisse in der Familie zu artikulieren und durchzusetzen;*
– *eigene Interessen zu erkennen, Standpunkte herauszubilden;*

— *gemeinsam nach Lösungsmöglichkeiten zu suchen, die auch innerhalb der Familie angewendet werden können;*
— *zu erkennen, daß die Probleme mit Eltern von anderen ebenfalls erlebt werden;*
— *Hilfe der Jugendlichen untereinander zu fördern;*
— *Verständnis zu wecken für die Probleme und Standpunkte der anderen Familienmitglieder;*
— *kritischer Umgang mit den Eltern als Vorbilder;*
— *Jugendlichen die Ablösung vom Elternhaus zu erleichtern.*

Notwendige Voraussetzung beim Erzieher:

Jugendliche verstehen lernen — die eigene Kindheit/Jugend nicht vergessen.

1. Comic: Krach mit den Eltern

Material: Große Bogen Papier, Malsachen

Ziel: Probleme anzusprechen, Zusammenhänge von eigener Reaktion der Eltern erkennen, nichtverbale Darstellung des Problems.

Spielregeln: Aufteilen des Bogens in Felder vornehmen, gemeinsames Besprechen und Zeichnen der Ausgangssituation, gemeinsames Weiterentwickeln und Zeichnen der Geschichte.

Erfahrung: Wir haben die Erfahrung gemacht, daß — auch weil es sich für die Jugendlichen um ein bekanntes Medium handelt — sie viel Spaß an der Sache haben und der Comic ein gutes Mittel ist, um an Erfahrungswerte heranzukommen. Der Erzieher sollte darauf achten, daß nicht nur wenige aktiv sind, sondern möglichst alle beteiligt werden, außerdem muß der Erzieher den Jugendlichen die Angst vor einer perfekten Darstellung nehmen (auch Strichmännchen sind für die Darstellung ausreichend).

Umsetzung: die Planung des Themas muß unbedingt auf die Alltagssituation abgestellt sein, das heißt, die Jugendlichen sind zu beteiligen und sie bestimmen den Inhalt der Geschichte und den Konflikt.

Variationen: Vorgefertigten Comic-Bogen eingeben und z.B. Sprechblasen vervollständigen lassen (vgl. nachfolgendes Beispiel).

2. Meine Geschichte — Deine Geschichte

Thema: Situation in meiner Familie
Kombination aus Brett- und Kommunikationsspiel

Material: Großer Bogen Papier 1 x 1 m, Filzstifte, Würfel, persönlicher Gegenstand als Setzstein

Ziel: Ins Gespräch kommen, — frei und ohne Hemmungen unterstützt durch Spielregeln, über Probleme sprechen

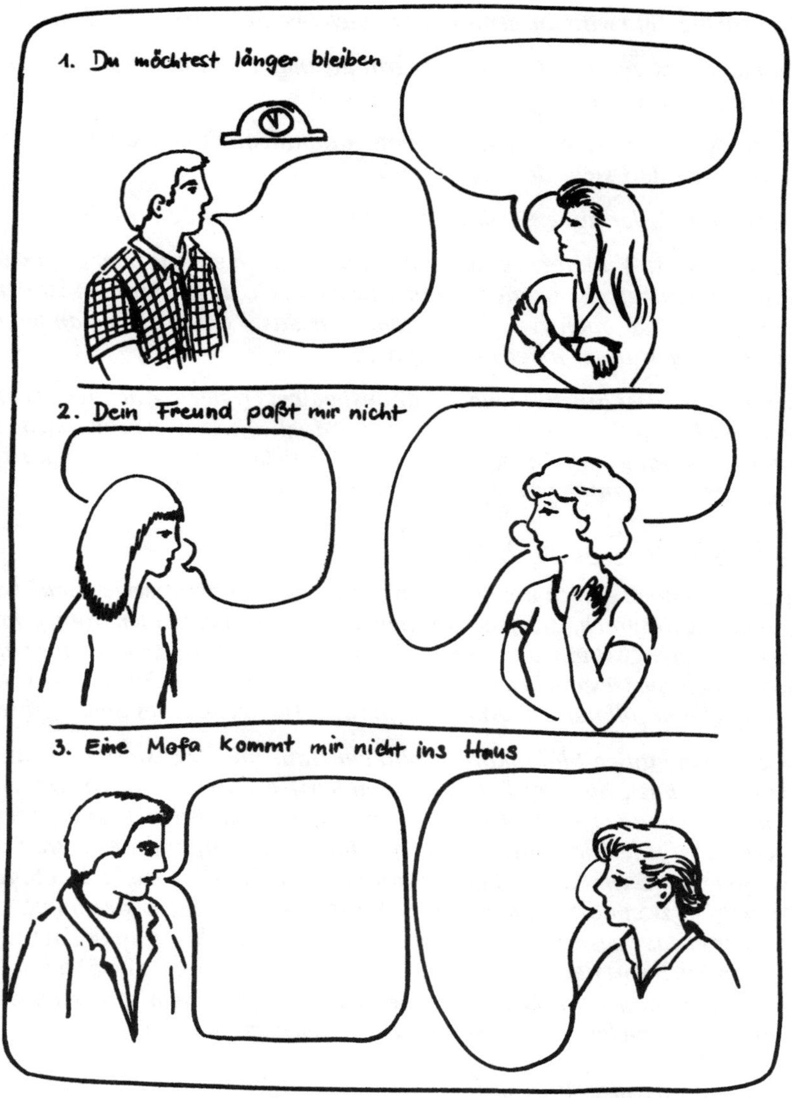

1. Du möchtest länger bleiben

2. Dein Freund paßt mir nicht

3. Eine Mofa kommt mir nicht ins Haus

Spielregeln: Jeder malt ein „Nest" auf das Papier. Jeder stellt seinen persönlichen Gegenstand als Spielstein in sein Nest. Einer würfelt, malt die Anzahl der gewürfelten Augen auf das Papier.

Beispiel:

Der letzte Punkt wird ausgemalt. Der Spieler erzählt ein eigenes Erlebnis.

Danach wird von allen ein Oberbegriff gefunden und neben den letzten Punkt geschrieben.

Nach der ersten Runde können schon vorhandene Punkte auch benutzt werden, so daß sich die Wege kreuzen.

Variation: Jeder äußert sich zu dem Punkt, der gerade dran ist.

Erfahrungen: Wir haben erkannt, daß andere auch gleiche oder ähnliche Probleme haben. Es wurden Erinnerungen wach, das Vertrauen zu den anderen wurde intensiver. Wir verstanden das Verhalten der anderen besser. Wir wurden freier im Gespräch.

Umsetzung: Der Einstieg muß situationsbedingt erfolgen. Anbieten, wenn ein Problem anliegt, um Jugendlichen die Möglichkeiten zu geben, sich zu äußern. Anfangs mit Themen beginnen, die nicht zu emotional sind. Der Anleiter sollte anfangen, damit die „Linie" gezeigt wird.

3. Familie unter einem Dach (4)

Hierbei handelt es sich um eine Fortführung des mit dem vorigen Spiel begonnenen Gespräch, jetzt jedoch sollen die Spieler zu einzelnen, vorgegebenen Aspekten Stellung beziehen. Es empfiehlt sich, diese Aspekte aus vorangegangenen Gesprächen in der Gruppe abzuleiten, unser hier abgedruckter Spielplan soll nur eine Anregung für den Aufbau so eines Spiels geben.

Auf einem großen Plakatkarton wird ein Haus mit 5 Fenstern und einer Tür gezeichnet, die jeweils mit den Zahlen 1-6 durchnumeriert werden. Die Fenster haben jeweils 6 Glasscheiben, die ebenfalls von 1-6 numeriert werden. In jede Glasscheibe wird eine bestimmte Situation eingetragen, die sich in diesem Falle auf die Situation in der Familie bezieht. Der Spieler würfelt zweimal: mit dem ersten Wurf wird das Fenster bestimmt, zu dem er etwas sagen soll, der zweite Wurf bestimmt das genaue Fach, zu dessen Stichwort der Spieler ein Erlebnis aus seinem Alltag erzählen soll. Auch hier kann das Spiel variiert werden, indem zu einem späteren Zeitpunkt alle Spieler zu dem gewürfelten Stichwort Stellung beziehen.

4. Situationsspiel: Was nun?

Material: Situationskarten (siehe Vorschläge)

Ziel: Das eigene Verhalten in Konfliksituationen zu reflektieren und mit anderen auszutauschen. Evtl. andere Reaktionsweisen kennenlernen.

Spielregeln:

a) Erzählspiel
Abwechselnd wird reihum von jedem Mitspieler 1 Karte mit kurzer Situationsbeschreibung gezogen, zu der er etwas aus seinem Leben erzählt.

134

Weiß der Betroffene keine Geschichte, darf ein anderer dazu etwas erzählen. Dies kann bis zu dreimal geschehen, dann sollte eine Situation erzählt werden.

Variation: Nachdem man selbst erzählt hat, gibt man die Karte an einen Mitspieler weiter, von dem man zu diesem Stichwort auch eine Geschichte hören möchte.

b) Rollenspiel
Wird ähnlich gespielt wie das Erzählspiel; statt zu erzählen, versucht der Betreffende, die Situation darzustellen.
1. Variation: Darstellung aller Personen vom „Erzähler" selbst
2. Variation: Nach Wahl übernimmt ein Mitspieler eine bestimmte Rolle.
Die Variation vom Erzählspiel kann auch im Rollenspiel übernommen werden.

Spielbogen: Familie unter einem Dach — Vorschlag (auf großen Bogen übertragen)

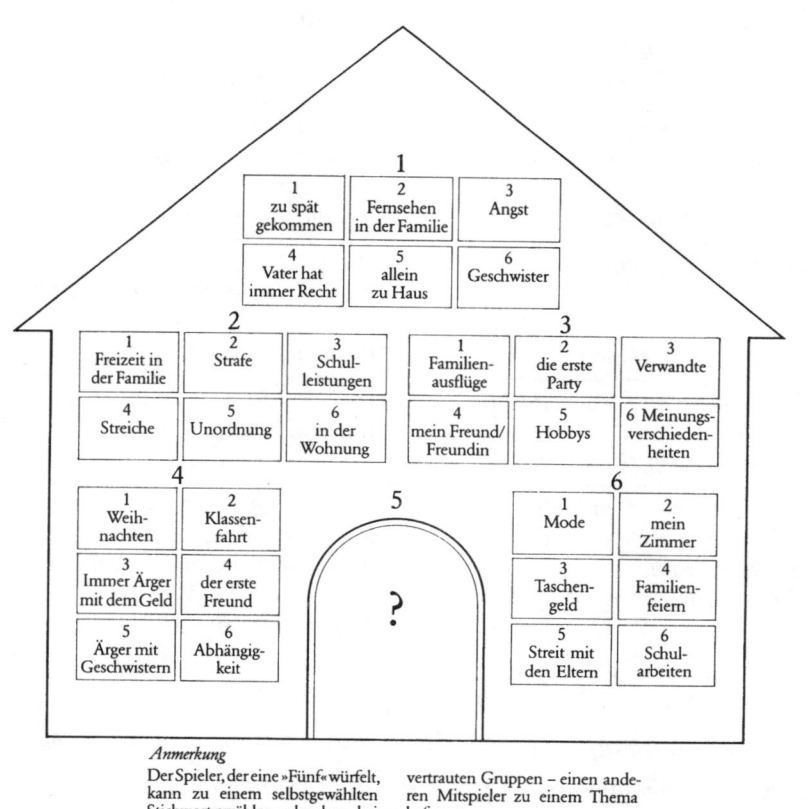

Anmerkung

Der Spieler, der eine »Fünf« würfelt, kann zu einem selbstgewählten Stichwort erzählen, oder aber – bei vertrauten Gruppen – einen anderen Mitspieler zu einem Thema befragen.

135

Vorschläge für Situationskarten

Warum muß immer ich im Haushalt helfen und mein Bruder/Schwester nicht? *Rollen: Mutter, Vater, Bruder*	*Du hast dein Fahrrad beschädigt und mußt beichten.* *Rollen: Eltern, Kind*
Immer werden gleich alle bestraft, wenn kein Schuldiger gefunden wird. *Rollen: Eltern, Geschwister*	*Du möchtest Taschengeld bekommen.* *Rollen: Eltern, Kind*
Familienverpflichtungen gehen vor. *Rollen: Eltern, Kind*	*Weihnachten in der Familie*
Du hast im Geschäft etwas „mitgehen" lassen und bist erwischt worden. *Rollen: Eltern, Kind*	*Deine Eltern streiten sich.* *Rollen: Eltern, evtl. Kind*
Geschwistersituation: Der andere wird vorgezogen.	*Du kommst zu spät nach Hause.* *Rollen: Eltern, Kind*
Du mußt eine schlechte Klassenarbeit unterschreiben lassen. *Rollen: Eltern, Kind*	*Deine Eltern sind nicht mir Deinem Freund/Freundin einverstanden* *Rollen: Eltern, Geschwister*
Du bist angenehm überrascht.	*Du ärgerst dich über deine Eltern, darfst das aber nicht zeigen.* *Rollen: Eltern, Kind*
Du hast keine Lust mehr zur Schule. *Rollen: Eltern, Kind*	*Du wirst nicht versetzt.* *Rollen: Eltern, Kind*
Dir fällt erst abends ein, daß du noch Hausaufgaben machen mußt. *Rollen: Eltern, Kind*	*Du möchtest mit Freunden eine Radtour machen und sollst deinen Vater um Erlaubnis fragen.* *Rollen: Eltern, Kind*

5. *Meinungsspiel: So seh ich das!*

Material: Spielkarten mit den nachfolgend abgedruckten Aussagen

Ziel: Freie Meinungsäußerung üben, eigenen Standpunkt zu einer vorgegebenen Meinung beziehen, eigene Erfahrungen einbringen.

136

Spielregeln: Der Kartenstapel liegt verdeckt in der Mitte des Tisches, reihum werden Karten gezogen, vorgelesen und der Spieler, der die Karte gezogen hat, äußert dazu zuerst seine Meinung. Danach können die anderen Mitspieler ihre Meinung sagen.

Erfahrungen: Der Spielleiter sollte darauf achten, daß der Spieler in der Ich-Form spricht. Außerdem haben wir festgestellt, daß, um die Jugendlichen zu motivieren, die Sprüche auf den Karten interessant und provozierend sein müssen. Auch hier eignen sich Karten am besten, die von den Jugendlichen selbst aufgeführte Sprüche enthalten.

Umsetzung: Gruppengröße beachten, je mehr Teilnehmer teilnehmen, desto mehr verschiedene Karten werden benötigt. Nach unseren Erfahrungen ist die maximale Teilnehmerzahl etwa 15 Jugendliche.

Vorschläge für Meinungskarten

Eltern haben doch keinen blassen Schimmer vom Streß in der Schule	*Mein Vater und meine Mutter müßten sich einig sein.*
Ich fände es toll, wenn meine Eltern mir mehr vertrauen würden.	*Kinder haben zu wenig Rechte gegenüber Erwachsenen.*
Erwachsene müßten „erziehen" erst mal lernen.	*Erwachsene halten ja doch zusammen.*
Meine Eltern als Vorbilder? — Daß ich nicht lache!	*Die ständige Nörgelei meiner Eltern nervt mich.*
Eltern müßten gerecht sein.	*Die Strafen meiner Eltern sind ganz schön hirnrissig.*
Ich würde gern mehr mit meinen Eltern über meine Probleme reden.	*Meine Freizeit ist meine Privatsache. Da haben meine Eltern nichts mit zu tun.*
Ich will so schnell wie möglich raus aus dem Elternhaus.	*Meine Eltern verstehen mich sowieso nicht.*
Eltern sollten mehr mit ihren Kindern unternehmen.	*Eltern sollten bei den Schulaufgaben helfen.*
Wenn Erwachsene reden, haben Kinder den Mund zu halten.	*Was hilft's, die Erwachsenen setzen ihre Interessen ja doch durch.*

6. Prioritätsspiel: Was ist mir wichtig, um mit den Eltern klarzukommen

Ziele: Entscheidungen treffen, sich verschiedener Standpunkte bewußt werden, über verschiedene Standpunkte diskutieren, verstehen, daß Meinungen subjektiv sind (es gibt keine richtige oder falsche Meinung).

Spielregel: Jeder bekommt den Arbeitsbogen. Die Aufgabe des Spielers ist es, die Aussagen in eine Rangfolge zu bringen, indem er sie durchnumeriert (Erstens ist am wichtigsten, zweitens am zweitwichtigsten usw.). Dabei darf keine Position zweimal vorgeben werden. Anschließend versuchen alle Spieler sich auf eine Gruppenrangfolge zu einigen. Bei dieser Diskussion geht es weniger um das Ergebnis als um die Argumente, für die jeweilige individuelle Rangfolge.

Arbeitsbogen:

WAS IST MIR WICHTIG, UM MIT MEINEN ELTERN GUT KLARZUKOMMEN?

Individuelles Urteil		*Gruppenurteil*
( )	Daß die Eltern für mich Zeit haben	( )
( )	Daß die Eltern meine Wünsche erfüllen	( )
( )	Daß die Eltern mich das tun lassen was ich will	( )
( )	Daß die Eltern mir Geld geben	( )
( )	Daß ich meinen Eltern zuhöre	( )
( )	Daß ich ernst genommen werde	( )
( )	Daß ich meinen Eltern gehorche	( )
( )	Daß meine Eltern nicht überall ihre Nase reinstecken	( )
( )	Daß meine Eltern nicht immer nur meckern	( )
( )	Daß ich gute Ausreden habe	( )
( )	Daß meine Eltern mir zuhören	( )
( )	Daß meine Eltern mich nicht schlagen	( )
( )	Daß meine Eltern mich nicht ständig mit der Schule nerven	( )
( )	Daß ich in der Freizeit machen darf, was ich will	( )
( )	Daß meine Eltern mit mir schmusen	( )

Erfahrungen: Wichtig für den Erzieher ist, in der Diskussion darauf zu achten, daß die Kinder sich nicht nach dem statistischen Mittelwert einigen, sondern möglichst viele Argumente für ihre jeweilige Rangfolge austauschen. Interessant ist, daß die Kinder aufgrund ihrer individuellen Entwicklung zu unterschiedlichen Rangfolgen kommen. Erstaunlich ist andererseits aber auch, daß viele Übereinstimmungen vorhanden sind.

7. Rollenspiele

Zur Erarbeitung von Lösungsmöglichkeiten und zum Ausprobieren neuer Verhaltensweisen bieten sich Rollenspiele an.

a) Spontanes Rollenspiel
   Die Jugendlichen sollen dabei lernen, sich in andere Rollen hineinzuversetzen und auch dann, wenn die gleiche Situation mehrfach gespielt wird, Wunschsituationen entwickeln zu können. Für die Auswertung ist wesentlich, daß die gleiche Situation möglicherweise von verschiedenen Jugendlichen mehrfach gespielt wird, um auch unterschiedliche Verhaltensweisen zu verdeutlichen. Der Erzieher sollte helfen, durch gezielte Nachfragen auch veränderte Verhaltensweisen nahezubringen und sie in kurzen Rollenspielsequenzen zu erproben.

   Die Folgen des spontanen Rollenspiels können weiterentwickelt werden, indem kleine Gruppen sich zurückziehen und gemeinsam eine Situation vorbesprechen und vorbereiten. Auch hier geht es nur darum, die Rahmensituation zu vereinbaren und gemeinsam die Situation zu spielen. Es geht nicht darum, strukturiert ein Rollenspiel in Form eines Amateurtheaters nur abspielen zu lassen.

b) Angeleitetes strukturiertes Rollenspiel
   Mit den Jugendlichen wird eine Situation vereinbart, die gespielt werden soll und dem täglichen Erfahrungsbereich entspricht. Die im Spiel vorkommenden Spielrollen werden auf Karteikarten geschrieben und mit Tesakrepp an die Wand gehängt. Wer in das Spiel einsteigen will, nimmt sich die entsprechende Rollenkarte und heftet sie sich an. Er spielt die Rolle so lange, bis jemand von den Zuschauern die Rolle übernehmen möchte. Dieser spielt dann für ihn weiter. Beispiele für solche spielbaren Situationen sind dem Situationsspiel zu entnehmen.

Nach unseren Erfahrungen hat diese Spielform den Vorteil, daß ein spontanes Einsteigen auch für Zuschauer möglich ist. Es empfiehlt sich, vom spontanen Rollenspiel zum strukturierten Rollenspiel zu kommen. Das Spiel ist durch den Wechsel von Spieler und Zuschauer mit viel Aktion verbunden und vermittelt einen sehr deutlichen Eindruck davon, daß andere Verhaltensweisen auch andere Reaktionen hervorrufen.

Aus: W. Klawe: Spiele zu problembezogener Arbeit mit Schulkindern und Jugendlichen, in: Spiel-Päd, H. 15/16, 1979

Weiterführende Literatur:

— KLAWE, Willy: Problembezogene Arbeit mit Schulkindern im außerschulischen Feld, in: Theorie und Praxis der Sozialpädagogik 4/80

Geeignete Methoden und Spielanregungen vgl.:
— Bausteine für die Bildungsarbeit hrsg. von der Arbeitsgemeinschaft katholisch-sozialer Bildungswerke, München 1983
— BAER, Ulrich: Remscheider-Diskussionsspiele, Remscheid 1979 (über: Große Brinkgasse 7)
— RABENSTEIN, Reinhold: Lernen kann auch Spaß machen, Darmstadt 1980 (Bezug: Arbeitsstelle für Erwachsenenbildung, Paulusplatz 1, 64285 Darmstadt)

5.4 Projektarbeit

Emanzipatorische Jugendarbeit, deren Ergebnis auch ein verändertes Handeln der Jugendlichen sein soll, muß in ihren Lernprozessen drei Dimensionen des Lernens berücksichtigen:

— die *kognitive Dimension* bezieht sich auf Kenntnisse und intellektuelle Fähigkeiten hinsichtlich des Denkens, Wissens und Problemlösens;

— die *affektive Dimension* zielt auf die Veränderung von Gefühlen, Bedürfnissen, Interessenlagen und auf die Bereitschaft, etwas zu tun und zu denken;

— die *pragmatische Dimension* schließlich zielt auf die Umsetzung der kognitiven und affektiven Bereich gewonnenen Einsichten in *Handeln.*

Jugendarbeit muß damit neben der Vermittlung von Wissen und der Reflexion eigener Einstellungen und Interessen auch Handlungsräume anbieten, die Probehandeln ermöglichen, zunehmenden Ernstcharakter annehmen und die Übertragbarkeit neuer Verhaltensweisen in den Alltag vorbereiten und fördern.

In Weiterführung spielpädagogischer und problembezogener Ansätze sind daher für die Jugendarbeit verschiedene Formen von *Projektarbeit* entwickelt worden, die politisches und soziales Handeln in überschaubaren Feldern ermöglichen. „Die Projektmethode ermöglicht ein Lernen an realen Handlungsabläufen und stellt einen unmittelbaren Bezug zur

Umwelt der Jugendlichen her. Sie bietet die Chance zur Selbstorganisation solcher umweltbezogener Lernprozesse. Sie ist die geeignete Methode für eine Jugendarbeit, die in sehr hohem Maße Selbstfindung, Selbstverwirklichung und Selbstbestimmung des einzelnen und der Gruppe bewirken will. (. . .) Die Projektmethode kann zum einen ein emanzipiertes Verhalten bewirken, zum anderen erfährt der einzelne den Nutzen einer neuen Gruppensolidarität, weil die Gruppe ihren Arbeitsweg selbständig plant und über ihn entscheidet." (BRÜCHER, 1975, S. 119)

Die *Inhalte* eines Projekts ergeben sich aus aktuellen Bedürfnissen, Problemen oder Konflikten von Jugendlichen, die als Konflikterlebnis von den Jugendlichen selbst erkannt und thematisiert werden. Verdeckte Konflikte können offengelegt werden, indem der Erzieher die Jugendlichen aktiviert, ihre eigenen Bedürfnisse, Probleme und Konflikte zu erkennen, sie zu beurteilen, Stellung zu beziehen und nach Veränderungs-

Abb. Phasen projektorientierter Arbeit

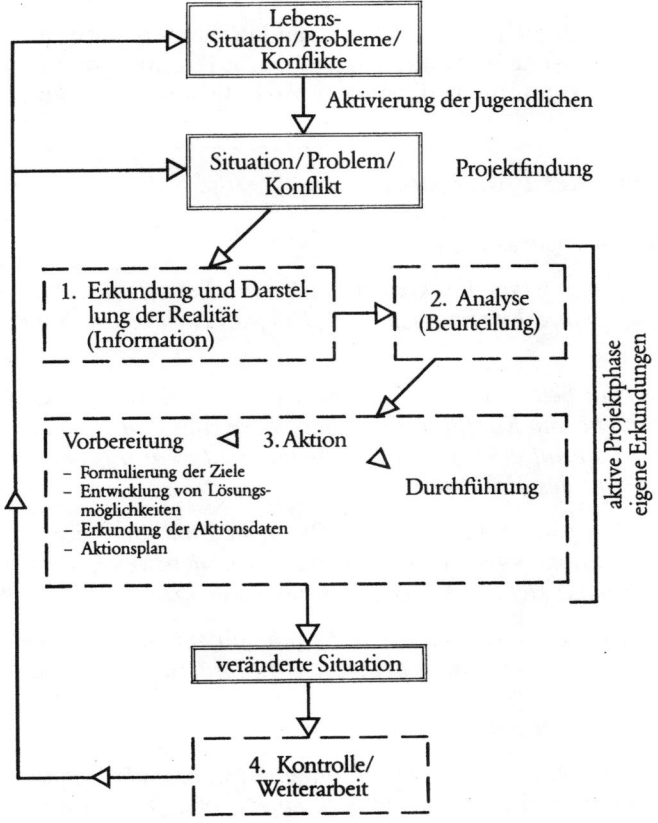

möglichkeiten zu suchen. Projekte sind also nicht dazu da, Jugendliche zu beschäftigen oder ihnen eine Abwechslung zu bieten, sondern sie wollen Probleme aufgreifen und Lösungen erarbeiten. Projektarbeit ermöglicht eine enge Verbindung von Reflexion und Aktion durch Lernen an der unmittelbaren Umwelt. Sie eröffnet so die Chance, *am* Problem und nicht nur *über* das Problem zu arbeiten, Einsichten zu gewinnen und Strategien zu erproben. Sie eröffnet vielfältige Einsichten und Erfahrungen und ermöglicht gleichzeitig die konkrete Umsetzung von Einsichten in Handeln. Die damit verbundenen Erfahrungen fördern Selbsterkenntnis. Selbstbestimmung und Selbstverwirklichung.

Selbsterkenntnis heißt, die Frage zu beantworten, wer bin ich in meiner Umwelt, wie verwirkliche ich mich in meiner Umwelt, von wem und was bin ich abhängig, wer bzw. was bestimmt mich, welche Wechselwirkungen gibt es und wie beurteile ich diese.

Selbstbestimmung heißt, die Frage zu beantworten, wie ich mich gerne verwirklichen möchte, was meine Ziele sind. Selbstverwirklichung heißt, Aktion — Handeln in Solidarität mit anderen —, um diese Ziele durchzusetzen.

Selbst heißt, daß nicht für andere gehandelt werden kann und nicht für andere Erkenntnisse gewonnen werden können, man nicht andere bewußt machen kann, nicht für andere Ziele bestimmen kann.

Merkmale der Projektarbeit

1. Problembezogenes Arbeiten

Ausgangspunkt ist die konkrete Situation der Betroffenen, ihre Mangelerfahrungen, ihre Erfahrungen von „Unterdrückt-werden" und „Unterdrückt-sein".

Die Projektarbeit muß die Bedürfnisse der Betroffenen reflektieren, Widersprüche und Konflikte aufgreifen, diese zum Problem machen und versuchen, darauf eine Antwort zu finden, und zwar auf der Ebene der Einsicht *und des Handelns.*

Es kann daher nicht darum gehen, Probleme an andere heranzutragen oder Informationen über die Wirklichkeit an andere weiterzugeben, denn diese verhindert sicherlich das Entstehen eines kritischen Bewußtseins.

Problemorientierung kann auch Motivation für ein „Aktivwerden" bereitstellen. Problemorientierung beinhaltet Aufforderungscharakter.

2. Entdeckendes Lernen

Problemlösungen, die veränderungsorientiert sind, sind nicht nach vorgefertigten Problemlösungsschemata zu entwickeln. Die Betroffenen sind darauf angewiesen, eigene Lösungswege zu entwickeln, zu erproben und zu reflektieren. Forschen und Entdecken geschieht in der Praxis. Diese soll erhellt und entschlüsselt werden, mit dem Ziel, sie zu verändern.

3. Exemplarisches Lernen

Exemplarisches Lernen bedeutet, daß die verschiedenen Probleme nicht isoliert voneinander gesehen werden, sondern daß Wechselwirkungen und Zusammenhänge deutlich werden. Exemplarisches Lernen zeigt auch, daß Erfahrungen, die der einzelne Betroffene gemacht hat (z.b. die Erfahrung von Ohnmacht, des „Unterdrückt-werdens" usw.) auch die Erfahrung anderer sind und daß es typische, wiederkehrende Konflikte gibt. Dadurch wird verhindert, daß Probleme nur dem Verhalten des einzelnen zugeschrieben werden, sondern daß deutlich wird, daß Konflikte auch Ausdruck objektiver Widersprüche in unserer Gesellschaft sind.

Probleme der Betroffenen müssen deshalb in ihrem gesamtgesellschaftlichen Zusammenhang gesehen und dargestellt werden. Die Einsicht und die Erfahrung, daß andere das gleiche Problem haben und dieses Problem strukturelle Ursachen hat, kann Motivation für ein politisches Engagement schaffen.

4. Verbindung von Theorie und Praxis – Einheit von Aktion und Reflexion

Theorie und Praxis, Aktion und Reflexion bedingen sich gegenseitig. Kein Element kann ohne das andere sinnvoll existieren. Ohne die Reflexion, d.h. die kritische Beurteilung, bleibt Handeln blind und wirkungslos und wird so zum Aktionismus, weil es keine Zielrichtung und keine Grundlage hat. Ohne Aktion gibt es keine Veränderung.

5. Selbstbetimmung und Selbstorganisation

Die Projektarbeit zeichnet sich dadurch aus, daß die Projektgruppe ihre Ziele, Inhalte und Methoden selbst bestimmt.

Dies ist wichtig, da Jugendliche niemals selbständig beurteilen, handeln usw. lernen, wenn sie dies nicht selbst in der Praxis lernen können. Jugendarbeit kann dafür ein Lernfeld zur Verfügung stellen. Die Funktion des Leiters oder ähnlichem besteht darin, die Jugendlichen bei ihrer Selbtätigkeit und Selbstorganisation zu unterstützen, Verständigung über gemeinsame Betroffenheit herstellen und Hilfestellung bei dem Finden eines Handlungsfeldes geben, Reflexions- und Aktions„helfer" zu sein.

Der Leiter darf nicht seine Ansicht über die Wirklichkeit den Jugendlichen aufdrängen und Veränderungen für sie vornehmen oder ihnen Veränderungen aufdrängen, seien sie noch so gut gemeint.

6. Der Dialog

Eine Methode, um der Fremdbestimmung entgegenzuwirken, ist der Dialog. Dialog ist die Begegnung zwischen Menschen, die die Lebenspraxis beschreiben, deuten und verändern wollen. Im Dialog findet eine grundlegende Verständigung über die Bedürfnisse der Menschen statt. Der Dialog hat immer zwei Elemente: den Prozeß der Reflexion (des Nachdenkens) und den Prozeß der Aktion (des Handelns). Der Dialog ist kein Prozeß, in dem eine Person Ideen und Vorstellungen in andere einlagert, andern aufzwingt, aufschwätzt oder aufdrängt. Dialog heißt vielmehr, daß ich mich für den Beitrag des anderen öffne und gemeinsam mit ihm einen Lernprozeß mache.

Dialog ist weder unverbindliches Geschwätz noch feindseliges Argumentieren oder Problemisieren. Es darf auch nicht ein Instrument sein, um andere zu unterdrücken. (Paulo Freire)

7. Innovationsorientierung (Innovation − Erneuerung, Veränderung)

Projektarbeit ist auf Veränderung ausgerichtet, d.h. sie will die Situation der Betroffenen durch strukturelle Eingriffe in die Wirklichkeit verändern. Dabei geht es nicht nur darum, kurzfristig die Situation zu ändern („zu lindern"), das kann auch notwendig sein, sondern Ziel ist die langfristige Verbesserung der Lernsituation der Betroffenen.

Da die Ursachen für Probleme und Konflikte zum großen Teil struktureller Art sind, können sie auch nur durch strukturelle Veränderungen, auch gesamtgesellschaftlicher Art, gelöst werden.

8. Entwicklung strategischen Denkens und Handelns

Projektarbeit setzt an den konkreten Problemen und deren Veränderung an. Dieser Ansatz fordert zum strategischen Denken und Handeln heraus. Die Projektgruppe ist gezwungen, Handlungsmöglichkeiten zu entwickeln, die zu Veränderungen einer als mangelhaft erlebten Situation notwendig sind.

Aus: KGJ: Nicht schweigen − handeln

Die *emanzipatorischen Lernchancen* einer Projektarbeit mit Jugendlichen werden allerdings nur dann zum Tragen kommen, wenn folgende Aspekte berücksichtigt werden:

− Projekte dürfen weder lediglich als abwechslungsreiche Beschäftigung der Jugendlichen noch als attraktive ‚Aufhänger‘ für Pädagogeninteressen mißbraucht werden. „Die Produktionen der Schüler müssen ernst genommen werden, sie sind nicht etwa bloß ‚Aufhänger‘ oder ‚Anlaß‘, vielmehr das Ziel selbst, auf das hin der Unterricht zu organisieren wäre. Erfahrungsgemäß neigen ausschließlich für den Typ des

Lehrgangs ausgebildete Lehrer dazu, in solchen Produktionen nur motivierende ‚Aufhänger' zu sehen, die die Schüler bei Laune halten sollen, bis man dann wieder zum eigentlichen Thema, nämlich zum Unterricht des Lehrers kommt. Dabei wird jedoch übersehen, daß die Mißerfolgserlebnisse der Schüler, wenn ihre Produktionen mißlingen oder keine Anerkennung finden, erheblich größer sind als bei einer verpatzten Klassenarbeit." (GIESECKE, 1973, S. 55).

— Die Projektauswahl, die Schwerpunkte und Probleme, die behandelt werden sollen, ist Sache der Jugendlichen. Der Pädagoge darf Projekte nicht aufdrängen, sondern ist lediglich Berater und Helfer bei Problemformulierung, Analyse und Projektverlauf.

— Projekte müssen vom Arbeitsaufwand, von den Möglichkeiten der Informationsbeschaffung und den Spielräumen für Dialog und Veränderung her *realistisch* sein. Bereits in der Phase der Projektfindung muß darauf geachtet werden, daß das Projekt von den Beteiligten zu bewältigen ist.

— Der Rahmen eines Projekts muß von den Beziehungen der Beteiligten in der Gruppe, vom Arbeitsaufwand und vom zeitlichen Rahmen her überschaubar bleiben. Die Ausdauer von Jugendlichen ist nicht unbegrenzt, die Integrationsfähigkeit von Gruppen ist abhängig von ihrer Größe.

Die Aktivierung Jugendlicher für ein Projekt gestaltet sich selbst dann schwierig, wenn eine unmittelbare Betroffenheit von einem Konflikt gegeben ist. Politische Entscheidungsprozesse erscheinen den meisten Jugendlichen als weit entfernte, abstrakte Phänomene — so werden sie im Unterricht und in den Medien ja auch dargestellt —, die weitab von ihrer Lebenswelt in politischen Metropolen stattfinden. Machen sie einmal konkrete Erfahrungen mit politischen Entscheidungen in ihrem unmittelbaren Lebensbereich, etwa in der Auseinandersetzung um Schülerzeitungen oder selbstverwaltete Jugendeinrichtungen, so sind diese eher geeignet, die Resignation und die Erfahrung der eigenen Machtlosigkeit noch zu verstärken. Die eigenen Probleme und Bedürfnisse werden so viel mehr als Spielball ‚großer' Politik gesehen, als daß man sie zum Gegenstand eigenen politischen Engagements und Handelns machen könnte. Die Folge dieser Erfahrungen ist häufig ein apolitisches Bewußtsein: man fühlt sich apathisch den Entscheidungen anderer ausgeliefert, entwickelt ein dichotomisches Weltbild („ihr da oben, wir hier unten") und verzichtet auf eigenes Engagement und die Vertretung eigener Interessen.

Praxisbeispiel: Projekt im Jugendhaus

In einer Jugendeinrichtung sind mehrere Jugendliche z.T. auch nach Abschluß einer Ausbildung längerfristig arbeitslos. Einige von ihnen jobben gelegentlich in Supermärkten oder auf Autohöfen, um etwas Geld zusammen zu bekommen, aber all das ohne Perspektive. Leidensdruck und Ärger werden in Alkohol ertränkt. Sie beklagen sich, daß ,die da oben' nichts für sie tun und leiden darunter, im Wohnviertel als arbeitsscheu und asozial angesehen zu werden.

„Denen müßte man mal sagen, wie beschissen das eigentlich ist, den ganzen Tag rumzuhängen", ist die Meinung einiger Betroffener und Erfahrungen von zigfachen vergeblichen Bewerbungen und Vorstellungsgesprächen, Wartezeiten auf dem Arbeits- und Sozialamt gibt's genug.

Ein Mitarbeiter der Jugendeinrichtung greift diese Anregungen auf und schlägt vor, eine Ausstellung über die Arbeitslosigkeit im Stadtteil und den Alltag der Betroffenen zu machen, auch weil er weiß, daß drei der Jugendlichen gern fotografieren. Die Jugendlichen sind — nach anfänglicher Skepsis (weil sie sich ein solches Projekt zunächst nicht zutrauen) — begeistert: es soll eine Fotoreportage über den Tagesablauf eines der Gruppenmitglieder erstellt werden, die dann um Informationen zur Arbeitsmarktsituation im Stadtteil zu einer Ausstellung ergänzt werden soll. Das Haus stellt Material, Fotolabor und eine kleine Siebdruckwerkstatt zur Verfügung. Über fast drei Wochen sammeln die Jugendlichen Material, interviewen Arbeitsamtsvertreter, Sozialarbeiter, Kommunalpolitiker und Betriebsräte umliegender Betriebe und werden dabei zusehens selbstbewußter. Nach gut fünf Wochen schließlich wird die Ausstellung mit einer Podiumsdiskussion, bei der die Jugendlichen den Jugendpolitikern der Stadt ihre Situation darstellen, eröffnet. Ausstellung und Diskussion werden in der Lokalpresse ausführlich gewürdigt.

Zwar erhält keiner der Jugendlichen dadurch einen Arbeits- oder Ausbildungsplatz, aber ihr Image ist seither verändert, und einzelne treten bei Behörden und Vorstellungsgesprächen jetzt durchaus selbstbewußter auf. Ein Teil der Gruppe hat sich zwischenzeitlich in die Siebdrucktechnik eingefuchst und produziert Plakate und bedruckt T-Shirts für Schulen und andere Jugendeinrichtungen — wenigstens eine kleine Einnahmequelle.

Produktorientierung und Medienarbeit

Dieses Projektbeispiel verweist auf zwei Arbeitsansätze, die im Zusammenhang mit Projektarbeit häufig anzutreffen sind und gelegentlich sogar zum Synonym für Projektarbeit geworden sind:

— Produktorientierung
— Medienarbeit.

146

Produktorientiertes Lernen, d.h. die Herstellung eines Produktes (z.B. Collage, Hörspiel, Film, Ausstellung o.ä.) als *Inhalt* und *Ziel* erfordert und fördert von/bei den beteiligten Jugendlichen folgende Fähigkeiten:

- innerhalb einer Gruppe zu kommunizieren und zu kooperieren,
- Kreativität und Phantasie im Rahmen der Darstellung der Arbeitsergebnisse,
- Gelerntes anderen mitzuteilen und den Adressaten so mit zu beteiligen,
- einfache Hypothesen zu bilden,
- selbstbewußt Material bei fremden Menschen und Institutionen zu sammeln,
- sprachliche und nichtsprachliche Kommunikation zu intensivieren und zu differenzieren,
- eigene Lernprozesse und -ergebnisse zu dokumentieren und anderen gegenüber darzustellen (in Anlehnung an: GIESECKE, 1973, S. 58).

Produktorientiertes Lernen eröffnet Möglichkeiten des sozialen Lernens und die Chance der Veränderung auf der Beziehungsebene. Sofern die äußeren Strukturen es zulassen, bieten Lernprozesse dieser Art, neben einem hohen Grad an Identifikation und emanzipatorischer Beteiligung, individuelle Bedürfnis- und Interessenbefriedigung. Es ist vor allem eine wichtige Form emanzipatorischen Lernens, wo es darum geht, auch solche Jugendlichen einzubeziehen und zu befähigen, ihre Interessen zu artikulieren, die ausschließlich sprachlich dazu nur schwer in der Lage sind.

In diesem Zusammenhang hat *Medienarbeit* mit Foto, Film und Video in den letzten Jahren an Bedeutung gewonnen. Die Anwendungsbereiche von Medienarbeit seien am Beispiel des Mediums Video erläutert:

- Video als Medium zur Beobachtung von Gruppenprozessen und Verhalten ermöglicht unmittelbares Feedback. Die so entweder auf das Produkt bezogene oder auf den Prozeß gerichtete Feedback-Situation ermöglicht in hohem Maße auf konkretes Verhalten und konkrete Situationen bezogenes soziales Lernen. Es macht Video zu einem geeigneten Medium für solche Zielgruppen, die Ergebnisse und Erfolge sofort sehen wollen und deren Frustrationstoleranz und Durchhaltevermögen längerfristige Arbeitsprozesse nicht möglich macht.

- Video als Motivationshilfe ermöglicht prinzipiell auch solchen Jugendlichen ihre Bedürfnisse und Interessen zu artikulieren, deren Artikulationsfähigkeit sozialen Barrieren unterliegt, weil auch nonverbale Ausdrucksmöglichkeiten gegeben sind und soziale Schicht- und Gruppengrenzen qua Medium überbrückt werden können.

- Video als Mittel der Öffentlichkeitsarbeit von Initiativgruppen, Jugendheimen oder Jugendverbänden erhöht die Möglichkeit der Selbstdarstellung in der Öffentlichkeit (vgl. BURMEISTER/KLAWE, 1979).

Abb. Verlauf produktorientierter Arbeit

```
┌─────────────────────────┐
│ Soziale Situation       │
│ Problem/Konflikt        │
└─────────────────────────┘
```

```
┌─────────────────────────┐
│ Eingrezung des          │
│ Themas                  │
└─────────────────────────┘
```

```
┌─────────────────────────┐
│ Analyse des Themas      │
│ und Entwurf des her-    │
│ zustellenden Produkts   │
└─────────────────────────┘
```

Arbeitsteilige Produktion in Kleingruppen:
Zu dem festgelegten Thema werden Einzelbeiträge/Produkte
autonom in der Kleingruppen geplant, produziert bzw.
durchgeführt.

```
┌─────────────────────────┐
│ Auswertung und Er-      │
│ stellung eines Gesamt-  │
│ produkts im Plenum      │
└─────────────────────────┘
```

```
┌─────────────────────────┐
│ Präsentation in der     │
│ Öffentlichkeit          │
└─────────────────────────┘
```

Praxisbeispiel: Produktorientierte Videoarbeit

*Produktorientierte Videoarbeit: Video als Mittel der
Öffentlichkeitsarbeit und Motivierung.*

*Gegenüber dem eher prozeßorientierten Einsatz von Video steht bei pro-
duktorientierter Arbeit die Herstellung eines ‚vorführbaren Films' im Vordergrund. Dabei ist unabhängig von den potentiellen Adressaten der Produktion die besondere Gefahr gegeben, daß fernsehgewohnte Jugendliche
(und Erwachsene) in den Sog der Perfektion durch herkömmliche Sen-
dungen des Fernsehens geraten können.*

*Entscheidend in der Arbeit ist demgegenüber, daß Video eben kein Me-
dium ist, das lediglich informiert, sondern darüber hinaus Möglichkeiten
eröffnet, sich über Produkte verständlich zu machen und weiterführende
Gespräche mit anderen zu suchen: „Video-Dramaturgie kann aufbauen
auf Ausschnitten aus der Wirklichkeit, Reflexion dieser Wirklichkeit*

durch Beteiligte und Vermittlung der gemeinsam gefundenen Erkenntnisse". (H. SCHUMACHER, 1976, S. 124). Im Rahmen eines an zwei Wochenenden stattfindenden Video-Workshops mit Mitarbeitern in der außerschulischen Jugendbildung beschließt eine der Arbeitsgruppen eine Videoproduktion über ein nahegelegenes Jugendfreizeitheim herzustellen. Die Gruppe hat lediglich eine tragbare Videoanlage ohne anschließende Schnittmöglichkeiten zur Verfügung. Sie ist von daher gezwungen, sich in der vorbereitenden Phase möglichst exakt über ihre Ziele, das sie interessierende Material und die damit verbundenen Vorgehensweisen zu verständigen.

Die Gruppe entscheidet nach längerer Diskussion und Absprache mit dem Jugendheim eine Produktion zu machen, die dem Heim dabei helfen soll, sich in der Öffentlichkeit darzustellen und zudem mehr Jugendliche zur aktiven Teilnahme zu motivieren. Der geplante Video-Mitschnitt wendet sich somit in erster Linie an die Betroffenen im Jugendheim und nicht an die anderen Workshop-Teilnehmer.

Die Gruppe beschließt, über die reine Darstellung von Räumlichkeiten, Besuchern, von Aktivitäten und Programm hinaus mit den Jugendlichen und den Mitarbeitern ins Gespräch zu kommen und einen lebendigen Einblick in die Freizeitsituation des Ortes und des Jugendfreizeitheimes, die vorhandenen Bedürfnisse und Probleme zu bekommen.

Vor Ort angekommen werden die Jugendlichen dabei — nach anfänglichem Erstaunen über das Fernsehteam — in den Aufzeichnungsprozeß einbezogen. Einige von ihnen ‚wagen' es, die Kamera selbst in die Hand zu nehmen. Ihr Interesse richtet sich darauf, einige Szenen des Treibens im Jugendheim zu filmen: Nahaufnahmen von Flipper-Automaten, Interviews mit Freunden und Bekannten, audio-visuelle Impressionen der gerade laufenden Disco.

Andere Mitglieder des Seminars unterhalten sich parallel dazu mit einer Reihe von Besuchern und erhalten eine Menge zusätzlicher Informationen über das Bild des Freizeitheimes in der Öffentlichkeit. Gemeinsam stellt man fest, daß zwischen Selbst- und Fremdbild erhebliche Unterschiede bestehen. Über dieses Thema werden dann im weiteren auch mehrere andere, neue Jugendliche in die Diskussion einbezogen.

Nach etwa einstündigen Gesprächen und Aufnahmen versprechen die Seminarteilnehmer, über das Jugendfreizeitheim eine Produktion anzufertigen und diese am kommenden Abend im Heim rückzukoppeln. Sie haben erfahren, daß die Jugendlichen an dem Thema und dem Umgang mit Video Interesse haben und sind von daher motiviert, die Produktion bis zu diesem Zeitpunkt fertigzustellen.

Die Aufzeichnung wird in der Bildungsstätte anschließend mehrfach angesehen, diskutiert und in gemeinsamer Arbeit in einen Film mit Anfang und Ende gebracht. Aufgrund der fehlenden Schnittmaschine kann die

Gruppe die Reihenfolge der Aufnahmen nicht ändern. Möglich sind nur Nachvertonung und Löschung bzw. Ergänzung bestimmter Szenen durch die Studiokamera. So müssen z.b. einige Passagen des Originaltons wegen schlechter Qualität weggelassen und durch eigene Kommentare ergänzt werden.

Die Gruppe führt schließlich am nächsten Abend den wartenden Jugendlichen die Aufzeichnung vor. Deutlich wird dabei, daß mit Hilfe des Videobandes Wünsche, Erwartungen, Hoffnungen der Jugendlichen, aber auch die Vorurteile der Erwachsenen den Jugendlichen gegenüber mitgeteilt werden können. Die anwesenden Jugendlichen erkennen sich dabei nicht nur selbst wieder, einige drücken im anschließenden Gespräch aus, daß sie Interesse hätten, selbst kontinuierlicher mit der Kamera zu arbeiten.

Aus: Burmeister/Klawe 1979, S. 324 f.

Als *Einführung* in die Projektarbeit:
— FREY, Karl: Die Projektmethode, Weinheim 1982

Praktische Beispiele enthält:
— KATHOLISCHE JUNGE GEMEINDE: Nicht schweigen — handeln, Handbuch zur Aktion der KJG, Düsseldorf 1977

Video- und Filmarbeit:
— SAUTER, Robert: Video und Super 8 in Jugendgruppen, Opladen 1980

5.5 Erlebnispädagogische Ansätze

In dem Bemühen, im Rahmen emanzipatorischer Jugendarbeit

— *ganzheitliche Arbeitsformen* zu finden, die den Jugendlichen als ganze Person fordern und ernstnehmen

— *Lernen durch Handeln* in den Vordergrund zu stellen, um damit auch den Jugendlichen gerecht zu werden, deren verbale Ausdrucksfähigkeit weniger ausgeprägt sind und

— einer *Umwelt* entgegenzuwirken, in der unmittelbare Erfahrung zunehmend durch das Medienerlebnis ersetzt und durch erdrückende Wohnumwelt ganz verhindert wird,

sind in den letzten Jahren verschiedene Formen erlebnispädagogischer Arbeit mit Jugendlichen entwickelt worden.

Die Wurzeln erlebnispädagogischer Ansätze gehen bis zur Jugendbewegung, dem Wandervogel und Pfadfindertum der zwanziger Jahre zurück. Die dort praktizierten Formen von Fahrt und Lager waren nach dem zweiten Weltkrieg in weiten Kreisen der Jugendarbeit eher verrufen; der Mißbrauch dieser Formen durch die Nationalsozialisten in der Zeit zwischen 1933−1945 für vormilitärische Ausbildung und ideologische Erziehung hatte sie für eine Jugendarbeit, die demokratisch sein wollte, verdächtig gemacht.

Praktiziert wurden erlebnispädagogische Maßnahmen − wenn überhaupt − lediglich als Jugenderholungs- oder Ferienmaßnahmen; ihre pädagogische Bedeutung wurde heruntergespielt.

Spätestens der Trend Jugendlicher zu rechtsextremen Gruppen, der seine Ursache *auch* in der Attraktivität von Gruppenerlebnis, Abenteuer und überschaubaren Erfahrungsfeldern ihrer Aktionen hat, zeigt, daß es der Jugendarbeit bisher nicht ausreichend gelungen ist, diese Bedürfniskomponenten von Jugendlichen aufzunehmen.

Wir alle sind einer ständigen Reizüberflutung durch die vielfältigen Medien und Umweltreize der Industriegesellschaft ausgesetzt, die zunehmend an die Stelle unseres eigenen, unmittelbaren Erlebens treten. Auch für viele Jugendliche ist damit die Umwelt reizarm geworden. Sie erleben Reizarmut, weil sie vieles nicht mehr erleben und unmittelbar erfahren können. Ihre Sinne sind nur noch über den Kopf beansprucht, in der Wahrnehmung der über Medien vermittelten Erfahrungen. An die Stelle eigenen Abenteuers tritt der Fernseh- oder Filmheld, der stellvertretend die Abenteuer durchlebt.

Gleichzeitig werden in Schule und Jugendarbeit die Erfahrungen und Fragen der Jugendlichen von der Wirklichkeit abgekoppelt. Statt konkrete Erfahrungen in den Mittelpunkt zu stellen, werden über Medien, Spiele, Gespräche, Erfahrungen in Laborsituationen künstlich wieder hergestellt. So bleiben die Jugendlichen mit der Übertragung dieser Erfahrungen auf ihren Alltag allein. Jugendarbeit muß deshalb Erfahrungsräume anbieten, die unmittelbare, alltagsrelevante Erfahrungen mit Ernstcharakter ermöglichen.

Ein solcher Ernstcharakter von Erlebnispädagogik zeigt sich auf drei Ebenen:

− die an den Jugendlichen gestellten Anforderungen sind real
− sie erfordern aufgrund der Situation Entscheidungshandeln und unmittelbares Umsetzen in Handlung

− sie bieten relativ wenig Möglichkeiten zu Flucht oder Distanzierung.

Erlebnispädagogische Ansätze sind schon früh mit dem Anspruch angetreten, diese Defizite der „Erlebnisgesellschaft" auszugleichen.

„Erlebnispädagogik versucht dem Jugendlichen durch eine gemeinsame Lebenssituation eine günstige Lernvoraussetzung für soziales Verhalten zu schaffen. Es sollen Erfahrungsräume angeboten werden, die das Aktivitätsbedürfnis des Jugendlichen anregen, ihm Grenzerfahrungen ermöglichen und die Notwendigkeit von Konfliktregelungen in der Gruppe deutlich machen. Bei dem erlebnispädagogischen Ansatz spielt besonders das Moment des Grenzerlebnisses eine bedeutende Rolle. Extremsituationen bieten dem Jugendlichen die Möglichkeit, über gewohnte Handlungs- und Erfahrungsräume hinauszugehen, ohne sich gesellschaftlich negativ sanktionierten Bereichen auszusetzen. Solche Erfahrungen können das Selbstbewußtsein des Jugendlichen stärken und die persönliche Entwicklung fördern. Durch das selbstorganisierte Zusammenleben und die Auseinandersetzung mit nicht alltäglichen Lebensweisen sollen eigene Fähigkeiten, Ängste, Schwächen, gewohnte Rollen und Verhaltensweisen erlebt sowie reflektiert werden." (AGAG 1993, S. 43/44)

Ursprünglich in der Reformpädagogik der Zwanziger Jahre entstanden und eng mit dem Pädagogen Kurt Hahn verbunden, beziehen sich die in den letzten Jahren entwickelten erlebnispädagogischen Ansätze je nach ihrem Entstehungszusammenhang auf unterschiedliche Schwerpunkte:

— Körperlichkeit, Körperbewußtsein und Körperbeherrschung (Erlebnispädagogik und Sport)
— Natur und Ökologie
— Betonung der einfachen, komfortarmen Bedingungen (Kritik an der Konsumgesellschaft)
— Erlebnispädagogik als soziales Lernen

Erlebnispädagogik meint Radtouren, Fahrten, Zeltlager oder ähnliche Maßnahmen, bei denen sich Umgebung und (Versorgungs-)Strukturen vom normalen Alltag der Jugendlichen erheblich unterscheiden. Aufenthalt in der Natur und Selbstversorgung in kleinen Gruppen sind förderliche Faktoren. Wesentlich scheinen Abenteuercharakter und Besonderheiten von Maßnahmen erfolgversprechend zu sein, die das Aktivitätsbedürfnis der Jugendlichen anregen, aber zugleich auch natürliche Grenzsituationen aufzeigen bzw. den Jugendlichen Grenzerfahrungen ermöglichen. Erlebnispädagogische Aktivitäten ermöglichen ein besseres und nachhaltiges Verstehen von Gruppenkonflikten. Die gemeinsame Lebenssituation während einer Fahrt macht die Notwendigkeit von Konfliktregelungen in der Gruppe deutlich und erzeugt hohe Betroffenheit. Dies erleichtert die Bereitschaft zur Veränderung eigenen Verhaltens und schafft eine günstige Lernvoraussetzung für soziales Verhalten. Erlebnispädagogik erfüllt die Aufgabe, Erfahrungsräume anzubieten, die sich vom Alltag in Elternhaus, Schule und Beruf unterscheiden, ohne diesen auszuklammern. Dadurch können die eigenen Vorstellungen vom Leben befragt, die eigene Lebenspraxis in Frage gestellt, überarbeitet werden. Eine solche „Horizonterweiterung geschieht durch Konfrontation, durch Konflikt und Kontrast. Kontraste werden nicht allein dadurch geschaffen, daß Informationen vermittelt werden. Die werden nicht nur durch die Besprechung neuer Inhalte gegeben . . . Kontraste können dann erfahren werden, wenn man sich in fremde Lebensfelder hineinbegibt." (RUHE 1983, S. 67)

Der Aufenthalt in der Natur ist für die Mehrheit der Jugendlichen so ein fremdes Lebensfeld. „Sie haben Natur vor Augen und können sich ihrer bedienen: zum Feuerholzmachen, zur Obsternte und zum Herumtoben, zum Erobern. Innerhalb der nichttechnisierten Umwelt und im häuslichen Bereich sind viele Vorgänge und Strukturen plötzlich unkompliziert, einfach und nachvollziehbar." (GÜNDER 1985, S. 305)

Der Zwang zum Handeln ist unmittelbar einsichtig, Gruppenkonflikte sind überschaubar.

„Das Abenteuer läßt Passivität nicht zu, die reale Situation zwingt zum Handeln, in Grenzbereichen kann konstruktives aktives Tun lebensnotwendig sein. Grenzerlebnisse auf dem Schiff, echte Gefahrenmomente, etwa bei hohem Seegang und Sturm, bilden weitere wesentliche therapeutische Erfahrungen bei Jugendlichen . . . Durch Grenzerlebnisse können Erfahrungen verinnerlicht werden, die schwierige Jugendliche sonst kaum mitmachen, die sie aber benötigen, um sich selbst zu finden und um vertrauensvolle und anständige Bindungen eingehen zu können." (ebd. S. 309)

Erlebnispädagogische Ansätze bieten die Möglichkeit solcher Grenzerfahrungen, bei denen sie über ihren bisher erworbenen gewohnten Handlungs- und Erfahrungsrahmen hinausgehen können, gleichzeitig aber auch ihre Grenzen erfahren, ohne sich in lebensbedrohliche oder gesellschaftlich sanktionierte Situationen begeben zu müssen. Solche Erfahrungen bedeuten persönliches Wachstum. Der Erzieher muß darauf achten, daß diese Grenzen individuell unterschiedlich sind.

Ein Durchsicht vorfindbarer Varianten macht deutlich:

— Erlebnispädagogik ist nicht mit einer eindeutigen Definition zu beschreiben, ihr liegt auch keine einheitliche geschlossene pädagogische Theorie zugrunde.

— wichtige Parameter für erlebnispädagogische Arbeit sind:

● größtmögliche Selbstgestaltung durch die Kinder und Jugendlichen (selbstbestimmtes Lernen);
● das Lernen (und Leben) in erlebnispädagogischen Projekten spricht die kognitive und affektive Ebene gleichermaßen an (ganzheitlicher Ansatz);
● die Erfahrungen und das Erlebte haben Bedeutung für den Lebensalltag der Jugendlichen (Alltagsrelevanz);

● erlebnispädagogische Arbeit führt von einer Subjekt-Objekt-Beziehung zwischen Pädagogen und Jugendlichen („Ich weiß, was für mich richtig ist") tendenziell zu einer Subjekt-Subjekt-Beziehung („Wir beide machen unsere Erfahrungen und stellen uns gegenseitig unser Wissen zur Verfügung");

— Vor dem Hintergrund dieser Parameter reicht erlebnispädagogische Arbeit von der erlebnisintensiven Gestaltung des Jugendhausalltags über Wochenend- oder Ferienfahrten hin bis zur „Reisepädagogik" oder Wohnprojekten der Heimerziehung.

— Erlebnispädagogik ist nicht die Belohnung für oder Flucht aus dem Alltag, sondern hat nur Sinn, wenn sie fest in den Alltag der Einrichtung eingebettet ist, aus ihm abgeleitet und in ihn zurückgeführt wird. (vgl. KLAWE 1992)

Eine nach diesen Kriterien gestaltete erlebnispädagogische Arbeit bietet Chancen für

— selbstorganisiertes Zusammenleben in ungewohnter Umwelt
— exemplarische Auseinandersetzung mit nicht-alltäglichen Lebensweisen
— die Reflexion gewohnter, eingeschliffener Rollen und Verhaltensweisen.

Erlebnispädagogik ist keine Methode sondern eine pädagogische Grundeinstellung, die darum bemüht ist, den pädagogischen Alltag in seinen Bezügen möglichst erlebnisintensiv zu gestalten. Situationen sind um so erlebnisintensiver, je mehr Kontrasterfahrungen zum Alltag sie ermöglichen und je ganzheitlicher sie sind, d.h. je mehr unterschiedliche Facetten der Persönlichkeit von Kindern und Jugendlichen sie erfassen/abdecken.

Erlebnispädagogik ist — so verstanden — keine Projektpädagogik, sondern wird aus dem Alltag abgeleitet und muß mit ihren Ergebnissen in den Alltag zurückfließen. (Vgl. KLAWE 1992, S. 9)

Didaktische Prinzipien

Erlebnispädagogik orientiert sich dabei an folgenden didaktischen Prinzipien:

— nicht reden, sondern handeln
dem Reden über Erfahrungen sollen unmittelbare Erfahrungen und persönliches Erleben entgegengesetzt werden

— Mitgestaltung statt Konsum
die Jugendlichen werden aufgefordert, aktiv ihre Bedürfnisse umzusetzen

- neue Beziehungsdefinition zwischen Jugendarbeiter und Jugendlichem
  Erlebnispädagogik ermöglicht, ja fordert sogar eine neue Beziehung zwischen Pädagogen und Teilnehmer: der Pädagoge „als Mensch" in seiner Gesamtheit tritt im gemeinsamen Zusammenleben und Bewältigen der Situation an die Stelle des pädagogischen Funktionärs.

- Neubestimmung des Verhältnisses von Arbeit und Freizeit
  Im Gegensatz zum Alltag ermöglichen erlebnispädagogische Aktionen ganzheitliche Lebenserfahrungen

- Heraus aus der Betonwüste
  Erlebnispädagogik eröffnet neue Umwelterfahrungen, indem sie unmittelbare sinnliche Erfahrungen mit Natur und Gruppe ermöglicht.

In Abgrenzung zu rechtsextremen Formen von Action und Abenteuer kennt Erlebnispädagogik im Rahmen emanzipatorischer Jugendarbeit:

- kein Befehl-Gehorsam-Prinzip, sondern Mitwirkung durch Jugendgruppenleiterprinzip

- keine Entlassung aus der Verantwortung durch Hierarchie, sondern Lernen an den Konsequenzen eigenen Handelns

- keine einfachen Weltbilder aber kleine Schritte

- keine Mutproben und Wettkämpfe, sondern gemeinsame Bewältigung anstehender Aufgaben.

Praxisbeispiel: Kanu-Tour in Schweden mit arbeitslosen Jugendlichen

Aufgrund der Schwierigkeiten bei der Kontaktaufnahme konnten wir die geplante 2-tägige praktische Vorbereitungsfahrt, die die Teilnehmer mit den sie erwartenden Bedingungen vertraut machen sollte, leider nicht durchführen. Stattdessen ersetzen wir diese durch ein eintägiges Kennenlerntreffen, das am 19. Juli, also erst 2 Wochen vor der Fahrt, in einem Gemeindehaus stattfand. Hier wurde den Teilnehmern ermöglicht, sich gegenseitig und uns kennenzulernen. Jeder Jugendliche schilderte seine persönliche Situation, und die Probleme, die diese speziell mit sich bringt, wurden schon einmal vor der Gruppe angerissen. Weiter erarbeiteten sich die Teilnehmer mit Hilfe eines Planspiels, das die realen Bedingungen einer Kanufahrt ihnen näher brachte, den gemeinsamen Essensplan und eine Liste der erforderlichen und notwendigsten persönlichen und gemeinsamen Ausrüstungsgegenstände. Unseren Zielen entsprechend konnten die Teilnehmer so die gemeinsame Fahrt mitplanen und z.T. auch im Vorfeld schon verantwortlich mitgestalten. So konnten auf der Fahrt die Verantwortung für auftretende ,Versorgungsengpässe', wie z.B.

beim Kaffee, nicht auf die Gruppenleiter abgeschoben werden, sondern als gemeinsame Fehleinschätzung hingenommen werden. (So wurde dann ‚ohne Murren' Tee getrunken). Wir boten den Teilnehmern zudem an, an dem Gruppeneinkauf für die Fahrt teilzunehmen.

Äußerst sinnvoll erscheint uns im Rahmen der Vorbereitung dieser Maßnahme die durchgeführte Vorbereitungsfahrt der Gruppenleiter auf der Gudena in Dänemark. Auf dieser 10-tägigen Fahrt, die wir gemeinsam mit 5 weiteren Gruppenleitern unternahmen, konnten wir das vorhandene Material (Kanus, Zelte etc.) prüfen, das Kanufahren ausprobieren und somit auf spezielle Bedingungen und Gefahren aufmerksam machen. Auch war es möglich, da es sich auch hier um eine Gruppe handelte, mögliche Gruppenprozesse und allgemeine Auswirkungen auf das Verhalten von Menschen in einer solchen Situation zu erfahren.

Die Fahrt verlief dann, bis auf wenige Veränderungen, die u.a. durch die geringe Teilnehmerzahl notwendig wurden, wie geplant und schon beschrieben. Die Gruppe traf sich am 4. August zur Abfahrt in Süderlügum/ Nordfriesland.

Von dort aus ging es gemeinsam mit einem Kleinbus samt Anhänger mit 4 Kanus über die Fährverbindung Grenaa-Vaberg in das Kanugebiet bei Arvika im Värmland. Dort wurden am 5.8. erstmals die Kanus beladen, und die 11-tägige Kanufahrt begann. Der Bus wurde am Ausgangspunkt zurückgelassen und sollte am Ende der Fahrt unter Benutzung eines öffentlichen Verkehrsmittels von dort wieder abgeholt werden. Dies bedeutete, daß aufgrund der nötigen Verpflegung die Kanus sehr sorgfältig beladen werden und doch einige Ausrüstungsgegenstände zurückgelassen werden mußten. Solche Entscheidungen boten immer Anlaß zu Konflikten zwischen den Teilnehmern, die gelöst werden mußten. Uns erscheint es hinsichtlich der entscheidenden Konflikte sehr sinnvoll, daß keiner ihnen auf einer solchen Kanufahrt ausweichen kann. So konnte die ganze Gruppe nicht weiterkommen, bevor er nicht gelöst war. Kompromißfähigkeit und Entscheidungsfähigkeit wurden von den Teilnehmern hautnah als notwendig erlebt, so z.B., wenn es darum ging, sich relativ rasch für einen Lagerplatz zu entscheiden, wenn ein Regenschauer sich ankündigte oder auch die Kräfte bei einigen Teilnehmern schon nachließen.

Die Kanus waren mit je zwei Gruppenmitgliedern besetzt, ein Kanu jedoch zu dritt befahren. Die Schlafmöglichkeiten waren auf 4 Zelte verteilt. Aufgrund unserer Erfahrungen, die wir Gruppenleiter auf unserer Vorbereitungstour gemacht hatten, stellten wir am Anfang der Tour folgende Bedingungen:

— die Besatzung der Kanus wechselt täglich, so daß jede/r einmal mit jeder/jedem zusammen in einem Boot paddelt

— es soll keine festen Zeltgruppen bzw. -paare geben.

Da die Situation im Kanu und in den Zelten beinahe die einzigen Möglichkeiten sind, einmal nicht mit der ganzen Gruppe zusammenzusein, war diese Regelung wichtig und sinnvoll, da sie erstens uns Gruppenleitern die Chance gab, Einzelgespräche mit den Teilnehmern zu führen und zweitens die Teilnehmer, da sie einen Tag lang unausweichlich miteinander verbunden waren, ,gezwungen' waren, sich zu verständigen und zu arrangieren.

Bedingt durch den täglichen Wechsel und der Lagerplätze waren von allen Teilnehmern jeden Tag eine Menge von Gemeinschaftsaufgaben zu erledigen, wie z.B. Kanus ent- und beladen, kochen und die Zelte auf- und abbauen, eine Aufgabe, die ein Jugendlicher allein nicht bewältigen konnte. Hier gab es am Anfang schon jeweils ,Spezialisten', die so zu einer Anerkennung durch die Gruppe kommen konnten. Ohne dem entgegenzutreten, waren wir dennoch bemüht, auch diejenigen an Aufgaben heranzuführen, die ihnen fremd waren und die sie sich selbst auch nicht zugetraut hätten, wie z.B. das Kochen. So entdeckten einige Teilnehmer auch ganz neue Fähigkeiten, die sie der Gruppe nutzbar machen konnten. Die Einsamkeit und Abgeschiedenheit des Gebiets, in dem zu dieser Jahreszeit nur noch wenige Kanufahrer unterwegs sind, unterstützte die bestätigende Funktion der Gruppe für den Einzelnen.

Ein Abstand ist notwendig, um die eigene Situation aus anderen Perspektiven zu betrachten und neue Ideen zu entwickeln. So haben wir bei einigen Teilnehmern beobachtet, daß sich das Verhalten nach den ersten Tagen veränderte. Zu Beginn der Fahrt erzählten sie so geballt, oft und wiederholt von ihren persönlichen Schwierigkeiten, daß es bildlich beschrieben den Anschein hatte, als habe sich ein Ventil geöffnet. Aufgestaute Aggressionen und Ängste konnten sich entladen. Dies zeigte sich bei anderen wiederum durch eine ungeheure Kraftentfaltung beim Paddeln, und zwar so, daß es sichtbar eher dem Selbstzweck, als der schnelleren Fortbewegung diente. Beides ließ nach ein paar Tagen nach und wurde durch mehr Ruhe ersetzt. Dies bedeutet jedoch nicht, daß das Thema Arbeitslosigkeit nicht mehr angesprochen wurde. In den täglichen Runden am Morgen und am Abend war es, ohne daß wir Leiter es stark unterstützen mußten, doch Thema Nr. 1. Jedoch entstand im Gegensatz zu anfänglichen Gesprächen eine Atmosphäre des gegenseitigen Zuhörens und Erfahrungsaustausches. Dieses veränderte sich dann mit dem Wiedereintritt in die ,Zivilisation' gegen Ende der Fahrt.

Den Abschluß der Fahrt bildete ein Tagesaufenthalt am 17.8. in Göteborg. Bedingt durch die Abfahrtszeiten des Linienbusses mußten wir die eigentliche Kanutour bereits am Abend des 15. August in Arvika beenden. So entstand die Möglichkeit, diesen Tag, der nicht für die Rückfahrt nach Varberg benötigt wurde, anderweitig zu nutzen. Die Gruppe entschied sich gemeinsam für einen Aufenthalt in Göteborg. Dort angekommen trennte sich die Gruppe in Interessengruppen von 2—3 Teilnehmern.

Die Gestaltung des Tages wurde so jedem selbst überlassen. Die Teilnehmer waren z.T. vorher nie in einer ihnen fremden Großstadt gewesen, schon gar nicht in einer Stadt deren Landessprache sie nicht sprechen. Sich auch dort zurechtfinden zu können, war sicherlich für jeden eine gute Erfahrung.

Inwieweit es nachhaltige erkennbare positive Auswirkungen der Fahrt gegeben hat, bleibt abzuwarten. Die Gruppe wird sich u.a. zu einem Nachbereitungstreffen im Oktober zusammenfinden. Wie geplant, wird angestrebt, diese Gruppe als solche bestehen zu lassen, die sich regelmäßig trifft. Dies wird jedoch schwierig, weil der Einzugsbereich der Jugendlichen sehr groß ist − der gleiche Grund, der die Kontaktaufnahme vor der Fahrt erschwerte. Dies ließ sich vielleicht dadurch abbauen, daß solche Fahrten zu einer regelmäßigen Einrichtung werden. Jedenfalls plant der Kirchenkreis in Südtondern im nächsten Jahr ein ähnliches Projekt. Auch der Aufbau einer Teestube ist geplant, deren Besucher nicht nur arbeitslose Jugendliche sein sollen, in der jedoch die Arbeitslosenproblematik einbezogen sein soll.

Aus: Rüge, Volker/Petersen, Birgit in: Mitteilungen der Ev. Jugend Nordelbien 4/84

Weiterführende Literatur:

− HECKMANN, Bernd/MICHL, Werner:
  Erleben und Lernen − Einstieg in die Erlebnispädagogik, Neuwied 1994
− BEHN, Sabine/HEITMANN, Helmut (Hrsg.):
  Spannung, Abenteuer, Action − Erlebnis- und Abenteuerpädagogik in der Jugendarbeit, Berlin o. J.
− FISCHER, Dieter/KLAWE, Willy/THIESEN, Hans-Jürgen:
  (Er-)Leben statt reden − Erlebnispädagogik in der offenen Jugendarbeit, Weinheim und München 1991 (2. Auflage)

6 Sozialformen in der Arbeit mit Jugendlichen

6.1 Einzelgespräch und -beratung

Fragt man Erzieherinnen und Erzieher in der Jugendarbeit, was sie in dieser und jener Konfliktsituation denn getan hätten, antworten viele – wenn nicht die meisten – sie hätten mit dem betreffenden Jugendlichen ein Einzelgespräch geführt. Einzelgespräche scheinen so etwas wie ein Allheilmittel der Pädagogik zu sein und sicher werden Erzieher im Rahmen ihrer Ausbildung auf diese Form pädagogischen Handelns noch am ehesten vorbereitet. Angesichts der spezifischen Strukturen von Jugendarbeit ist allerdings zu fragen, ob Einzelgespräche immer das optimale Mittel sind, wo die Grenzen und Probleme seiner Anwendung im Rahmen der Jugenarbeit liegen und welche Voraussetzungen für effektive Einzelgespräche gegeben sein müssen.

Die Bedeutung des Einzelgesprächs in der Jugendarbeit

Gespräche mit einzelnen Jugendlichen oder kleinen Gruppen finden im Alltag der Jugendarbeit ständig statt: Kommunikation ist eine Voraussetzung und zugleich das bedeutsamste Mittel für einen pädagogischen Prozeß. Die Notwendigkeit und den Sinn solcher informellen Gespräche in Zweifel zu ziehen hieße, den gesamten pädagogischen Prozeß in Frage zu stellen. Hier soll es also nicht um die vielen informellen Gespräche bei der Begrüßung, am Rande von Veranstaltungen oder im offenen Bereich gehen, bei denen Jugendliche angesprochen werden, wenn sie sich in ihrer Gruppe/Clique befinden, sondern es geht um diejenigen Gespräche, bei denen der Jugendliche (auch räumlich) aus seinen Gruppenbezügen zeitweise herausgelöst, „ins Büro" gebeten wird. Inhaltlich gesprochen geht es um

– *Beratungsgespräche,* bei denen aktuelle Problemlagen des Jugendlichen erörtert und gemeinsam Lösungsmöglichkeiten gesucht werden sollen, oder um

— *Konfliktgespräche,* für die Konflikte in der Einrichtung oder im Lebensalltag des Jugendlichen Anlaß sind, Konfliktregelungen zu vereinbaren oder manchmal auch Sanktionen auszusprechen.

Beide Gesprächssituationen haben ähnliche Strukturen und Bedingungen, auch unabhängig davon, ob die Initiative für das Gespräch von dem Jugendlichen oder vom Erzieher ausgeht.

Schon Ankündigung und Einleitung eines solchen Gesprächs („laß uns das nachher mal allein besprechen") und die damit verbundene räumliche Verlagerung („kommst du mal mit nach nebenan [ins Büro o.ä.]") macht das Einzelgespräch zu einer besonderen, herausgehobenen Situation, die für den Jugendlichen — und evtl. auch für den Erzieher — mit Spannungen und u.U. auch Angst besetzt ist.

Für den Jugendlichen bedeutet ein solches Gespräch

— zweitweise Herauslösung aus den vertrauten Gruppenbeziehungen, die ihm Verhaltenssicherheit und Orientierung bieten (vgl. auch Abschnitt 6.4)

— individuelle Auseinandersetzung (im positiven wie im negativen Sinne) mit Vertretern der Erwachsenenwelt, mit der er — zumindest in anderen Sozialisationsfeldern — nicht nur positive Erfahrungen gemacht hat, sondern die er *auch* als fordernd und sanktionierend erlebt hat

— Auseinandersetzung durch Reden und damit Kommunikation auf einer Ebene, auf der er sich weniger sicher fühlt als der Pädagoge und deshalb von vornherein eher Unterlegenheitsgefühle entwickelt. „Die Verbalkünste des Pädagogen werden gefürchtet und als Übermacht erlebt. Unterlegenheitsgefühle stellen sich beim Jugendlichen ein, wenn mit vielen, heftigen, schnell aufeinanderfolgenden Worten Konflikte geschlossen und logisch dargestellt werden. Sie empfinden die Situation als bedrohlich, weil sie nicht so schnell argumentieren, logisch analysieren und Unwohlseinsgefühle abstrakt verwörtern können. Das ist die Domäne des Mitarbeiters, auf der Ebene kennt er sich aus. Dem Jugendlichen bleibt oft nur noch ja und amen zu sagen und sich möglichst schnell aus der Situation zu befreien." (KRAUSS-LACH 1981, S. 159)

Neben diesen Elementen des Gesprächs kann der Anlaß selbst Spannungen auslösen, entweder, weil der Anlaß selbst belastend ist (Beratung) oder der Anlaß Konsequenzen nach sich ziehen könnte (Konflikt). Auch für den Erzieher ist die Situation des Einzelgesprächs spannungsgeladen. Abgesehen von den eben genannten Faktoren, die teilweise auch für ihn nicht ohne Einfluß sind, ergeben sich zusätzliche Spannungsmomente:

— in jedem Einzelgespräch, jeder Beratung wird die Beziehung zwischen Erzieher und Jugendlichen erneut auf die Probe gestellt („wie komme ich mit dem Jugendlichen klar?"). Verlauf und Ausgang des Gesprächs entscheiden über die Gesprächssituation hinaus über die zukünftige Qualität der Beziehung;

— in der unmittelbaren Auseinandersetzung mit dem Jugendlichen im Einzelgespräch ist stärker als in anderen Situationen neben professionellem Handeln persönliches Einbringen des Erziehers notwendig;

— methodische Fähigkeiten und Unsicherheiten wirken sich in dieser Kommunikationssituation direkter aus als in anderen Alltagssituationen der Jugendarbeit und müssen — jedenfalls in der Gesprächssituation selbst — selbständig aufgefangen und ausgeglichen werden;

— zusätzlich sind die Rahmenbedingungen oftmals belastend, selbst wenn die Gesprächssituation ungestört verläuft, ist der Erzieher „mit einem Ohr draußen", geplagt von Phantasien darüber, was draußen alles passieren könnte, während er sich hier dem einzelnen Jugendlichen widmet.

Schon aus diesen vielfältigen Spannungsfaktoren bei beiden beteiligten folgt:

Das Einzelgespräch kann im Rahmen der Jugendarbeit immer nur Intervention in Ausnahmefällen, keinesfalls aber Regel und „Standardinstrument" der pädagogischen Arbeit sein!

Zwei weitere Bemerkungen mögen diese Aussage illustrieren. Die Analyse konflikthafter Situationen im Alltag der Jugendarbeit zeigt, daß die überwiegende Zahl der Konfliktanlässe gruppenbezogen interpretiert werden muß (vgl. KLAWE 1977). Eine Konfliktindividualisierung durch eine Vielzahl von Einzelgesprächen mit den beteiligten Jugendlichen würde die Eigendynamik gruppenbezogenen Verhaltens (vgl. Abschnitt 6.4) ausblenden.

Auch ein arbeitspragmatisches Argument spricht gegen eine „Inflation von Einzelgesprächen": Man stelle sich vor, auf nahezu alle Konfliktanlässe mit Einzelgesprächen zu reagieren — wieviel solcher Gespräche wollte man da führen!

Diese Überlegungen legen den Schluß nahe, genau zu überlegen, wann in der Praxis der Jugendarbeit Einzelgespräche und Einzelberatung als Sozialform wirklich sinnvoll sind. Mir scheinen folgende Anliegen für ein Einzelgespräch plausibel und berechtigt:

— *Um einzelne Jugendliche (besser) kennenzulernen und eine befriedigende Beziehung aufzubauen.*
Selbstkritisch muß bei diesem Anliegen geprüft werden, ob der Jugendliche nicht lediglich „ausgehorcht" werden soll oder mit solchen Gesprächen bestimmte Jugendliche ‚bevorzugt' werden („meine Lieblinge"), die vielleicht eher auf der „Wellenlänge" des Erziehers liegen.

— *Beratung einzelner Jugendlicher in persönlichen Problemen.*
Hier sollte immer wieder geprüft werden, ob nicht andere Jugendliche von ähnlichen Problemlagen betroffen sind und von wann ab andere Formen der Hilfe (z.B. problembezogene Arbeit, vgl. Abschnitt 5.3) einbezogen werden sollten, um einer Individualisierung von Problemlagen entgegenzuwirken.

— *Klärung von Konflikten mit einzelnen Jugendlichen.*
Hier sollte im Rahmen einer situationsbezogenen Analyse der Konfliktanlässe immer wieder überprüft werden, ob wirklich individuelle Faktoren konfliktauslösend gewesen sind, um den gruppenbezogenen Normen und Verhaltensmustern Jugendlicher gerecht zu werden.

— *Der Wunsch der Jugendlichen nach einem Gespräch.*
Der Wunsch der Jugendlichen nach einem Gespräch ist immer ein Vertrauensbeweis. Ihm ist selbst dann stattzugeben, wenn das zunächst vordergründig formulierte Gesprächsanliegen banal erscheint.

Vorbedingung für die praktische Umsetzung dieser Gesprächsanliegen ist in jedem Fall die Schaffung von Rahmenbedingungen für die ungestörte Durchführung des Gesprächs. Ein Gespräch, in dessen Verlauf der Erzieher dreimal zum Telefon muß, ständig Unbeteiligte stören oder der Lärm von draußen die Aufmerksamkeit des Erziehers abzieht, zeigen dem Jugendlichen nur eines: daß er mit seinem Anliegen unwichtig ist und nicht ernstgenommen wird.

Abb. Konflikt, Konfliktanalyse und Konfliktgespräch

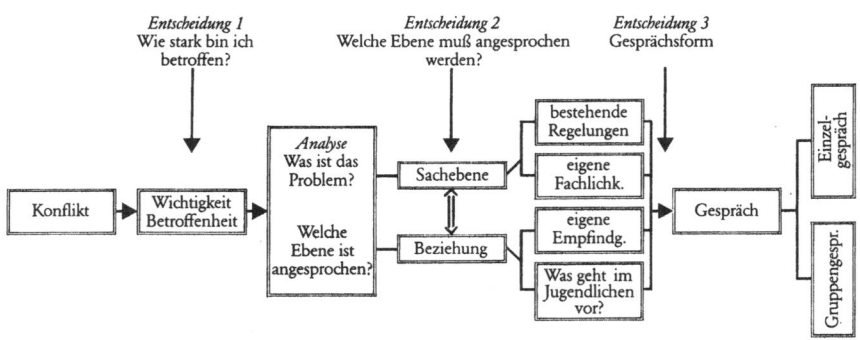

Funktionen von Einzelgespräch und -beratung

— Problemlagen im Jugendalter sind in der Regel mehrdimensional auf vielfältige Weise miteinander verknüpft. Schwierigkeiten bei der Ablösung vom Elternhaus, Konflikte im Berufsalltag und Probleme in Partnerschaft und Peer-group werden von den Jugendlichen als nicht voneinander trennbar erlebt. Versuche der Jugendlichen, kausale Zusammenhänge zu erfassen und selbständig zu erarbeiten, bleiben meist auf halbem Wege stecken. Je nach Ausprägung der Ich-Identität fangen die Jugendlichen entweder an, an sich und ihren Fähigkeiten zu zweifeln und entwickeln Versagensängste, oder machen die Umwelt für ihre Probleme verantwortlich, oder empfinden diese als nicht beeinflußbar und ziehen sich resigniert zurück.

– Die Unfähigkeit, die Probleme selbst zu analysieren und Kausalzusammenhänge zu entwirren, wird verstärkt durch die Schwierigkeiten, Probleme zu benennen und zu artikulieren. Grenzen ergeben sich dabei einmal auf der sprachlichen Ebene, aber auch in der Beziehung zur Erwachsenenwelt generell, die durch vielfältige, meist negative Erfahrungen in den Sozialisationsinstanzen oft nicht die notwendige Vertrauensbasis aufweist.

– Beratungsarbeit muß bereits dort einsetzen, wo Problemlagen entstehen. Das bedeutet für die praktische Arbeit, daß nicht gewartet werden darf, bis aktuelle Situation und individueller Leidensdruck so bedrohlich sind, daß der Jugendliche die oben angeführte Artikulationsschwierigkeiten von selbst überwindet. Vielmehr müssen Situationen geschaffen werden, die dem Jugendlichen ermöglichen, auch diffuses Unbehagen einzubringen. „Offensive Jugendberatung setzt (dagegen) an der latenten allgemeinen Krisensituation an, indem versucht wird, die Probleme des Jugendlichen im Zeitpunkt ihrer Entstehung für diese handhabbar zu machen." (SOWADE u.a., 1975, S. 355)

– Wenn sich die Arbeit nicht auf einmalige Einzelberatungen beschränken soll, sondern akzeptierter Ort für Information, Beratung und Kommunikation werden soll, müssen Informationen verallgemeinert und für alle Jugendlichen verfügbar gemacht werden. Gleichzeitig muß für den Einzelnen sichergestellt sein, daß Information und Beratung für ihn konkrete Hilfe bedeuten.

Konkret in den eigenen Lebensalltag umsetzbar sind Ergebnisse und Einsichten des Beratungsprozesses für den Jugendlichen nur dann, wenn

– er sie mit seiner subjektiven Wahrnehmung seiner Lebenswirklichkeit in Verbindung bringen kann. Wenn der Jugendliche das Ergenis des Beratungsprozesses annehmen soll, muß er das Gefühl haben, vom Erzieher verstanden worden zu sein. Das verlangt vom Erzieher, daß er das Problem aus der Sicht des Jugendlichen gesehen und verstanden haben muß. Er muß sich darauf konzentrieren, auf welche Art und Weise der Jugendliche Dinge, Menschen und Situationen wahrnimmt, statt nur auf die objektiven Aspekte des Problems zu achten. Er muß darauf verzichten, das Problem (scheinbar) objektiv zu sehen und vielmehr bemüht sein, es mit den Augen des Jugendlichen zu betrachten. Ziel des Beratungsgesprächs ist es, dem Jugendlichen zu helfen, das Problem für sich zu klären und zu lösen. Ob das Beraterverhalten hilfreich ist, entscheidet die Wahrnehmung des Jugendlichen. Klare Rezepte für hilfreiches Verhalten gibt es nicht!

— ihm zusätzlich dazu alle relevanten verfügbaren Informationen über Zusammenhänge, Handlungsmöglichkeiten und rechtliche Bedingungen zur Verfügung gestellt werden. Über diese wird der Erzieher vor Ort nicht immer verfügen, das ist auch nicht seine Aufgabe. Seine Funktion im Beratungsprozeß ist vielmehr, dem Jugendlichen zu einer differenzierten Sichtweise seines Problems zu verhelfen und ihn dann an kompetente und für seine Problemlage zuständige Beratungsinstitutionen weiterzuverweisen (,Clearing-Funktion').

Anforderungen an das Gesprächsverhalten

Beratung, die der Lebenssituation des Jugendlichen und seiner Problemsicht gerecht werden will, stellt folgende Anforderungen an den Erzieher:

— Er muß in der Lage sein, ein gegenseitiges Vertrauen herzustellen und die Probleme des Jugendlichen vertraulich und verschwiegen behandeln.

— Er muß durch Zuhören und Zwischenfragen eine exakte Wahrnehmung sicherstellen, die sich auf Denken und Fühlen des Jugendlichen gleichermaßen bezieht.

— Er muß Anschauungen und Gefühle des Jugendlichen unabhängig von eigenen Normen und allgemeingültigen Normen wahrnehmen können.

— Er muß gemeinsam mit dem Jugendlichen das Problem eingrenzen.

— Er muß die gefühlsmäßigen Reaktionen des Jugendlichen beachten und auch auf scheinbar nebensächliche Signale eingehen können.

— Er muß dem Jugendlichen Rückmeldung über dessen Kommunikationsverhalten geben können, ohne dieses zu werten oder zu beurteilen (Fähigkeit zur Verhaltensbeschreibung).

— Er muß sich selbst offen in den Kommunikationsprozeß einbringen können.

Viele Gespräche laufen für Erzieher und Jugendliche unbefriedigend und bleiben ohne ein akzeptables Ergebnis. Häufig bestehen auf beiden Seiten falsche Erwartungen in bezug auf die Beratungssituation: Beratung wird ausschließlich als *Informationsabgabe* angesehen. Obwohl Informationen von seiten des Erziehers einen wichtigen Bestandteil des

Prozesses ausmachen, kann sich Beratung nicht auf Information beschränken.

Beratung wird als *Erteilen von Ratschlägen* verstanden. Häufig hat der Jugendliche die Erwartung, daß der Erzieher Patentrezepte bereit hat und die Probleme stellvertretend für ihn löst. Der Erzieher tut gut daran, diese Erwartungen zurückzuweisen; vorschnelle Ratschläge erweisen sich nämlich immer nur als kurzfristig beruhigend. Langfristige Lösungen sind nur unter Mitwirkung des Jugendlichen zu erarbeiten.

Beratung wird als *„Ausfragen"* verstanden. Obwohl das genaue Erfragen von Fakten und Gefühlsreaktionen ein wichtiger Bestandteil jedes Beratungsprozesses ist, darf dies nicht zum dominierenden Aspekt der Beratung werden. Rückmeldung zum beobachteten Kommunikationsverhalten des Jugendlichen und Einbringen des Erziehers sind gleichrangige Bestandteile des Beratungsgesprächs. Beratung wird dazu benutzt, Überzeugungen, Einstellungen oder Verhaltensweisen des Jugendlichen durch *Drohen, Mahnen, Überreden* zu beeinflussen. Beratungsergebnisse können die Verhaltensweisen und Problemsicht des Jugendlichen nur dann nachhaltig verändern helfen, wenn sie sich an seiner Lebenswelt und Sicht der Realität orientieren. Jeder Versuch des Erziehers, die eigene Sicht mit Zwangsmitteln durchzusetzen, bewirkt bestenfalls eine Anpassung des Jugendlichen, solgange der Erzieher anwesend ist. Mangelnde Offenheit und Verschlechterung der Beziehung hin bis zum Abbruch sind die Folge.

Neben diesen Mißverständnissen gibt es im Alltag der Jugendarbeit weitere Hindernisse, die eine erfolgreiche Gesprächsführung mit Jugendlichen gefährden:

— Gespräche setzen ein Mindestmaß an Interesse füreinander, an ‚Beziehung' voraus. In manchen Arbeitsfeldern ist die Beziehung zu einzelnen Jugendlichen aber so wenig entwickelt, daß eine intensive Beziehungsarbeit geleistet werden muß, bevor vertrauensvolle Gespräche möglich sind.

— Die herausgehobene Stellung des Einzelgesprächs im Arbeitsalltag setzt manchen Erzieher unter ‚Lösungsdruck'. Er meint, in der (ohnehin meist zu kurzen) Zeit des Gesprächs zu einer Lösung, einem Ergebnis kommen zu müssen. Diese Fixierung auf ein Ergebnis verhindert zumeist, daß er sich Zeit nimmt, die Sichtweise des Jugendlichen zu verstehen. Statt des Problems des Jugendlichen wird also eher sein eigenes Problem (Ergebnisfixierung) behandelt.

— Bereits weiter oben hatten wir darauf hingewiesen, daß schon die Form des Gesprächs, die Auseinandersetzung über Sprache, eine Machtdemonstration des Pädagogen ist. Diese wird noch verstärkt, wenn das Gespräch benutzt wird, „einen Schuldigen zu suchen" oder Schuld zu verteilen. Übrigens: auch der Versuch, positive Beziehungen aufzubauen, kann Machtdemonstration sein („ich schaffe mir Vertraute").

Fassen wir zusammen: Einzelgespräch und Einzelberatung sind in der Jugendarbeit Arbeitsformen, die bei besonderen Konflikt- und Problemlagen Anwendung finden. Sie erfordern bestimmte Rahmenbedingungen, Qualifikationen des Pädagogen und eine ständige Reflexion darüber, ob nicht auch andere Arbeitsformen an ihre Stelle gesetzt werden können.

Die *Grundlagen* zwischenmenschlicher Kommunikation sind verständlich und anschaulich dargestellt in:

— SCHULZ VON THUN, Friedemann: Miteinander reden — Störungen und Klärungen, Reinbek 1981

Übungsmöglichkeiten befinden sind in:

— HACKNEY, Harold/NYE, Sherilyn: Beratungsstrategien — Beratungsziele, München 1979
— PEICK, Petra A./KLAWE, Willy: Selbsthilfe für Helfer — Kontrolle des beruflichen Handelns, München 1981

6.2 Offene Arbeit

Geschichte und Struktur offener Jugendarbeit als eigenständigem Arbeitsfeld wurden bereits in den Abschnitten 1.1 und 4. ausführlich dargestellt. Bereits dort war darauf hingewiesen worden, daß sich die *Offenheit* der offenen Arbeit bezieht auf

— die Inhalte und Aktivitäten
— die Interessen der Jugendlichen
— die Organisations- und Sozialformen offener Arbeit
— die Öffentlichkeit (vgl. 1.1)

An dieser Stelle soll es daher vor allem darum gehen

— die Aktivitäten und Kommunikationsformen im Rahmen offener Arbeit sowie
— die Rollen des Erziehers in der offenen Arbeit herauszuarbeiten.

Aktivitäten und Kommunikationsformen

Wenn Jugendliche sich in die offene Arbeit begeben, um Angebote und Offenheit der Situation für sich zu nutzen, kann dies sehr unterschiedliche Formen annehmen. So können sie etwa kommen

– um reinzugucken, zu sehen was los ist, wer da ist, oder einfach um sich mit anderen für Aktivitäten außerhalb der Einrichtung zu verabreden,
– um vor oder nach einer Veranstaltung oder Gruppe im Haus die Einrichtung zu sondieren, einen Tee zu trinken o.ä.,
– um etwas zu trinken, zu rauchen, zu klönen oder Spiele zu spielen,
– um ihre Clique zu treffen, einen (trockenen, warmen) Raum zu haben, um unter sich zu sein,
– um Angebote und Anregungen wahrzunehmen und sich an Aktivitäten zu beteiligen,
– um Kontakte zu den Erziehern und Erzieherinnen zu suchen,
– oder einfach, um die Zeit totzuschlagen.

Diese Aktivitätsformen, die selbstverständlich auch in beliebiger Kombination miteinander verbunden sein können, deuten das breite Spektrum an Motivationen an, sich im offenen Bereich der Jugendarbeit ‚aufzuhalten‘. Sie unterscheiden sich hinsichtlich der Bereitschaft, Einflußnahme des Pädagogen zu akzeptieren, sie unterscheiden sich weiter auch in ihrem Grad an Verbindlichkeit der Sozialbeziehungen und bezüglich der Bindung an die Einrichtung.

Da der offene Bereich von Jugendarbeit meist sehr wohngebiets- oder cliquenbezogen genutzt wird, bestehen meist enge und intensive Sozialkontakte der Jugendlichen untereinander, die häufig mit einer starken Abgrenzung gegenüber dem Erzieher einhergehen. Stärker als in anderen Bereichen der Jugendarbeit haben die Jugendlichen hier die Möglichkeit, Nähe und Intensität des Sozialkontaktes zum Erzieher selbst zu bestimmen und einen selektiven Umgang mit den Mitarbeitern zu praktizieren.

Wird dieser Spielraum zur Selbstbestimmung ihrer Sozialkontakte vom Erzieher durchbrochen, indem er zu massiv auf die Jugendlichen zugeht oder zu stark strukturiert, ist nicht selten der Rückzug aus der Einrichtung die Folge.

Es ist daher wichtig, den offenen Bereich als sanktionsarmes Experimentierfeld eigenen Verhaltens für die Jugendlichen und für die Darstellung ihrer Cliquenbeziehungen zu akzeptieren und bestehen zu lassen. Das „Pädagogische" an offener Arbeit beschränkt sich häufig darauf, einen Rahmen zu schaffen, der ein solches Experimentieren mit eigenem Rollenverhalten anregt und fördert. Besondere Programmangebote sind häufig nicht nur nicht notwendig, sondern werden eher als störender Eingriff in die selbstgewählten Strukturen und Umgangsformen empfunden.

Eine solche Arbeitssituation, bei der erklärtermaßen ein gezieltes, pädagogisches Vorgehen eher in den Hintergrund tritt, setzt den Pädagogen einem erheblichen Legitimationsdruck aus. Nicht nur Politiker und Träger erwarten pädagogische Programme und Erfolgsmeldungen, die sich zumindest in anschaulichen Besucherstatistiken niederschlagen müssen, auch die Jugendlichen bemerken gelegentlich, daß sie „so leicht ihr Geld auch mal verdienen möchten" und am Ende fragen sich Erzieherinnen und Erzieher in der offenen Arbeit, „wofür wirst du eigentlich bezahlt" (so ein Buchtitel).

Geplagt von solchen Selbstzweifeln ist die Gefahr groß, daß der Versuch gemacht wird, den Freiraum, den offene Arbeit den Jugendlichen als Erfahrungsraum bietet, mit Aktivitäten zu besetzen, die aus Sicht des erwachsenen Pädagogen „sinnvoll" sind (und damit auch seiner eigenen Tätigkeit wieder Sinn geben) oder den offenen Bereich mindestens als „Anwerbungsfeld" für die „eigentliche" pädagogische Arbeit in Hobby- und Interessengruppen zu mißbrauchen.

Solche verständlichen aber kurzschlüssigen Versuche werden indes am Grundproblem bestenfalls kurzfristig etwas ändern: die Jugendlichen werden mit Boykott und Störaktionen oder einfach mit Wegbleiben reagieren, so daß der Mitarbeiter sehr schnell wieder auf seine Ausgangsfrage, wofür er eigentlich bezahlt werde, zurückkommt.

Die Aufgabe des Erziehers in der offenen Arbeit besteht nicht darin, die Offenheit dieses Erfahrungsfeldes mit pädagogischen Angeboten zuzuschütten, sondern durch geeignete Strukturierung und die Schaffung fördernder Rahmenbedingungen möglichst anregende Voraussetzungen für selbstbestimmte Erfahrungsprozesse der Jugendlichen zu schaffen.

— Es sind klare Absprachen zwischen Pädagogen und Jugendlichen zu treffen. Es sollte auch klar sein, welche Konsequenzen das Nichteinhalten von Absprachen für beide Seiten hat.

— Die Wege, die zu Entscheidungen führen, sollen offengelegt werden und jedem Jugendlichen bekannt sein (Aushang, Informationsschrift), vor allem muß der Pädagoge sie ernstnehmen.

— Zeit, Ort und Gremium sollen bekannt sein, bei dem Interessen angemeldet, besprochen und entschieden werden.

— Versteckte Normen sollen offengelegt werden; dies kann möglicherweise in einer Art Spiel gemacht werden (zum Beispiel Preisausschreiben: Was gelten im Jugendzentrum für Regeln, die nirgends aufgeschrieben sind? Hilfsmittel hierzu: große Informationswand, an der jeder Bemerkungen anheften kann).

— Der Begriff ‚Spiel-Regeln" sollte an die Stelle des Begriffs ‚Hausordnung' treten.

— Der Termin- und Belegplan für Aktivitäten von Gruppen kann vom Jugendlichen selbst aufgestellt und veröffentlicht werden. Überhaupt: Organisation des Hauses als eine Art ‚Planspiel' betreiben, bei dem möglichst viele mitspielen können.
(ARBOGAST/TIPPELT 1981, S. 106 f.).

Eine solche Strukturierung offener Arbeit hilft nicht nur den Jugendlichen, Freiräume konstruktiv zu nutzen, sondern macht den offenen Bereich auch für Mitarbeiter und Mitarbeiterin überschaubar. Sie kann auch helfen, die Vielfältigkeit und Gleichzeitigkeit von Aktivitäten im offenen Bereich zu bewältigen (vgl. dazu Abschnitt 7). Die Strukturierung der offenen Arbeit als Erfahrungsfeld bezieht sich aber nicht nur auf Regeln und Transparenz von Entscheidungsstrukturen, sondern auch auf das räumliche Arrangement, das Begegnungen ermöglichen, spontane Aktionen gestatten und Überschaubarkeit und Übersichtlichkeit gleichermaßen gewährleisten muß (dazu ausführlicher KRAUSSLACH 1981, bes. S. 181 ff.).

Offene Arbeit ist also vor allem die Bereitstellung von anregenden Begegnungsmöglichkeiten mit Rückzugschancen.

Rollen des Erziehers in der offenen Arbeit

Der Vielfalt der jugendlichen Aktivitätsformen in der offenen Arbeit entspricht ein breites Spektrum möglicher Rollen, die Erzieher/Erzieherinnen in der offenen Arbeit übernehmen können. Auch diese Rollen sind miteinander verknüpfbar und können je nach persönlichen Fähigkeiten, pädagogischem Konzept oder situativ wechseln. Auch sie unterscheiden sich hinsichtlich der Nähe des Sozialkontaktes zu den Jugendlichen und des Ausmaßes, in dem sich der Erzieher als Person einbringt.

Der Erzieher als *Verwalter und Organisator* in der offenen Arbeit gibt Spiele und Schlüssel heraus, wechselt Geld, besorgt die Abrechnung der Thekenkasse, schleppt Getränkekisten aus dem Keller heran, repariert Tischtennisschläger, sorgt dafür, daß alles — zumindest von den Rahmenbedingungen her — läuft. Meist ist er organisatorisch gefordert, pädagogisch handeln muß er gelegentlich, wenn das Geld in der Kasse nicht stimmt, zwei Jugendliche das gleiche Spiel haben wollen oder entschieden werden muß, welchem Jugendlichen man den Schlüssel für den Gruppenraum anvertrauen kann. Diese Rolle allein ist auf die Dauer unbefriedigend, weil nur wenige Aspekte des pädagogischen Selbstverständnisses abgedeckt werden und auch die Jugendlichen den Mitarbeiter als jemanden erleben, der vorwiegend formal argumentiert und reagiert.

Ein Erzieher als *Aufseher und Konfliktregler* sorgt ebenfalls dafür, daß der Laden (in seinem Sinne) läuft, sichert das aber nicht nur durch Organisation, sondern indem er auf die Umgangsformen der Jugendlichen achtet und hier regulierend eingreift. Er interveniert, wenn es zu laut wird, wenn sich Jugendliche streiten, wenn „atmosphärische Störungen" auftreten. Diese Rolle erfordert pädagogisches Geschick und Fingerspitzengefühl und konkrete Auseinandersetzung mit den Jugendlichen, häufig besteht bei dieser Rolle allerdings die Gefahr, daß allzu stark die eigenen Normen und Vorstellungen zur Richtschnur werden oder im Sinne von abstrakten Regelungen unter Bezug auf Hausordnung oder moralische Appelle („so redet man doch nicht miteinander!") argumentiert wird. Die Haltung Jugendlicher gegenüber solcher Rolle ist skeptisch bis abwehrend.

Der *Barkeeper* hält sich vorwiegend hinter der Theke im Clubraum auf, verkauft Getränke und Süßigkeiten, wechselt einige Sätze mit seinen „Kunden" und hat die Chance zu intensiven Gesprächen mit denjenigen Jugendlichen, die an der Bar sitzen bleiben. Der Vorteil dieser Rolle liegt in der Möglichkeit, einfach und unkompliziert Kontakte zu (neuen) Jugendlichen aufzunehmen (übrigens auch eine gute Einstiegsmöglichkeit für neue Mitarbeiter) und – ähnlich wie in der Kneipe – scheinbar belanglose Nebenbemerkungen aufzugreifen, um mit einzelnen Jugendlichen intensiver ins Gespräch zu kommen. Der Nachteil dieser Rolle liegt in ihrer Begrenzung: Durch ständige Unterbrechungen und die Ortsgebundenheit können begonnene Gespräche nur bis zu einem bestimmten Punkt geführt werden.

Der Erzieher als *Animateur* hat den Kopf voller Spiel- oder Gesprächsideen und spricht von sich aus einzelne Jugendliche oder kleine Gruppen an, um gemeinsam ein Spiel zu spielen, den neuesten Kartentrick vorzuführen oder einfach ins Gespräch zu kommen. Für diese Form der Ansprache sind vor allem solche Jugendliche dankbar, die gekommen sind, um ,die Zeit totzuschlagen' oder wenig eigene Sozialkontakte in der Einrichtung haben und in solchen gemeinsamen Aktivitäten eine Chance sehen, Anschluß zu finden. Diese Rolle erfordert viel Einfühlung und Kenntnisse der Kommunikations- und Rollenstrukturen unter den Jugendlichen, damit rechtzeitig erkannt wird, wo Jugendliche unter sich und ungestört sein wollen.

Eine Variante des Animateurs ist der Erzieher als „*selektiver Ansprechpartner*". Er konzentriert sich auf einzelne Jugendliche oder eine Kleingruppe, mit der er spielt oder sich unterhält, er hofft auf die ,Modellwirkung' dieser Aktivität und ist jederzeit bereit, den Kreis für andere interessierte Jugendliche zu öffnen. Bei dieser Rolle ist vor allem darauf zu achten, daß es nicht immer dieselben Jugendlichen sind, mit denen der Erzieher Kontakt hat.

Der Erzieher als *Berater* schließlich handelt gewissermaßen auf Abruf. Er beobachtet das Geschehen im offenen Bereich, versucht, Strukturen zu erkennen und Gesprächsfetzen aufzunehmen, mischt sich aber von sich aus nicht ein, sondern reagiert nur auf Ansprache durch die Jugendlichen. Der (vordergründige) Vorteil dieses Rollenverhaltens ist, daß es wirklich den Jugendlichen überlassen bleibt, wann sie den Erzieher einbeziehen wollen. Da die Jugendlichen aber mit solchem abwartenden Verhalten von Erwachsenen wenig Erfahrung haben und es daher nicht einschätzen können, kann es sein, daß sie es als bedrohlich empfinden, oder einfach die Anwesenheit des Erziehers nicht nutzen. Pädagogische Möglichkeiten bleiben so ungenutzt.

Am Ende der Beschreibung von Rollenvarianten in der offenen Arbeit kann und soll keine Festlegung der idealen Rolle liegen. Die Entscheidung für die eine oder andere Rolle hängt von so vielen Faktoren ab, daß eindeutige Antworten hier nicht möglich sind. Alle beschriebenen Rollen sind wichtig und haben für die Jugendlichen die Funktion, Erwachsene auch in anderen Rollen zu erfahren als denen, die ihnen aus anderen Sozialisationsfeldern bekannt sind. Hier liegt auch die Chance der offenen Arbeit, die keinesfalls nur eine Vorform der „eigentlichen" pädagogischen Arbeit ist.

Ein Problem bleibt die Meßbarkeit von ‚Erfolgen' in der offenen Arbeit (sieht man einmal von nichtssagenden Besucherstatistiken ab). Die geringe Verbindlichkeit der Sozialbeziehungen zwischen Erzieher und Jugendlichen im offenen Bereich läßt nur selten befriedigende Beziehungen aufkommen. Eine Bestätigung der eigenen Arbeit über befriedigende, vertrauensvolle Beziehungen zu den Jugendlichen ist nur selten möglich und erfordert meist langjährige Beziehungsarbeit. Das Gefühl, immer nur Bruchstücke des Geschehens mitzubekommen und der Mangel an Darstellung und Bestätigung über greifbare Produkte der Arbeit, bergen leicht die Gefahr der Aussichtslosigkeit und Resignation.

Sollen die Chancen der offenen Arbeit für die Jugendlichen erhalten bleiben und nicht zu einer falschverstandenen Umdefinition dieser Sozialform führen, hilft es vielleicht, die mosaikhaften Eindrücke aus der offenen Arbeit regelmäßig mit den Kollegen in der Einrichtung zu reflektieren.

Darüber hinaus bleibt wichtig, festzuhalten:

Offene Arbeit als Sozialform und methodisches pädagogisches Vorgehen widersprechen sich nicht, Ansätze spielpädagogischer, problembezogener und produktorientierter Arbeit sowie Projekte sind im offenen Bereich ebenfalls möglich oder können hier zumindest begonnen werden.

6.3 Gruppenarbeit

Die Arbeit in kleinen, überschaubaren Gruppen ist diejenige Sozialform, die in der Geschichte der Jugendarbeit sicherlich auf die längste Tradition zurückblicken kann. Die Strukturmerkmale einer Gruppe kommen wichtigen Bedürfnissen von Jugendlichen entgegen und bieten zugleich vielfältige Möglichkeiten pädagogischer Einflußnahme.

Strukturmerkmale einer Gruppe

„Eine Gruppe besteht aus einer Anzahl von Personen, die untereinander in persönlichem Kontakt stehen (Kommunikation) und die aus äußeren Gründen oder auf eigenen Wunsch eine Zeit beisammen bleiben (Kohäsion)." (BERNER 1983, S. 102) Solche Gruppen, deren optimale Größe zwischen 7 und 12 Teilnehmern liegt, verfolgen in der Regel zwischen den Teilnehmern vereinbarte oder stillschweigend akzeptierte Gruppenziele und entwickeln im Rahmen ihrer Kommunikation Gruppennormen, die den Umgang miteinander regeln. Je nach der Funktion, die einzelne Mitglieder für die Gruppe haben und abhängig von den Sozialbeziehungen untereinander formt sich eine Gruppenstruktur. Diese Strukturmerkmale, die sich schon nach relativ kurzer Zeit herausbilden, fördern eine starke Gruppenidentität („Wir-Gefühl"); die Zugehörigkeit zur Gruppe wird für das einzelne Gruppenmitglied ein wichtiger Faktor für die eigene Identität, da in der Gruppe wichtige Bedürfnisse befriedigt werden. Dazu gehören vor allem das Bedürfnis

— in einem vertrauten Kreis von Gleichaltrigen zu sein;
— anerkannt, geachtet, beliebt zu sein,
— seine Zeit auf angenehme und unterhaltsame Art zu verbringen;
— etwas zu erleben;
— mit Leuten, die eine ähnliche Einstellung zum Leben haben über wichtige und weniger wichtige Dinge reden zu können." (ebd. S. 103)

Diese Bedürfnisse decken einen großen Teil dessen ab, was wir an anderer Stelle als zentrale Bedürfnisse Jugendlicher ausgewiesen haben (vgl. Abschnitt 4).

Obwohl sich die Strukturmerkmale der Gruppe mit zentralen Bedürfnissen der Jugendlichen und wichtigen pädagogischen Intentionen decken, kommt es in der Praxis immer wieder zu Problemen in der Gruppenarbeit, die bis zur Auflösung von Gruppen führen können. Sie haben ihre Ursache entweder in diesen Strukturmerkmalen selbst oder sind zwangsläufige (und notwendige) Bestandteile der Prozeßverläufe in der Gruppe. Dies soll an einigen Praxisbeispielen anschaulich erläutert werden, wenn auch verständlicherweise im Rahmen dieses Abschnittes nicht die Ergebnisse und das vielseitige Instrumentarium der Gruppenpädagogik umfassend dargestellt werden können.

Abb. Merkmale von Gruppen

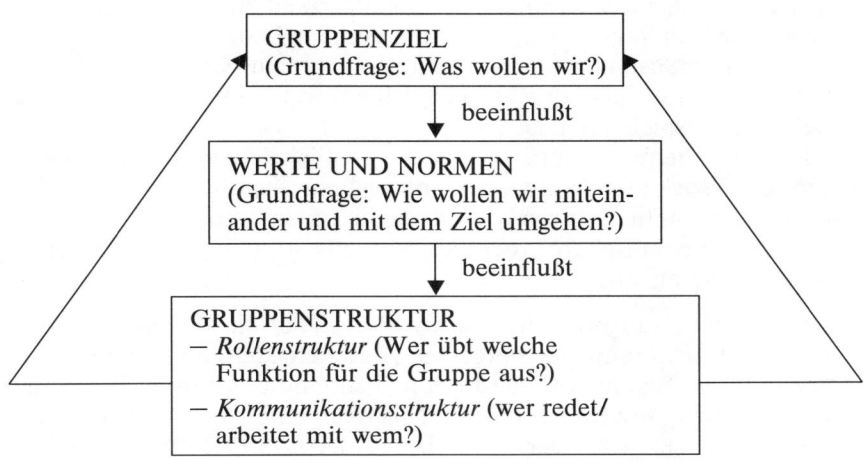

Probleme im Zusammenhang mit dem Gruppenziel

Scheint die im Zusammenhang mit dem Gruppenziel gestellte Frage ‚Was wollen wir' auf den ersten Blick ganz eingängig, so stellt sich bei näherem Hinsehen die Frage „wer legt fest, was wir zu wollen haben?". Für die Identifikation des einzelnen Teilnehmers mit der Gruppe ist eine wichtige Voraussetzung, daß er in ihrer Zielsetzung *eigene* Ziele wiederfindet. Dies ist in vielen Bereichen der Gruppenarbeit mit Jugendlichen nicht, oder nur zum Teil der Fall:

— Im Rahmen verbandlicher Jugendarbeit werden die Verbandsziele und wesentliche Inhalte der Verbandsarbeit häufig vom Erwachsenenverband festgelegt. Jugendgemäße Zielvorstellungen finden nur *neben* diesen offiziellen Zielen ihren Platz. Es kommt in der Gruppenarbeit mit Jugendlichen zur Herausbildung einer Doppelstruktur: neben die formellen (Verbands-)Ziele treten informelle Zielsetzungen der Jugendlichen. „Störungen" des Gruppenabends, Nebengespräche oder die Verlagerung der „eigentlichen" Kommunikationsbedürfnisse auf die Zeit *nach* dem Gruppenabend sind die Folge;

— im Rahmen von Hort- und Heimerziehung sind Jugendliche vorwiegend in Zwangsgruppen untergebracht, ihre Mitgliedschaft ist nicht immer freiwillig. Neben dem Eingehen auf die Interessen und Alltagsprobleme Jugendlicher erwartet die Institution *auch* soziale Kontrolle und Erziehung, an deren Zielformulierung die Jugendlichen selbst kaum beteiligt sind;

173

– das Akzeptieren des Gruppenziels ist i.d.R. Voraussetzung für die Teilnahme an einer Gruppe. Die Zugehörigkeit zu einer bestimmten Gruppe ist für Jugendliche oft von so großer Bedeutung, daß sie für das Zusammensein mit ihren Freunden auch ein Gruppenziel äußerlich akzeptieren, an dem sie tatsächlich nur wenig Interesse haben. Sie nehmen beispielsweise an einem Wochenendseminar zu einem bestimmten Thema (Gruppenziel) teil, eigentlich geht es ihnen aber darum, ein Wochenende „rauszukommen" aus Familie und Alltag. Im Seminar entsteht dann der „heimliche Lehrplan": außer- (oder unter-) halb des thematischen Programmrahmens werden die eigentlichen Bedürfnisse erfüllt;

– selbst dort, wo Jugendliche großen Einfluß auf die Zielformulierung haben, ist nicht immer sichergestellt, daß sich alle Beteiligten im ausgehandelten Ergebnis wiederfinden. Teilnehmer können Schwierigkeiten haben, ihre Interessen sprachlich angemessen zu formulieren, oder Teilgruppen können im Rahmen der Gruppenstruktur andere unter Druck setzen.

Schon diese wenigen Beispiele mögen deutlich machen, daß Erzieher oder Gruppenleiter in der Arbeit mit Jugendgruppen gut daran tun, sich und den Jugendlichen gegenüber Rechenschaft zu geben über die Fragen:

– wie lauten unsere formellen (offiziellen) und informellen (inoffiziellen) Gruppenziele,
– wie wurden sie festgelegt/ausgehandelt,
– wieweit finden sich unsere Interessen und Bedürfnisse darin wieder,
– wie können wir nichtberücksichtigte Bereiche trotzdem einbringen,
– hatten alle Gruppenmitglieder die gleiche Chance, an der Zielformulierung teilzunehmen?

Probleme im Zusammenhang mit Werten und Normen

In Jugendgruppen wird nur der kleine Teil der Werte, Normen und Verfahrensregeln „offiziell" ausgehandelt und beschlossen, der Großteil entwickelt sich indirekt durch die Reaktion anderer Gruppenmitglieder auf konkrete Verhaltensweisen. Das bietet gerade in der Anfangsphase einer Gruppe denjenigen Jugendlichen, die dominierender sind, etwa weil sie gut reden können, anerkannte Positionen haben o.ä., vielfältige Gelegenheit, in ihrem Sinne zu strukturieren.

Im Nachhinein ist diese Entwicklung kaum nachvollziehbar, die Jugendlichen haben den Eindruck, „es ergab sich halt so". Im menschlichen Zusammenleben „ergibt sich" aber nichts einfach so. Handlungsleitende Interessen und interessengeleitetes Handeln bestimmen die Strukturen, die wir uns selbst schaffen, und aus diesem Grund ist es immer wieder notwendig, in der Gruppenarbeit

174

– vorhandene Werte und Normen offenzulegen,
– ihre Entstehungsgeschichte in der Gruppe transparent zu machen,
– ihre Funktion für die Gruppe und ihre Berechtigung zu überprüfen,
– und sie ggf. zu verändern.

Probleme im Zusammenhang mit der Gruppenstruktur

In jeder Gruppe bildet sich verhältnismäßig schnell eine Rollenstruktur heraus. Das ist einmal für das Funktionieren der Gruppe notwendig, kommt aber auch dem – gerade in neuen Gruppen – starken Bedürfnis der Gruppenmitglieder entgegen, zu wissen, woran man ist, welches Rollenverhalten man vom anderen erwarten kann. Wer sich kein Bild von dem anderen machen kann, weiß auch nicht, wie er sich ihm gegenüber verhalten und auf sein Verhalten reagieren soll. Aus diesem Grunde werden die Gruppenmitglieder nebenher und oft unterschwellig in bestimmte Rollenmuster gedrängt oder wählen diese für sich selbst. Neben der formellen Rollenstruktur (z.B. Gruppenleiter, Kassenwart, Schriftführer o.ä.) gibt es eine informelle Struktur (Anführer, Sündenbock, Clown, Helfer etc.), beide Strukturen können gegeneinander wirksam sein (z.b. wenn die Gruppe eigentlich vom „Anführer" statt vom Gruppenleiter geführt wird).

Auch hier gibt es eine Reihe von Problemen:

– Es gibt Rollen, die die Gruppenarbeit stören und gefährden können,
– viele gerade der informellen Rollen sind nicht selbstgewählt und spiegeln die Persönlichkeit des Jugendlichen nicht oder nur zum Teil wider (er spielt „Theater"),
– es erfordert viel Kraft und Durchsetzungsfähigkeit, zugewiesene Rollen abzulehnen oder zu verändern.

Für Gruppenleiter ist es deshalb wichtig, mit der Gruppe zu klären:

– welche Rollen (formell und infomell) gibt es in unserer Gruppe,
– wie sind diese Rollen entstanden,
– wie empfinden sich die einzelnen Gruppenmitglieder in diesen Rollen, was möchten sie verändern,
– welche Rollen sind für unsere Gruppe (und ihr Ziel) förderlich, welche eher störend,
– wie können wir gemeinsam die Rollenstruktur unserer Gruppe verändern.

Die Kommunikationsstruktur einer Gruppe, das Bild, das man erhält, wenn man für sich die Frage „wer macht was mit wem" beantwortet, macht die Sozialbeziehungen der Gruppenmitglieder untereinander deutlich. Verständlich ist, daß nicht alle Jugendlichen gleich gut miteinander „können" (auch wenn das die unrealistische Wunschvorstellung im Kopf manches Gruppenleiters ist). Solche Unterschiedlichkeiten in der Kommunikationsstruktur sind also nicht selbst schon Störfaktoren für die Gruppenarbeit, sie können es aber werden, wenn

— bestimmte Gruppemitglieder auf Dauer von den Kommunikations-verläufen ausgeschlossen sind (Außenseiter, Redner — Schweiger),
— sich Untergruppen in der Gruppe verfestigen und die Abgrenzung dieser Gruppen untereinander stärker wird als die gemeinsamen Gruppenziele,
— die *Struktur* der Kommunikation für die Gruppenarbeit wichtige *Inhalte* ausschließt.

Die Kenntnis der Kommunikkationsstruktur und ihre pädagogische Nutzung ist deshalb eine wichtige Voraussetzung für eine erfolgreiche Gruppenarbeit. Die Gruppenpädagogik hat dafür ein umfangreiches methodisches Instrumentarium entwickelt, das von Soziogrammen über Reflexionsbögen hin bis zu Kriterien für die Beobachtung von Gruppenprozessen reicht (vgl. ANTONS 1973, FRITZ 1977).

Störungsarme Rollen- und Kommunikationsstrukturen geben den Gruppenmitgliedern eine relativ große Verhaltenssicherheit und fördern das Zusammengehörigkeitsgefühl innerhalb der Gruppe. Sie sind eine wesentliche Quelle für das nach außen hin demonstrierte „Wir-Gefühl". Sie erschweren außenstehenden, interessierten Jugendlichen aber auch den Zugang, verhindern häufig die Aufnahme neuer Mitglieder oder machen es dem „Neuen" in der Gruppe zumindest schwer, seinen Platz zu finden.

Diese kurzen Ausführungen zeigen, daß die Strukturmerkmale einer Gruppe neben einer Reihe positiver Elemente für die pädagogische Arbeit auch Gefahren, Probleme und Störmomente in sich bergen, die zu erkennen und zu vermeiden spezifische gruppenpädagogische Qualifikationen des Gruppenleiters erfordert.

Für die Behebung von Störungen und die Bearbeitung von Konflikten in der Gruppe gilt es, die Ebene zu analysieren, auf der ein Konflikt voliegt. *Störungen und Konflikte können nur auf der Ebene behoben werden, auf der sie auftreten* (so wird man eine allgemeine Unzufriedenheit mit dem Gruppenziel, die sich in Wegbleiben u.ä. ausdrückt, nicht mit einem Appell an größere Pünktlichkeit (Norm- und Wertebene) beheben können).

Entwicklungsphasen einer Gruppe

Neben den Problemen, die sich in und mit der Gruppenarbeit aufgrund der Strukturmerkmale dieser Gruppe selbst ergeben, gibt es in der Entwicklung von Gruppen krisenhafte Phasen, die regelhaft auftreten und wichtiger Bestandteil des Gruppenprozesses sind.

Eine große Zahl gruppensoziologischer und -psychologischer Untersuchungen hat — z.T. mit anderen Begrifflichkeiten — vier typische Phasen der Gruppenentwicklung herausgearbeitet, die in ihrer Abfolge charakteristisch für Gruppenverläufe sind.

1. Orientierung

In der Orientierungsphase suchen die Gruppenmitglieder nach Anhaltspunkten, an denen sie ihr Verhalten orientieren können. „... ihre Bereitschaft ist daher sehr groß, all das als Gegebenheiten zu akzeptieren, was die Situation an Regeln und Umgangsformen und anderen Vorgaben mit sich bringt: ob der Leiter partnerschaftlich oder autorität ist, ob man auf dem Boden oder auf Stühlen, im Kreis oder in Reihen sitzt, ob gesungen, gespielt oder gebastelt wird — es ist einfach so, und es wird als Tatsache hingenommen." (BERNER 1983, S. 112).

Abb. Entwicklungsphasen einer Gruppe

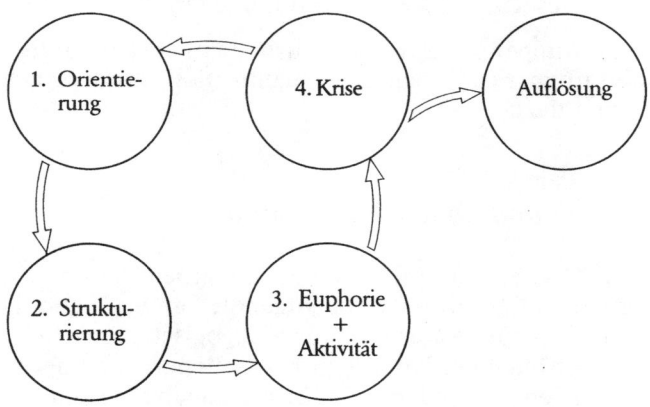

In dieser Phase liegen Chancen und Gefahren für Gruppenleiter und dominierende Mitglieder nahe beieinander, einerseits können hier wichtige Regelungen eingebracht werden, andererseits besteht die Gefahr, daß die Gruppenteilnehmer zu stark auf den Gruppenleiter (oder das dominierende Mitglied) fixiert sind.

2. Strukturierung

In dieser Phase werden in unterschiedlichem Umfang unausgesprochen oder explizit Gruppenziele, Werte und Normen ausgehandelt. Im Umgang miteinander bilden sich Rollen- und Kommunikationsstruktur heraus.

3. Aktivität

Die entwickelte Struktur bietet den Teilnehmern Verhaltenssicherheit und entlastet sie. Die Teilnehmer sind mit der Gruppe zufrieden, entwickeln ein starkes „Wir-Gefühl" und sind in der Lage, die Energien auf gemeinsame Ziele und Aufgaben zu lenken.

4. Krise

In dieser Phase werden Ziele, Gruppenstrukturen oder die Mitgliedschaft einzelner Teilnehmer in Frage gestellt, indirekte Ausdrucksformen wie Wegbleiben, Störungen des Gruppenabends oder auch direkter Protest dagegen, daß es so läuft, wie es läuft, führen zu Grundsatzdiskussionen über Sinn und Unsinn der Gruppenarbeit. Sie münden entweder in der Auflösung der Gruppe oder aber es gelingt, mit einer Phase der (Neu-)Orientierung neue Strukturen und Ziele zu finden.

Die Dauer und Intensität der einzelnen Gruppenphasen ist von Gruppe zu Gruppe unterschiedlich. Lediglich die Abfolge scheint gruppenpsychologischen Gesetzmäßigkeiten zu unterliegen.

Krisenhafte Gruppenprozesse sind also nicht zwangsläufig Ergebnis mangelnder gruppenpädagogischer Qualifikation, sondern gehören zur Gruppenarbeit dazu.

Gruppenarbeit und andere Sozialformen

Gruppenarbeit als Sozialform in der Jugendarbeit kommt einer Reihe von existentiellen Bedürfnissen der Jugendlichen entgegen. Die Strukturmerkmale der Gruppe lassen sie für pädagogische Prozesse als besonders geeignet erscheinen. Und doch hat Gruppenarbeit als Sozialform abgesehen von den geschilderten Problemen auch eine andere Seite, die es angeraten sein läßt, Gruppenarbeit wirklich nur dort zu praktizieren, wo sie ihren Platz in der Jugendarbeit hat und sie nicht als pädagogisches Universalinstrument zu mißbrauchen.

Gerade im Rahmen emanzipatorischer Jugendarbeit muß gewährleistet sein, daß Jugendliche sich und ihre Interessen artikulieren und in die Arbeit einbringen können.

Das ist innerhalb der Gruppe sicherzustellen. Daneben darf aber nicht verkannt werden, daß die Strukturmerkmale der Gruppe selbst (Zielorientierung, Verbindlichkeit etc.) schichtspezifisch selektiv wirken, d.h. z.B. Jugendliche aus Arbeiterfamilien eher ausschließen.

Das belegen die Mitgliederzusammensetzung der Jugendverbände und Beobachtungen in der offenen Jugendarbeit gleichermaßen. Um diese Jugendlichen nicht von großen Bereichen auszuschließen, muß Gruppenarbeit mit anderen Sozialformen wie etwa offener Arbeit verknüpft werden, um eine Öffnung der Gruppenstrukturen zu ermöglichen. Gleichzeitig muß ständig darauf geachtet werden, daß eine angemessene Balance zwischen Zufriedenheit/sozialen Bedürfnissen einerseits und Arbeits-/Zielorientierung andererseits in der Gruppenarbeit gewährleistet bleibt.

Weiterführende Literatur:

— BERNER, Winfried: Jugendgruppen organisieren, Reinbek 1983
— FRITZ, Jürgen: Methoden des sozialen Lernens, München 1977

6.4 Die Bedeutung der Clique

„Gruppen sind angstauslösend, weil sich die Mitglieder gegenseitig schützen und stützen und bei äußeren Bedrohungen zusammenhalten. Kleinigkeiten rufen die Gruppen bereits auf den Plan. Schon wenn sie ein Außenstehender anspricht oder Anweisungen erteilt, wird es kritisch; sie fühlt sich nach dem Motto ‚wer kann uns schon was sagen' provoziert. Gruppen wirken auch deshalb so bedrohend, weil wir von ihnen wenig wissen und folglich die Kommunikationsmöglichkeiten äußerst beschränkt sind. Mit Unwohlsein nehmen wir wahr, wie Gruppen Eigenleben produzieren, in sich ruhen und eingespieltes, ritualisiertes Abgrenzungsverhalten demonstrieren. Der Mitarbeiter empfindet sich als Außenstehender und ist es auch tatsächlich. Von den Jugendlichen wird er ignoriert: allerdings gleichzeitig scharf beobachtet." (KRAUSSLACH 1981, S. 117)

Cliquen (gleichaltrige Bezugsgruppen, Peer-groups), denen sich Jugendliche freiwillig angeschlossen haben und deren Strukturen und Aktivitäten sie weitgehend selbst bestimmen, wirken im Alltag der Jugendarbeit auf den ersten Blick bedrohlich. Wieviel einfacher ist es, mit einzelnen Jugendlichen klarzukommen, als die Struktur einer Clique zu durchschauen und das Verhalten ihrer Mitglieder voraussetzen zu können. In der Praxis verleitet dieser Eindruck immer wieder zu Versuchen, einzelne Jugendliche aus ihrer Clique herauszulösen, einzelnen Gruppenmitgliedern Haus- oder Veranstaltungsverbot zu erteilen oder ganze Cliquen aus der Arbeit auszugrenzen. Aus einer Arbeit *mit* den Jugendlichen wird so allzu schnell eine Arbeit *gegen* die Jugendlichen mit allen aufreibenden Konsequenzen der Konfrontation und des Selbstzweifels.

Es erscheint daher notwendig, sozialwissenschaftliche Befunde zur Funktion und Struktur von Gleichaltrigengruppen Jugendlicher zu verbinden mit der subjektiven Sichtweise Jugendlicher darüber, was diese Gruppen und die Zugehörigkeit zu ihnen für sie bedeuten. Nur so scheint es möglich, die große Bedeutung dieser Cliquen für die Lebensbewältigung Jugendlicher zu erkennen und sie positiv als das zu akzeptieren, was sie sind: ein eigenständiger Lebensbereich Jugendlicher, dessen konstituierendes Merkmal neben anderen die Abgrenzung gegenüber der Erwachsenenwelt ist.

Merkmale und Funktionen der Clique

Eine Clique ist eine freiwillige, eigenständige und meist gemischt geschlechtliche Kleingruppe im Freizeitbereich, die sich durch ähnliche Ziele, Wertvorstellungen, Interessen, Geheimnisse, Stilrichtungen, Bindungen der Zuneigung und Bewunderung zusammenfindet und in der Jugendliche wesentliche Teile ihrer Freizeit gestalten.

Cliquen grenzen sich gegenüber Erwachsenen (auch anderen Cliquen) in der Regel durch eigene subkulturelle Symbole oder Elemente verschiedener jugendkultureller Stile (Mode, Musik, Frisur, Buttons etc.) ab und entwickeln eigenständige Wert- und Normstrukturen, die die Möglichkeit abweichenden Verhaltens einschließen können. Gleichaltrigengruppen, die diese Abgrenzung stark betonen, wirken in der Öffentlichkeit oftmals bedrohlich und beziehen aus den verschiedenen Reaktionen ihrer Umwelt — und hier besonders Erwachsener — einen Teil der Identität. Cliquen mit spektakulären Verhaltensmustern stellen eher die Ausnahme dar und verstellen den Blick dafür, daß Gleichaltrigengruppen sowohl gesamtgesellschaftlich als auch für die Entwicklung im Jugendalter unentbehrliche Funktionen übernehmen.

Im Verlauf der historischen Entwicklung westlicher Industriegesellschaften hat die Bedeutung von Gruppen Gleichaltriger, besonders im Jugendalter, ständig zugenommen. Vom *gesamtgesellschaftlichen Aspekt* aus kann aufgrund der historischen Analyse für die Bedeutung dieser Gruppen gesagt werden:

die *Bedeutung altershomogener Gruppen* wächst für eine Gesellschaft

1. je komplexer, differenzierter und arbeitsteiliger eine Gesellschaft ist,

2. wenn die Gesellschaft Wertorientierungen, Normen und Techniken entwickelt hat, die von denen in der Familie grundsätzlich abweichen und deshalb dort nicht ausreichend vermittelt werden können,

3. je stärker sich die Wertvorstellungen der Generationen durch schnellen sozialen Wandel unterscheiden.

Diese Zusammenhänge werden deutlich an den Strukturveränderungen im Bildungssystem (Altersgruppenorganisation, expansive staatliche Erziehung) und dem Funktionsverlust der Kleinfamilie.

Insgesamt läßt sich in den vergangenen Jahrzehnten bis heute eine ständig zurückgehende Teilnahme von Jugendlichen in von Erwachsenen organisierten Gruppen und Aktivitäten beobachten. Gleichzeit steigt die Teilnahme an informellen Gleichaltrigen-Gruppen stark an. Wichtiger für die Jugendarbeit und die Ableitung pädagogischer Konsequenzen dürfte jedoch der Stellenwert sein, den Gleichaltrigengruppen in der individuellen Entwicklung und im Alltag von Jugendlichen haben. Allgemein gesagt sind Gleichaltrigengruppen dazu da, „Jugendlichen sozialen Raum für ihre Identitätsfindung vor allem in den Bereichen zu geben, die durch institutionalisierte Rollen (Familie, Schule, Betrieb) noch nicht präformiert sind, also für den ‚privaten' Bereich persönlicher Darstellung in Sprache, Kleidung, Gewohnheiten; für Sexualität, Konsum, Freizeitinteressen und -verhaltensweisen. Darüber hinaus dürfen Peer-Gruppen, wenn auch in beschränkterem Maße, einen Freiraum für die Auseinandersetzung und Verarbeitung jener Entwürfe sozialer Identitäten gewähren, die durch die für das Jugendalter typischen Rollensequenzen nahegelegt werden." (DEUTSCHER BILDUNGSRAT 1975, S. 143)

„In der Gruppe finden die Jugendlichen all das, was sie im Elternhaus oder in anderen formellen Gruppenbeziehungen vermissen, nämlich gleiche Interessen. Verständnis und Geborgenheit. Dort in der Gruppe haben Jugendliche subjektiv oft zum ersten Mal das Gefühl, ernstgenommen zu werden und sozusagen die gleiche Sprache zu sprechen. Dieses positive Gruppenerlebnis trägt wesentlich zur Selbstfindung bei.

Gleichzeit lernen sie aber auch — im Gegensatz zur Familie — wie selbstverständlich, Gruppenregeln anzuerkennen und sich ihnen anzupassen. Dort werden sie zu Kompromißbereitschaft, Hilfsbereitschaft und sozialem Verhalten hingeführt." (HEITMANN, 1979, S. 107)

Differenziert betrachtet erfüllen die Gleichaltrigengruppen wesentliche Funktionen bei der Bewältigung der allgemeinen Entwicklungsprobleme im Jugendalter (vgl. Abschnitt 2.1):

— sie fördern die Ablösung vom Elternhaus und bieten gleichzeitig Stabilität und Sicherheit auf dem Weg zur Autonomie,
— sie schaffen jedenfalls für Teilbereiche des Alltags Status- und Verhaltenssicherheit gegenüber dem eher unsicheren Status, den Erwachsene Jugendlichen zugestehen,
— sie bieten damit wichtige Orientierung und bauen Ängste ab,
— sie stellen ein wichtiges Feld für Selbstdarstellung und Identitätsbildung dar und fördern so auch das Selbstbewußtsein der Jugendlichen,
— sie tragen zur Stabilisierung jugendlicher Entwicklungsprozesse bei, indem sie Erfahrungen gleicher Lebenslage und Solidarität ermöglichen,
— sie bieten Chancen und Übungsfelder für das Experimentieren mit (neuem) Rollenverhalten und die Übernahme der Geschlechtsrolle,

— sie verschaffen Anerkennung auch da, wo andere Sozialisationsfelder Anerkennung versagen oder ausschließlich nach Kriterien der Erwachsenenwelt gewähren.

„Die Hauptfunktion der Cliquen schien darin zu bestehen, daß sie den Rahmen bildeten für das Verarbeiten der Alltagserfahrungen, das Erörtern persönlicher Probleme, das Präzisieren eigener, zum Teil subkultureller Werthaltungen, und das Durchführen gemeinsamer Aktivitäten, zu denen die Gesamtgruppe nicht zu bewegen war oder die ihren Reiz in größerem Rahmen verloren hätten. Sie waren wichtige Stützte des einzelnen bei dem Prozeß der Ablösung vom Elternhaus und der Entwicklung einer eigenen Persönlichkeit" faßt Diethelm DAMM (1980, S. 70) seine mehrjährigen Beobachtungen einer Jugendgruppe zusammen.

Bei immer stärker vereinnahmenden Tendenzen der offiziellen Sozialisationsinstanzen gewinnt die Gleichaltrigengruppe für Jugendliche immer stärker Bedeutung. Angesichts diffuser Werte und unklarer Orientierung bietet jedenfalls sie ein überschaubares Sozialisationsfeld, das Anhaltspunkte einer normativen Sicherheit sowie identitätsbildende Aspekte vermitteln kann. Symbole der Abgrenzung (Kleidung, Sprache, Normen) gegenüber der Außenwelt (die nicht immer nur die Erwachsenenwelt sein muß), gehören dabei ebenso zu ihrem Alltag wie gelegentliche mehr oder weniger schwerwiegende Normenverletzungen.

Während die bisherigen Ausführungen sich darauf beschränkten, *gemeinsame Merkmale* jugendlicher Cliquen aufzuzeigen, ist jetzt eine Differenzierung angebracht. Es zeigt sich, daß die *Schichtzugehörigkeit* die Erlebniswelt eines Jugendlichen offensichtlich stärker prägt als vermeintlich gemeinsame Probleme des Jugendalters. Deutlicher: Jugendliche aus der Unterschicht haben mit ihren Vätern offensichtlich mehr Gemeinsamkeiten als mit Jugendlichen der Mittelschicht. Besonders für die Diskussion von altershomogener Gruppenbildung gilt:

— die Bildung von Gleichaltrigengruppen ist zwar ein Phänomen, das für Jugendliche *aller* Schichten gilt, aber:
   a) die Bedeutung dieser Gruppen ist für Arbeiterjugendliche größer (daher die Behauptung ihrer Position in diesen Gruppen wichtiger)
   b) die Dauer der Zugehörigkeit zu solchen Gruppen ist bei Arbeiterjugendlichen länger
   c) die Struktur, die Normen und die Zielsetzung solcher Gruppen ist schichtspezifisch unterschiedlich.

Konsequenzen für die pädagogische Arbeit

Die Zugehörigkeit zu Gruppen Gleichaltriger ist entscheidend für die Bestimmung der eigenen Rolle in der gesellschaftlichen Umwelt (Identität); wichtigstes Ziel für die Jugendlichen ist daher, ihre Position und ihren Status in der Bezugsgruppe zu sichern.

Die wichtigsten Funktionen, die diese Gruppen für die Lebensbewältigung der Jugendlichen erfüllen, werden selbst von den wohlmeinendsten pädagogischen Konzepten nicht ersetzt werden können — und wegen der häufig negativen Erfahrungen mit der Erwachsenenwelt und dem daraus erwachsenden Bedürfnis der Abgrenzung wird sich selbst bei bestem Verhältnis zum Erzieher ein Jugendlicher im Zweifel eher an den Normen und Erwartungen seiner Clique orientieren.

Pädagogisch läßt sich folgern:

— den Jugendlichen nicht individuell, sondern als Mitglied seiner Gruppe betrachten und behandeln
— informelle Gruppen, die scheinbar „rumgammeln" als notwendiges Lernfeld des Jugendalters zu akzeptieren und nicht zu versuchen, dieses Lernfeld aus der Sicht des Pädagogen „sinnvoll" zu strukturieren
— Möglichkeiten gerade informeller Gruppierung zu bieten.

Der Pädagoge ist hier vor ein schweres Problem gestellt: einerseits die Sozialisationsfunktion dieser Gruppierungen zu achten, andererseits gegen gravierende Normenverletzungen einzuschreiten. Hinzu kommt, daß präventive Arbeit kaum möglich ist, sie würde die Strukturierung (Pädagogisierung) jugendlicher Freiräume notwendig machen und sich damit prinzipiell in den Widerspruch zu den Bedürfnissen Jugendlicher begeben. Allgemeingültig läßt sich dieser Widerspruch hier nicht lösen.

Die *Handlungsintentionen und -spielräume* ergeben sich aus:

— eigenen Normen,
— der gesellschaftlichen Position der subkulturellen Gruppen,
— pädagogischen Überlegungen und
— institutionellen Bedingungen der Arbeit.

Vor diesem Hintergrund wird jeder Pädagoge selbst entscheiden müssen, wieweit er subkulturellen Gruppen in seiner Arbeit Freiräume gewähren kann. Grundsätzlich sollte jedoch die Bereitschaft bestehen, Freiräume und gelegentliche kleine Normenverletzungen zu tolerieren. Extreme Grenzfälle sind sicher gegeben, wenn es zu Gewaltanwendung kommt, extreme politische Anschauungen militant vertreten werden oder aber in einer Einrichtung „Verdrängungseffekte" der Gruppierungen untereinander eintreten.

Soweit wie möglich — das zeigt übrigens die Entwicklung des Terrorismus ebenso wie die Sprachlosigkeit zwischen Politikern und Hausbesetzern — sollte auf Sanktionen und Stigmatisierung verzichtet werden; jeder Eingriff vergrößert die Attraktivität der Subkultur und verschärft die Abgrenzung nach außen.

Wer sich als Pädagoge auf subkulturelle Gruppen einstellt, wird erstaunt sein über die Aktivität, Kreativität und Spontaneität, die in ihnen herrscht. Sie kann nur dann erhalten bleiben, wenn Jugendlichen einerseits solche Freiräume gewährt und andererseits Jugendarbeit und Jugendhilfe für sie wieder attraktiv werden (vgl. KLAWE 1983, S. 151).

Ein Zugehen auf die selbstgewählten Gesellungsformen Jugendlicher setzt zunächst voraus, daß die Clique und ihre Strukturen ernst- und positiv aufgenommen werden. „Viele Gruppen haben erfahren, daß ängstlich, hektisch und nervös auf ihr Erscheinen reagiert wurde. Das sind Negativhypotheken, die einzukalkulieren sind und nicht erneut bestätigt werden dürfen. Auf Gruppen ist deshalb positiv einzugehen und ein Einstieg zu finden, der versöhnliches Verhalten dokumentiert. Wer sich ihnen drohend oder diszipliniernd nähert, provoziert Gegenwehr und erschwert weitere Begegnungen". (KRAUSSLACH 1981, S. 120)

Ist eine befriedigende Beziehung zur Clique hergestellt, gilt es durch Beobachtungen, Gespräche und gemeinsame Aktivitäten die Struktur der Clique zu erfassen. Dies erweist sich häufig aus mehreren Gründen als schwierig: viele Cliquen haben eine relativ diffuse Rollen- und Kommunikationsstruktur, Strukturmerkmale verändern sich je nach situativem Kontext und selbst Gruppen, deren hierarchische Struktur auf den ersten Blick festzustehen scheint, erweisen sich nach einiger Zeit als durchaus differenzierter in ihrem Aufbau.

Neben der Kenntnis ihrer Struktur ist für den Pädagogen wichtig, das Selbstverständnis, die Normen und Werte einer Gruppe kennenzulernen. Nur so sind halbwegs verläßliche Prognosen über mögliches Verhalten z.B. in Konfliktsituationen zu entwickeln. Dabei ist inzwischen der Verhaltensorientierung einzelner Gruppenmitglieder allein und in der Gruppe zu unterscheiden. Häufig können wir in der Praxis beobachten, daß einzelne Jugendliche *in der Gruppe* zu (auch abweichenden) Handlungen bereit und fähig sind, die sie allein nie bewerkstelligen würden. In der Auseinandersetzung über diese Unterschiede (oder scheinbaren Widersprüche) darf der Erzieher die Zugehörigkeit des einzelnen Jugendlichen zur Clique und seinen Status dort nicht gefährden.

Im pädagogischen Alltag wird es auch immer wieder Konfikte mit Cliquen geben, bei denen es nicht nur um das Aushandeln unterschiedlicher Interessen geht, sondern auch institutionelle Regelungen betroffen, eigene Wertorientierungen des Pädagogen verletzt oder die Schwelle zu Straftaten überschritten werden.

Wichtig in solchen Situationen ist: Grenzen (auch persönliche) aufzuzeigen und die Eigenständigkeit zu wahren. Dabei gilt es, auch in Konfliktsituationen sich mit Jugendlichen anders auseinanderzusetzen als mit der Macht und Stärke des pädagogischen Funktionsträgers, der zudem noch die institutionellen Regelungen im Rücken hat. „Gerade bei konkreter Auseinandersetzung, wo es darauf ankommt, Ängste und Befürchtungen des Jugendlichen zu berücksichtigen, kämpft der Pädagoge nur für sich selbst; der Jugendliche erlebt Machtdemonstration und reagiert mit Abwehr und Gegenaggression.

Holzschnittartig beschrieben sind die Waffen der Jugendlichen:

— Sachen zerstören, Mobiliar beschädigen
— sich schlagen oder den Mitarbeiter bedrohen
— die Hausordnung bewußt verletzen
— den Mitarbeiter bewußt in einen Konflikt mit der Institution bringen. Oft ahnen Jugendliche: Der Mitarbeiter hat Angst vor seinem Vorgesetzten.
— den Pädagogen durch Drohung verunsichern; Jugendhausmitarbeiterinnen werden sexuell angemacht
— den Pädadogen lächerlich machen, ihn nicht für voll nehmen, ihm wenig Beachtung schenken
— andere Jugendliche aufhetzen und Stimmung gegen den Mitarbeiter machen, u.s.f.

Die Waffen des Pädagogen können sein:

— den Jugendlichen zur Rede stellen, ihn verbal runterputzen, ihn bedrohen
— den Jugendlichen moralisch unter Druck setzen oder
— psychologisch terrorisieren
— Hausverbote aussprechen
— die Hausordnung verschärfen
— Wissen, Alter und Erfahrung ausspielen
— den Jugendlichen lächerlich machen
— ironisieren und individualisieren und dabei mit Gesetzen, Anzeigen oder anderen Konsequenzen drohen u.s.f." (KRAUSSLACH 1981, S. 157)

Für die Jugendlichen gibt es kaum Möglichkeiten, sich zu wehren, ohne auffällig zu werden. „Sie haben keine Mittel zur Verfügung außer ‚sich selbst'. Ihnen ist es nicht gegeben, mit dem Träger zu drohen, Alter, Wissen und Erfahrung in die Waagschale zu werden oder den Mitarbeiter moralisch unter Druck zu setzen. Ihre hauptsächlichen Waffen beschränken sich auf laut sein, Sachen zerstören oder schlagen. All das sind aber wenig anerkannte Mittel, die darüber hinaus noch per Hausordnung verboten sind. Um die Beschränktheit der Auseinandersetzungsmittel weiß der Jugendliche. Was soll er aber tun? Soll er sich auf eine Verbalkonfrontation einlassen? Kann das von ihm verlangt werden, wenn die Überlegenheit des Mitarbeiters abzusehen ist?" (ebd. S. 158)

Neben dieser Forderung nach ‚Waffengleichheit' sollte eine Stigmatisierung auf alle Fälle vermieden werden. Sie trägt lediglich zur Eskalation der Auseinandersetzung bei und verfestigt eher abweisende Karrieren. (s. dazu auch folgendes Schema)

Abb. Verlaufsschema — abweichendes Verhalten und pädagogische Reaktion

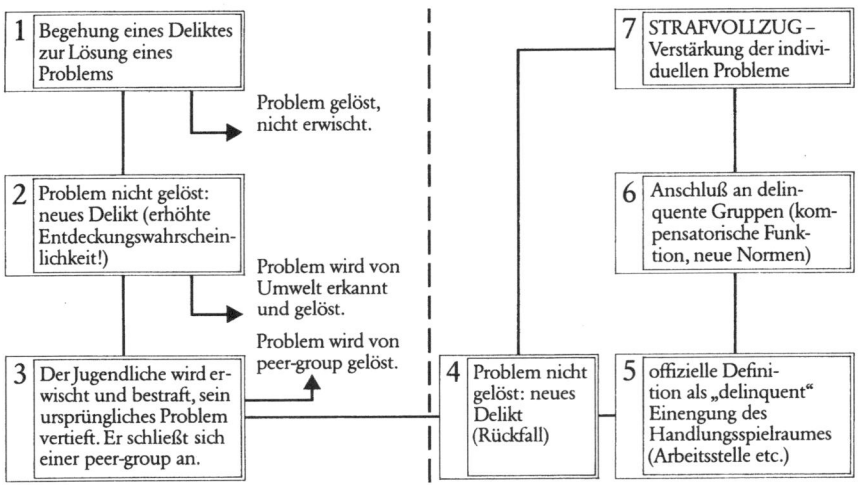

Abweichendes Verhalten und pädagogische Reaktion

Wie wichtig es ist, die eigene pädagogische Reaktion auf die Motive des Jugendlichen für das abweichende Verhalten abzustellen und wie fatal das Zusammenwirken von Hilflosigkeit des Jugendlichen und institutioneller Sanktionspraxis für die Verfestigung einer abweichenden Karriere ist, hat QUENSEL (1973) dargestellt.

In der nebenstehenden Abbildung wurde versucht, den Verlauf schematisch darzustellen. Demnach durchläuft der Jugendliche folgende Phasen:

Beispiel:

1. Ein Jugendlicher möchte seinen Status in der Gruppe verbessern und will „einen ausgeben". Da er nicht über Geld verfügt, klaut er in einem Kiosk Alkohol und bringt ihn mit in die Gruppe.
Findet er nun (dauerhaft) die gewünschte Anerkennung, ist sein „Problem" gelöst, er wurde nicht erwischt, Sanktionen sind nicht erfolgt.

2. Die Gruppe findet es gut, daß er so spendabel ist und fordert ihn auf, doch öfter „Stoff" mitzubringen. Möglicherweise wird er dabei erwischt, der Mitarbeiter sieht ihn, wie er die geklauten Flaschen in die Einrichtung schleppt, stellt ihn zur Rede, erkennt die Motive und kann mit dem Jugendlichen sein „Problem" aufarbeiten.

3. Der Jugendliche wurde erwischt, das eigentliche Motiv nicht erkannt. Stattdessen erhält er Hausverbot, eine Anzeige im Wiederholungsfall wird angedroht.

Der Jugendliche kann jetzt nicht mehr in die Gruppe („Problem" ver-
tieft), er schließt sich einer anderen Gruppe an, oder die Gruppe soli-
darisiert sich mit ihm, verläßt die Einrichtung („Problem" gelöst, Ju-
gendlicher ist in der Gruppe als jemand anerkannt, der den Konflikt
gewagt hat).

4. *Wenn dieser Jugendliche jedoch bei einem neuen kleinen Delikt er-*
   wischt wird, gelangt er gleichsam automatisch in die vierte Stufe —
   selbst dann, wenn dieses Deklikt genau dem seiner Alterskameraden
   entspricht, die noch nicht erwischt wurden: Er ist ja offiziell bekannt,
   der „Rückfall" zeigt, daß die frühere Maßnahme nutzlos war. Dieser
   Jugendliche ist also bereits doppelt belastet: Einerseits hat die frühere
   Strafe sein „Problem" vertieft und zum anderen muß gegen ihn als
   Rückfälligen nunmehr härter vorgegangen werden. Von dieser vierten
   Phase an liegt die Gefahr nahe, daß ein wechselseitiger Aufschauke-
   lungsprozeß einsetzt, in dem die Aktionen des Jugendlichen — seine
   Delinquenz — und die Reaktionen der sozialen Umwelt — die Strafen —
   sich gegenseitig verstärken, bis es zu ernsthaften Maßnahmen des
   eigentlichen „Sanktionsapparates" kommt." (QUENSEL 1973, S. 49).

5. *Der Jugendliche wird offiziell als „Delinquent" definiert, „er erscheint*
   als solcher in Karteien und Registern, alle möglichen Stellen befragen
   und beurteilen ihn unter diesem Gesichtspunkt, er wird in seinem
   Handlungsspielraum beschränkt — so muß er die Schule wechseln,
   verliert die Lehrstelle, darf keinen Führerschein machen.
   Der Jugendliche selber übernimmt diese Definition als Delinquenter in
   sein Selbstbild, d.h. er beginnt sich als solcher zu sehen und auch ent-
   sprechend dieser Sichtweise zu handeln; die Schwelle zum Verbotenen
   wird niedriger, das Unerlaubte selbstverständlicher und die ungelöste
   Problematik größer." (ebd.)

6. *„Der Jugendliche als Delinquent definiert, wird in seinen sozialen Kon-*
   takten zum Außenseiter. Die ‚normalen' Möglichkeiten der Sozialisa-
   tion, die Förderung seiner normalen Persönlichkeitsentwicklung wird
   eingeengt. Es kommt zu Ausfällen schulischer Art — die Höhe der Son-
   derschüler bei unseren normal intelligenten Strafgefangenen belegt dies.
   Kompensatorisch werden die bei anderen Delinquenten in der Bande
   Ansehen und Erfolg versprechenden Bereiche entwickelt. Bestimmte
   delinquente Techniken der Problembewältigung verfestigen sich: diese
   Techniken werden offiziell als solche bestätigt und für die Gesamtper-
   sönlichkeit als typisch herausgehoben." (ebd.)

7. *„Der Jugendliche gelangt in die Strafanstalt. Hier wird er endgültig in*
   seiner Rolle festgelegt. Diese Anstalten sind so, wie sie heute organi-
   siert sind, die perfekte Institution zur selektiven Verstärkung eben der
   Probleme, die den Jugendlichen im Laufe der bisherigen Entwicklung
   in diese Anstalten geführt haben." (ebd. S. 50).

Besonders problematisch kann es in Jugendgruppen oder Jugendeinrichtungen dann werden, wenn konkurrierende Cliquen in einen Machtkampf eintreten und Gruppe oder Einrichtung exklusiv für sich reklamieren wollen. Da im Rahmen solche Machtkämpfe die jeweiligen Cliquen im Innenverhältnis näher zusammenrücken und sich nach außen noch pointierter (oder aggressiver) abgrenzen, können Verdrängungseffekte ganzer Besucher- oder Teilnehmergruppen die Folge sein. Neben der unmittelbaren Auseinandersetzung mit den beteiligten Cliquen wird der Erzieher auch zu bedenken haben, inwieweit der konzeptionelle Rahmen der Arbeit berührt ist und dieser ggf. überdacht und verändert werden muß.

Weiterführende Literatur:

Zur Bedeutung von Gleichaltrigengruppen
– BAACKE, Dieter: Jugend und Jugendkulturen, Weinheim und München 1987
– BAACKE, Dieter: Jugend und Subkultur, München 1972

Zum Umgang mit Cliquen in der Arbeit
– KRAUSSLACH, Jörg: Aggression im Jugendhaus, Wuppertal 1981

6.5 Jugendarbeit = Jungenarbeit?

Beziehungen zwischen Jungen und Mädchen im Jugendheim

Kontaktaufnahme

Die häufigsten Verhaltensweisen zielten auf Aufmerksamkeit, Anerkennung und Bedürfnisbefriedigung durch das andere Geschlecht ab. Die (Körper)kontakte reichten von Necken mit Abwandlungen über Nachlaufen bis zu Ringen, Schlagen und Quälen. Zärtlichere Umgangsformen wie Umarmen, Küssen, Streicheln geschahen selten bei Jugendlichen, die nicht „miteinander gingen". Oft ließen sich Mädchen an einem Nachmittag bzw. Abend den Hintern oder die Oberarme blau schlagen, sich auskitzeln, ausziehen oder lautstark durch die Jugendzentrumsräume jagen. Wie schon angedeutet, wurden fast immer gewisse Rituale zur Kontaktaufnahme verwandt. Schematisch gesehen lief das meistens so ab: Der Junge suchte einen Anlaß, um mit einem Mädchen in Beziehung zu treten, das geschah in Form von Befehlen („gib mir 'ne Zigarette", „setz' dich hierhin"), von Verboten („halt dich raus"), durch Anrempeln („oh

Verzeihung, war Absicht") oder das Mädchen relativ überraschend anzufassen. Ein beliebtes Spiel war: „Halt deinen Mund, sonst kannst du was erleben!" Wenn das Mädchen wagte, zu widersprechen, hatte der Jugendliche „das Recht", sie für ihr Verhalten zu bestrafen. (Körperkontakt ist hergestellt). Die Mädchen waren durch die offensive, aggressive Art der Jungen gezwungen, in einer Weise zu reagieren, die ihre eigenen Wünsche nicht unbedingt traf. Wenn ein Mädchen keine Lust hatte, so gab es kaum eine Möglichkeit für sie, sich zu entziehen, da der Junge ihr sozial und körperlich überlegen war. D.h. im konkreten Fall konnte der Junge ein Mädchen dazu zwingen, seine Spiele mitzumachen, weil er davon ausgehen konnte, daß sie sich als Unterlegene nicht alles gefallen lassen wollte und er, wenn sie zu frech wurde, brutal auftreten durfte. (Arm rumdrehen, fesseln, zu mehreren festhalten . . .) Einigen Mädchen verhielten sich bei diesem Ritual etwas aktiver, indem sie den Jungen verbal und körperlich reizten. Es war die Norm, daß der männliche Teil das Spiel sichtbar begann. Die Mädchen mußten sich eher unterschwelliger Methoden bedienen, wenn sie Kontakte haben wollten; z.B. öfter an einen Jungen vorbeigehen, sich in den Weg stellen, beschimpfen. Besonders gegen Ende der Aktionen bekamen die Mädchen oft das Objektsein zu spüren. Ohne Rücksicht wurde geboxt, Finger verrenkt, gekniffen und Kleidungsstücke ausgezogen. Nicht selten waren die Mädchen wütend, enttäuscht und den Tränen nahe, weil manche Attacken schmerzhaft gewesen waren. Die Jungen kommentierten das Geschehen mit Sprüchen wie: „Sollen sie nicht so frech sein, sollen sie nicht mitmachen, wenn sie nichts aushalten." Es war bequem und trug zur Stabilisierung der Verhaltensweisen bei, da die Jungen immer Sieger waren und sie diese Spiele als angenehm, bzw. lustvoll erlebten. Gefühlsmäßig wollten und konnten sie sich nicht in die Situation der Mädchen versetzen und bestätigten dies durch wenig Bereitschaft zur Diskussion und Beibehaltung ihres Auftretens.

Zweierbeziehungen

Wenn sich Freundschaften zwischen Mädchen und Jungen ergaben, dann begannen sie mit den schon geschilderten Spielchen. Es bereitete wahrscheinlich noch mehr Spaß, die zukünftige Freundin zu necken und zwischendurch sexuelle Handlungen mit einzubeziehen, z.B. das Mädchen zu küssen, sie an die Hand zu nehmen, sich auf sie zu legen, sie an sich zu pressen.

Wir konnten beobachten, daß sich kurzfristige Beziehungen eher darauf bezogen, ein Mädchen zur sexuellen Bedürfnisbefriedigung zu haben, wobei die Person nicht im Vordergrund stand. Normalerweise waren es die Jungen, die ein Mädchen fragten: „Willst du mit mir gehen?" und sie waren es auch, die wieder „Schluß machten". Es liegt also nahe, daß die Jungen als Aktive eher ihre Bedürfnisse durchsetzten, was bei manchen Mädchen auf Ablehnung stieß. Die weiblichen Besucher waren oft in der

Situation, sich gegen Bedrängungen von seiten der Jungen zur Wehr setzen zu müssen. Dieses sich Weigern bzw. nicht total zur Verfügung stehen durfte natürlich nicht übertrieben werden (Grenzen als Freundin), da sich sonst der Jugendliche von ihr trennen würde. Wenn zwei noch unsicher waren im Ausdrücken ihrer Gefühle, Empfindungen und Wünsche gegenüber dem „Partner" bedienten sie sich häufig der verschiedenen, rituellen Verhaltensweisen. Dann hatten sie wenigstens Körperkontakt, wenn auch rauhen. Einige behielten diese über längere Zeit bei oder griffen sie wieder auf, wahrscheinlich weil es viel Überwindung bedeutete, Zärtlichkeiten in der Öffentlichkeit auszutauschen. Weniger auf das JZ als Ort zum Zusammensein angewiesen waren die Paare, die schon längere Zeit (Monate) befreundet waren. Sie hatten meist zu Hause ein Gelegenheit, sich ungestört miteinander zu beschäftigen. Ins JZ kamen sie auch unabhängig voneinander nach der Arbeit bzw. Schule. Dort verbrachten sie mit gemeinsamen Bekannten den Abend oder sahen auch nur kurz rein, da oft der Junge noch anderen Verpflichtungen und Beschäftigungen nachging.

Solche Besuche fanden unregelmäßig statt, da ein ziemlich großer Anteil der Freizeit für die Freundin bzw. Freund verwendet wurde. In diesem Falle konnte man im JZ Ablenkung und Zerstreuung finden.

Die Fixierung der Paare aufeinander zeigte sich besonders bei Mädchen, die sich mit ihrem Freund begnügten und oft andere Kontakte abbrachen. Gleichgeschlechtliche Freundschaften wurden weniger innig oder gar nicht weitergeführt. Die Vermutung liegt nahe, daß dies eher Ersatzfreundschaften waren. Öfter warteten die Freundinnen auf ihre „Männer", richteten sich nach deren Freizeitbedürfnis (Disco fahren) und ließen sich um 21.00 Uhr nach Hause bringen.

In Gesprächen wurde deutlich, daß die Jungen die Erwartungen hatten, daß ihre Freundinnen auf sie warteten und für sie da waren, während dies umgekehrt längst nicht üblich war.

Die Mädchen spielten auch in solchen Beziehungen die Passive, uninteressiert an Hobby, Weiterbildung in der Schule. Durch die Isolation der einzelnen Pärchen, z.T. auch absichtliches Abkapseln, wurden die geschlechtsspezifischen Rollen beibehalten . . .

Meistens kamen die Mädchen zu zweit, mit einer Freundin oder aber mit einem Freund, selten jedoch alleine ins JZ. Dies wurde dann besonders deutlich, wenn Freundin oder Freund wegblieben und das „dazugehörige" Mädchen auch nicht mehr kam.

Die Mädchen boten sich also eine gegenseitige Unterstützung, um dann gemeinsam ins JZ zu kommen.

Im JZ selbst war allerdings von gegenseitiger emotionaler Unterstützung, geschweige denn von gemeinsamen Aktivitäten unter den Mädchen wenig zu merken.

Ihr Verhalten richtete sich ausschließlich nach den Erwartungen der Jungen, indem sie sich entweder abwartend verhielten, den Jungen bei ihren Gesprächen zuhörten, die sich meistens um Themen drehten, wie z.B. Autos, Sport, Autokino usw., von denen die Mädchen nicht betroffen waren oder nicht mitreden konnten und darauf warteten, von einem Jungen angesprochen zu werden. Oder sie (die Mädchen) versuchten durch „Kontaktspiele" und Koketterien die Aufmerksamkeit der Jungen auf sich zu lenken. Während dieser Rituale war jedes Mädchen isoliert für sich darauf bedacht, sich möglichst gut von den anderen anwesenden Mädchen abzugrenzen. Dies trug dazu bei, daß sie unfähig waren, etwas mit sich selbst anzufangen, d.h. ihre Bedürfnisse in einem Gespräch zum Thema zu machen oder ihre Person durch Aktivitäten, z.B. Gesellschaftsspiele usw. einzubringen. Aktivitäten nur unter Mädchen konnten wir sehr selten beobachten, da sie dadurch das Hauptziel (die Jungen) aus den Augen verloren hätten. Die Mädchen zeigten durchweg verschiedene Verhaltensweisen. Mal spielten sie die Rolle der Erwachsenen, waren ernst, distanziert usw., mal die Naive, die Coole, die Hysterische etc., ganz nach den Wünschen der anwesenden Jungen, die, indem sie auf ein Mädchen positiv „reagierten", das Verhalten dieses Mädchens unbewußt zur Forderung an alle Mädchen machten.

Auch ihr Äußeres, Aufmachung und Kleidung kam den Erwartungen der Jungen, d.h. dem gerade akuten Modebild streng entgegen. Obwohl die Kleidung der Mädchen — körperbetont eng — sie in ihren Aktivitäten mit Jungen z.B. beim Rumbalgen, Knutschen usw. stark behinderte, haben sie sehr darauf geachtet, daß ihre „Aufmachung", d.h. ihr äußeres Erscheinungsbild erhalten bleibt.

Da jedes Mädchen seine Besitzansprüche auf Jungen geltend machen wollte und sie sich so gut wie möglich an die Jungen „verkaufen" mußten, wurde das Konkurrenzverhalten unter den Mädchen, die sich in bezug auf die Jungen nur als Rivalinnen betrachten konnten, geschürt.

Hatte ein Mädchen ein neues Kleidungsstück oder eine neue Frisur, so wurde dies zwar von den anderen Mädchen sofort festgestellt, sie waren jedoch nicht imstande, etwaige Anerkennung oder Begeisterung zu zeigen.

Als Beispiel für das Konkurrenzverhalten unter den Mädchen wollen wir jetzt den Ablauf einer Fete im JZ kurz schildern. Wir möchten an dieser Stelle betonen, daß die Rivalitäten selten bzw. fast gar nicht offen unter den Mädchen ausgetragen wurden, z.B. im offenen Streit zutage kamen, sondern unterschwellig vorhanden waren. Für uns wurde daher das Konkurrenzverhalten durch das Verhalten, einmal den Jungen, zum zweiten den Mädchen gegenüber, spürbar.

Auch zu den Feten kamen die Mädchen sehr oft zu zweit oder zu dritt. Sie standen oft zu mehreren vor dem Spiegel, schminkten ihre für diesen

Anlaß tadellos zurechtgemachten Gesichter und kämmten sich, wobei sie sich ohne weiteres ihre Utensilien ausliehen, um sich jederzeit den Jungen in perfekter Aufmachung anbieten zu können. Kam einer der Jungen hinzu, wurde er von einer Horde junger Mädchen umlagert, die nun wieder einzeln versuchten, seine Interesse auf sie zu lenken. Die Feten waren dadurch gekennzeichnet, daß sich Jungen und Mädchen in einer dauernden spannungsvollen Atmosphäre zueinander befanden.

Die Jungen standen meistens herum und unterhielten sich untereinander, wobei sie die Mädchen und vor allen Dingen „ihr" Mädchen nicht aus den Augen ließen. Die Mädchen tanzten, hierzu nahmen sie auch mit Mädchen Vorlieb, solange sich kein Junge rührte.

Zwar war dies für die Mädchen manchmal eine gequälte Situation, bot ihnen jedoch die Gelegenheit, durch die Bewegungen ihren Körper zur Geltung zu bringen, was wiederum die Jungen reizte. . . ." (PETZOLD/ STRUWE 1979 S. 79-83)

Diese Beschreibung gibt den Umgang von Jungen und Mädchen in verschiedenen Bereichen der Jugendarbeit treffend und anschaulich wieder. Die beschriebenen Verhaltensabläufe zeigen:

— Mädchen definieren sich und ihre Rollen vorwiegend über die Jungen. Solange ihre Selbstdefinition ausschließlich oder vorwiegend in dieser Weise erfolgt, sind Probleme in der Entwicklung einer eigenständigen Identität als Frau vorhersehbar.

— Der Umgang von Jungen und Mädchen miteinander ist von großer Unsicherheit geprägt. Die Jugendlichen versuchen, diese Unsicherheit durch Rückgriff auf traditionelle Rollenmuster und undifferenzierte Rollenklischees zu bewältigen.

— Die Strukturen der Jugendarbeit begünstigen die Interessen und Selbstdarstellung der Jungen. Dies gilt besonders für die offene Arbeit, mit graduellen Unterschieden jedoch auch für andere Bereiche der Jugendarbeit.

Jugendarbeit hat sich bisher vor allem an den Interessen männlicher Jugendlicher orientiert. Sie haben das Sagen, besitzen die ‚Definitionsmacht' für das, was läuft und was nicht läuft. Durch auffälligeres und häufig aggressives, lautstarkes Verhalten ziehen sie stärker die Aufmerksamkeit der Mitarbeiterinnen und Mitarbeiter auf sich und gewinnen so mehr Beachtung als die Mädchen. Die Angebote orientieren sich vorrangig an den Bedürfnissen der Jungen. „Der Alltag der Mädchen im Jugendfreizeitheim ist immer noch geprägt von einer Jugendarbeit, die weitgehend an ihren Interessen vorbeigeht. Traditionelle geschlechtsspezifische Angebote wie Nähen, Kochen, Emaillieren etc. werden ihnen in manchen Jugendheimen noch immer gemacht, wobei nichts gegen diese Tätigkeiten an sich zu sagen wäre, wenn sie nicht in dieser Ausschließlichkeit angeboten würden, sozusagen vorbereitend auf ihre spätere Funktion als Hausfrau und Mutter." (SAVIER/WILDT 1978, S. 102)

Mädchen erhalten im Jugendhausalltag kaum Gelegenheit, ihre Bedürfnisse einzubringen und in der Regel auch wenig Unterstützung, sich über diese klarzuwerden und sie zu artikulieren. Da sie von sich aus also nur selten Forderungen stellen, werden ihnen auch nur selten eigenständige „mädchenspezifische" Wünsche und Bedürfnisse unterstellt und stattdessen männliche Maßstäbe zur Richtschnur von Angeboten für die Mädchen: „Die gesellschaftliche Geringschätzung weiblicher Fähigkeiten und Verhaltensweisen spiegelt sich in dem Anspruch an Mädchen, sich bestimmte Eigenschaften und Fähigkeiten der Jungen anzueigenen, also Defizite aufzuholen. Sie sollen z.B. offensiv ihre Meinung sagen und durchsetzen, sich auch für Sport und Technik interessieren und sich schließlich bei der Berufswahl nicht nur für soziale und pflegerische Berufe interessieren, sondern für die sogar staatlich geförderten Programme ‚Frauen in Männerberufe'." (NAUNDORF 1979, S. 120)

Die Tendenz, Mädcheninteressen zu vernachlässigen, die im übrigen verstärkt und durch die gesellschaftliche Norm, in der Jugendphase Mädchen stärker zu kontrollieren und viele Erfahrungsfelder und Verhaltensweisen mit der Begründung auszugrenzen, daß diese sich „für Mädchen nicht gehören", findet ihren Niederschlag in der Besucherstruktur von Jugendverbänden und Jugendeinrichtungen: Mädchen sind deutlich unterrepräsentiert (vgl. auch Abschnitt 1.4).

Jugendarbeit, die ein emanzipatorisches Sozialisationsfeld für Jungen *und* Mädchen sein will, muß Formen, Strukturen und Inhalte finden, die den Interessen von Jungen und Mädchen gleichermaßen gerecht werden. Der 6. Jugendbericht zur ‚Verbesserung der Chancengleichheit von Mädchen in der Bundesrepublik Deutschland' verweist in diesem Zusammenhang ausdrücklich auf die Bedeutung der Jugendhilfe. „Aber gerade die Jugendhilfe mit ihrer relativen Beweglichkeit und Vielfalt sollte nach Möglichkeit suchen, die Mädchen zu unterstützen, auch Interessen zu entwickeln, die außerhalb des öffentlich zugestandenen Handlungsrahmens für sie liegen. Dabei dürfen sie nicht mit der zusätzlichen Anforderung überrollt werden, nun auch alles zu können, was von Jungen erwartet wird, sondern lernen, für sich selbst etwas zu entwickeln. Das dürfte ein langwieriger, schwieriger Prozeß sein, denn Mädchen haben nicht gelernt, auf sich selbst zu vertrauen. Um aus sich herausgehen zu können, müssen Mädchen in ihren Fähigkeiten und Lebensäußerungen ernst genommen werden. Sie brauchen Verständnis, aber auch Anregungen." (6. Jugendbericht S. 46)

Jugendarbeit als Mädchenarbeit

Seit einiger Zeit gibt es in einigen Einrichtungen der Jugendarbeit Bemühungen und Konzeptionen, den o.g. Strukturmerkmalen der (offenen) Jugendarbeit andere Formen entgegenzusetzen. In einer Reihe von Jugendfreizeitstätten und -verbänden sind Gruppen entstanden, die sich ausschließlich an Mädchen wenden und eine zunächst von den Jungen getrennte Entwicklung möglich machen wollen. Eine solche Abgrenzung ist notwendig, da sonst die Gefahr besteht, daß sich in gemischten Gruppen die Jungen wieder mehr einbringen, lenken und durchsetzen. „Die Situation der Mädchen kann sich nur verändern, wenn sie sich in einer autonomen Mädchengruppe zusammenschließen, in der sie ihre Bedürfnisse einbringen und durchsetzen können." (SAVIER/WILDT a.a.O. S. 166) Die Chance der Mädchengruppe liegt darin, daß sich weibliche Jugendliche gegenseitig akzeptieren, helfen und anerkennen lernen. Diese Erfahrung ist besonders für Mädchen wichtig, die üblicherweise lernen, sich anzupassen, nachzugeben und für andere da zu sein. In einer solchen Gruppe können Mädchen ihre Gefühle, Wünsche und Bedürfnisse feststellen, besprechen und versuchen durchzusetzen.

Mädchengruppen im Rahmen der Jugendarbeit bieten Mädchen vor allem die Erfahrung

- sich kennenzulernen, lernen, miteinander zu reden und einander zuzuhören.
- zu erfahren, daß sie mit ihren Problemen nicht isoliert dastehen.
- Sie fangen an, sich und die anderen ernster zu nehmen.
- Sie lernen, sich gegenüber bestimmten Anforderungen zu wehren: In Jugendfreizeitheimen werden Mädchen wie in der Familiensituation eingesetzt zum Saubermachen, Abwaschen und Nähen, zum Nettsein und Anwesend-Sein.
- Sie fangen an, sich gegen ihre Freunde zu wehren.
- Sie machen sich mehr Gedanken über ihre Berufs- und Eheperspektive.
- Sie machen die Erfahrung, daß sie auch miteinander etwas machen können: reden, renovieren, planen, streichen, bauen, Sport, tanzen, Programm des Jugendfreizeitheimes mitbestimmen.

All das kann und soll dazu beitragen

- ihre eigenen Interessen und Fähigkeiten herauszufinden
- zu lernen, ihre Interessen, Ansprüche und Rechte wahrzunehmen
- daraus Handlungskonsequenzen zu entwickeln lernen
- ihre Tätigkeiten als richtig, wichtig und notwendig zu empfinden
- ein eigenes Selbstwertgefühl zu entwickeln.

Dazu müssen die Stärken der Mädchen erkannt und verdeutlich werden, ihre Fähigkeiten und Verhaltensweisen im Rahmen der Jugendarbeit anerkannt und aufgewertet und vor allem auch dann gefördert werden, wenn sie den herkömmlichen Rollenerwartungen gerade nicht entsprechen. Nur so ist sicherzustellen, daß Mädchen mehr Entwicklungsmöglichkeiten haben als bisher.

Die Resonanz auf solche Mädchengruppen ist bei den Mädchen durchaus verschieden. So heißt es in einem Praxisbericht (allerdings aus der Bildungsarbeit): „Meistens entscheiden sich die ruhigen Mädchen dafür, daß sie lieber ohne Jungen arbeiten wollen. Sie grenzen sich mit der Mädchengruppe in erster Linie negativ von den Jungen ab, ohne positiv bestimmen zu können, was sie nun mit Mädchen zusammen machen wollen. . . . meist nur ein oder zwei Mädchen, kann vom Thema her positiv bestimmen, was sie in der Gruppe wollen. . . . Die ‚starken' Mädchen in der Klasse, die mit den Jungen gut klarkommen, von ihnen akzeptiert werden, verhalten sich ambivalent. Eigentlich haben sie eine Mädchengruppe ja nicht nötig. Manche von ihnen grenzen sich so stark gegen die wenig akzeptierten Mädchen ab, daß sie auf keinen Fall in die Mädchengruppe wollen, die sie als Restgruppe begreifen." (NAUNDORF/ WETZEL o.J. S. 170)

Die Reaktion der Jungen auf eine eigenständige Mädchenarbeit ist – wie auch der nachfolgende Praxisbericht zeigt – meist außerordentlich heftig. Der Wunsch nach einer eigenen Jugendgruppe ist ebenso häufig wie der Versuch, die Mädchenarbeit durch Störaktionen und sozialen Druck zu verhindern. Den Jungen ist der Rückgriff auf traditionelle Rollenmuster genommen, sie sind stark verunsichert. Nicht nur diese Reaktion macht deutlich, Mädchenarbeit kann für emanzipatorische Lernprozesse nur dann erfolgreich sein, wenn gleichzeitig eine Jugendarbeit begonnen wird, die geschlechtsspezifische Verhaltensweisen, Druck und Identitätsprobleme in der Männerrolle zum Thema macht.

Praxisbericht: Aufbau einer Mädchengruppe

Ich begann, Mädchen während der offenen Angebote (Disco usw.) innerhalb der festen Einrichtung anzusprechen. Es waren jene, die mich bereits kannten und ein gewisses Maß an Vertrauen zu mir entwickelt hatte. Ich machte ihnen das Angebot, eine Mädchengruppe zu bilden, in der nur unter Frauen einmal über Dinge geredet werden sollte, über die sonst nicht gesprochen wird, schon gar nicht, wenn Jungen dabei sind. Überraschenderweise erklärten sich innerhalb kürzester Zeit vier Mädchen bereit, mitzumachen und auch noch Freundinnen mitzubringen, eine Tatsache, die darauf zurückzuführen war, daß die Mädchen inzwischen von mir wußten, daß ich immer bereit war, Hilfestellungen und Informationen bei speziellen Problemen zu geben. Außerdem sprach ich sie während meiner Arbeit ständig gezielt auf diese Dinge an, die sie betrafen und die mir aufge-

fallen waren. Dies war ihnen zunächst völlig fremd, da sich niemand je für ihre Probleme interessiert hatte und sie diese mit sich abmachen mußten, höchstens noch mit Freundinnen besprechen konnten, die jedoch selbst auch keine anderen Erfahrungswerte hatten.

Unser erstes Treffen fand in einer Wohnung statt, die mit der Jugendeinrichtung, in der sich die Mädchen sonst aufhielten, nichts zu tun hatte. Mir erschien nämlich der übliche Charakter dieser Einrichtung zu düster und unfreundlich, und ich hielt es für besonders wichtig, einen gemütlichen Rahmen zu schaffen, in dem die Mädchen sich wohlfühlen und ihre ersten Ängste besser überwinden konnten. Es war also eine Atmosphäre, in der Barrieren leichter abgebaut wurden und in der ein offenes Wort eher möglich war. Diese Herauslösung aus der Jugendeinrichtung hatte im Nachhinein noch einen anderen positiven Aspekt, der mir erst viel später, als ich bereits andere Mädchengruppen innerhalb der Jugendeinrichtung aufgebaut hatte, auffiel. Die Mädchen wurden in dieser Wohnung nicht belästigt.

Selbstverständlich waren die Jungen in Aufruhr, da sie Angst hatten, ich würde ihnen die Mädchen wegnehmen. Sie machten dumme Sprüche, versuchten, die Mädchen von ihren Treffen abzuhalten und sahen in mir die Schuldige, die ihre Mädchen aufhetzte. Die Arbeit innerhalb der Gruppe blieb jedoch ungestört, da die Jungen ja nicht den Ort unseres Treffens kannten. Innerhalb der festen Jugendeinrichtungen hingegen wurden die Mädchengruppen ständig belästigt. Sie mußten sich in ihrem Raum einschließen, die Vorhänge zuziehen, da die Jungen wahre Akrobatik leisteten, um einen Einblick in die Gruppe zu bekommen. Sie ließen nichts unversucht, um zu stören, ein Umstand, der unser Zusammensein zunächst total behinderte, da wir ständig damit beschäftigt waren, unsere Gruppe zu verteidigen und zu legitimieren. In dieser Auseinandersetzung war ich die Hauptperson, trauten sich die Mädchen doch nicht, offen gegen die Jungen vorzugehen.

Bei der Mädchengruppe außerhalb der Jugendeinrichtung lief der Prozeß anders. Nach ca. einem halben Jahr forderten die Mädchen einen Raum innerhalb der Jugendeinrichtung für ihre Gruppenarbeit, da wir die Wohnung nicht mehr zur Verfügung hatten, und ich der Meinung war, daß Mädchenarbeit fester Bestandteil der Jugendarbeit sein muß und sich somit nicht von der übrigen Jugendarbeit isolieren darf. Die Mädchen in dieser Gruppe waren inzwischen soweit gefestigt, daß sie ihre Interessen bezüglich des Raumes alleine durchsetzten, ohne auf mich direkt zurückzugreifen.

Bei ersten Störaktionen der Jungen während der Gruppensitzungen reagierten sie relativ selbstbewußt und zeitweise sogar massiv. Gemeinsam verließen sie den Gruppenraum und versuchten, den Jungen klarzumachen, daß sie, die Mädchen, jetzt dran wären und die Jungen zur Zeit nichts „zu melden" hätten und sie bitte schön ihre Ruhe haben wollten.

Sie gingen soweit, daß sie die Jungen vor die Tür setzten. Nach einiger Zeit hatten diese kapiert, daß hier nichts zu machen war, ließen die Mädchen in Ruhe und sahen es als selbstverständlich an, daß eine Mädchengruppe existierte. Wurden sie in der Kneipe von meinem Kollegen angesprochen, wo denn ihre Freundinnen seien, hieß es: „Mann, heute ist doch Mädchengruppe!" Der Erkenntnisprozeß und das Erstaunen über das Verhalten der Jungen, das sie als absolut lächerlich empfanden, verlief bei allen Mädchengruppen gleich, und zwar im Einklang damit, als ihnen dämmerte, sich hier in einen Bereich zu wagen, der für sie total ungewöhnlich war und von männlichen Pädagogen und den Jungen nicht so ohne weiteres akzeptiert wurde. Dies führte dazu, daß sie sich sagten: „Jetzt erst recht, das wollen wir doch mal sehen!!!" Das Bewußtsein darüber, einen eigenen Bereich zu haben, in den niemand ihnen hineinreden konnte (vor allen Dingen keine Jungen), einen Bereich, in den sie sich zurückziehen konnten und mit ihren Problemen als Mädchen ernstgenommen wurden, machte sie sehr stark.

Angst abbauen, sich selber vertrauen!

Die inhaltliche Arbeit war in der Anfangsphase zunächst recht schwierig. Die Mädchen wußten nicht so recht, was das Ganze werden sollte, da ihnen die Situation völlig fremd war, und ich hatte selbst mit viel Unsicherheiten zu kämpfen. Bei dem Bemühen, von anderen Frauen Erfahrungen über Mädchengruppenarbeit zu bekommen, mußte ich feststellen, daß dieser Bereich innerhalb der Jugendarbeit völlig in den Kinderschuhen steckte. Ich stand so ziemlich alleine da und war zeitweise sehr ratlos. Angefangen habe ich mit dem Anbieten verschiedener Aktivitäten, z.B. Schwimmen gehen, Kinobesuche, Ausflüge u.ä., einfache Freizeitaktivitäten also, die den Mädchen Spaß machten und bei denen wir die Chance hatten, uns näher kennenzulernen. Viele Stunden haben wir mit gemütlichem Teetrinken und Klönen verbracht, eine Form, die von einigen Kollegen und leider auch Kolleginnen als „Laberkram" arrogant abgewertet wurde, ohne den hohen Stellenwert dieser Gespräche für die Mädchen zu erkennen.

In der freien Gesprächsrunde äußerten die Mädchen locker und offen ihre Gedanken. Sie waren erleichtert darüber, mit ihren Schwierigkeiten nicht alleine zu sein, daß die anderen die gleichen Ängste und Hemmungen hatten, daß endlich einmal eine Vertrauensperson da war, mit der sie reden konnten und die auch gleiche oder ähnliche Erfahrungen gemacht hatte. Themen wie Schule, Elternhaus, Berufschancen, Lehrstellenproblematik standen immer wieder zur Debatte. Am Anfang waren es besonders die Auseinandersetzungen mit den Lehrern und Eltern, die besprochen wurden. Die Mädchen waren lebhaft beteiligt und machten ihrem Unmut Luft, während sie in Schule und Elternhaus in entsprechenden Situationen dazu nicht in der Lage waren, sondern mit Rückzug oder großer Heftigkeit reagierten. Ich habe den Mädchen immer wieder von meinen

Erfahrungen und Gefühlen in solchen Situationen berichtet und versucht, ihnen die Hintergründe zu erklären, sei es das besondere Verhältnis zum Vater, der sich neuerdings so komisch verhält: „Ich darf überhaupt nichts mehr!" oder das Verhältnis zur Mutter, die einen immer mehr ans Haus binden will. Wir haben sehr ausführlich über die Eifersucht des Vaters gesprochen, der seine kleine Tochter plötzlich als junge Frau sieht und durchaus auch Gefühle sexueller Art entwickelt und selbstverständlich selbst damit gar nicht zurechtkommt und über die daraus resultierenden Konflikte innerhalb der Familie. Ich versuchte, den Mädchen Informationen und Hilfestellungen zu geben, damit sie ihre familiäre Situation besser einschätzen und damit umgehen konnten. Dinge, die bekannt sind, machen weniger Angst, Frau kann damit selbstsicherer umgehen.

Das Bewußtsein der Mädchen, unter ihresgleichen über alles reden zu können, wurde immer stärker, und zu diesem Zeitpunkt trat ihr schwerwiegendstes Problem, die Sexualität, in den Vordergrund.

Sie sprachen dieses Thema nicht direkt an, sondern machten hin und wieder Bemerkungen, auf die ich gezielt reagierte, oder ich selbst sprach ganz konkrete Bereiche an. Auf meine Frage hinsichtlich der Verhütung oder der Darstellung eigener Ängste vor den ersten sexuellen Kontakten reagierten sie zunächst mit Kichern und Rumalbern, die Situation war ihnen äußerst peinlich, da dieses Thema bislang nur im Biologieunterricht als rein technische Aufklärung stattgefunden hatte. Von Sexualerziehung konnte hier überhaupt keine Rede sein. Ich begann also, von meinen eigenen Erfahrungen und Ängsten zu reden, wobei ich große Schwierigkeiten hatte, denn mir gegenüber saßen acht Mädchen, die nichts mehr sagten und nur angespannt lauschten. Vorsichtig begannen sie, bei meinen Erzählungen nachzuhaken, dabei traten ihre Ängste und Unwissenheit massiv zutage. Die einzigen Informationen, die sie hatten, bestanden aus Halb- und Unwahrheiten, die sie verunsicherten und es ihnen erschwerten, sich mit der Sexualität auseinanderzusetzen, z.B. daß jedes Mädchen angeblich früher oder später während des Verkehrs einen Scheidenkrampf bekäme. Ich habe dann die Mädchen über ihren Körper aufgeklärt, bin mit ihnen gemeinsam zu „Pro Familia" gegangen und versuchte, jede Frage und Bemerkung zu thematisieren, allerdings nicht in üblicher Aufklärungsform, sondern immer im Zusammenhang mit ihren Gefühlen und meinen Erfahrungen dazu.

Mit der Zeit hatten wir so ein Verhältnis zueinander entwickelt, daß wir in der Gruppe oder im Einzelgespräch über alles sprechen konnten, wobei mir ganz klar meine Grenzen vor Augen traten. Bei Fragen wie: „Erklär uns doch mal, wie das mit der Selbstbefriedigung der Frauen funktioniert" hätte ich mich am liebsten verdrückt. Ich habe dann ganz klar auf meine eigenen Unsicherheiten hingewiesen und Material mitgebracht, das wir uns dann gemeinsam erarbeitet haben, um unsere Hemmungen abzubauen und anschließend offen reden zu können. Dabei habe ich selbst sehr viel über Mädchen lernen können und mich mit ihnen gemeinsam weiterentwickelt.

„Mensch Mädchen wehr' dich!"

War der Bereich der Sexualität einigermaßen abgehandelt, so hieß dies nicht das Ende der Mädchenarbeit. Im Gegenteil, dann war die Grundlage vorhanden, um über andere Dinge zu sprechen, die Arbeit ging über in Konfliktlösungen mit den Jungen innerhalb der Einrichtungen. „Muß ich mir alles gefallen lassen, was die Jungen uns Mädchen gegenüber darauf haben? Wie kann ich mich wehren? Muß ich mich auf alles einlassen?" Es galt, das Selbstbewußtsein Schritt für Schritt zu stärken und ihnen die Möglichkeit zu geben, die Jugendeinrichtung, die ja auch die ihre war, als gleichberechtigten Partner zu erobern. Vor allen Dingen war es wichtig, die Mädchen in ihren Überlegungen, wie sie sich das Leben vorstellten, nämlich anders als das ihrer Mütter, zu unterstützen und ihnen konkrete Alternativen zu bieten. Ihnen Mut zu machen und ihre Risikobereitschaft zu stärken, war und ist Hauptaufgabe in der Mädchenarbeit. Die Aufklärung über die Bedeutung der finanziellen Unabhängigkeit und damit im Zusammenhang das Erlernen eines qualifizierten Berufs und die besondere Lehrstellenproblematik der Mädchen ist unbedingtes Muß unserer Arbeit.

Den Mädchen muß klar werden, daß sie nicht nur über einen Freund etwas wert sind, sondern daß sie ihre Sache auch genauso gut allein machen können, daß es nicht schlimm ist, eine Zeit lang alleine zu sein oder sogar schon mit 17 oder 18 Jahren von zu Hause auszuziehen. Solange ihnen nicht klar ist, daß sie auch einen eigenen Wert haben und sehr wohl allein bestehen können, kann Frau sich die Diskussion über andere Dinge sparen, denn durch dieses auf den Mann fixierte Denken tritt so Wichtiges wie Schuldbildung und spätere Berufstätigkeit in den Hintergrund.

„Das können wir auch!"

Nach und nach begannen die Mädchen innerhalb der Jugendarbeit ihre Forderungen bezüglich der Aufgabenteilung zu stellen. Sie wollten nicht mehr nur die „Tresentanten" sein, sondern z.B. selbst hinter der Disco sitzen, wissen, wie eine Anlage funktioniert und mitbestimmen. Die ersten offenen Konflikte mit den Jungen waren da. Diese wollten sich auf keinen Fall ihre Privilegien nehmen lassen und begannen, massiv gegen die Mädchen zu kämpfen, die sich ihrerseits daraufhin enttäuscht und resigniert zurückzogen. Manchmal ließen sie sich zwar auf einen offenen Kampf ein, obwohl sie eigentlich zu dieser Form der Auseinandersetzung keine Lust hatten, jedoch kam dadurch letztlich kein Ergebnis zustande, und sie waren wieder die Unterlegenen.

Hinzu kam, daß einige von ihnen inzwischen mit den betreffenden Jungen befreundet waren und sich aufgrund dieser Beziehungen wieder zurück-

zogen aus der Auseinandersetzung, sie fielen wieder in ihre alten Verhaltensunsicherheiten zurück und wußten nichts mehr von ihrer Zielvorstellung. Hierbei kristallisierte sich ganz stark die Unwissenheit der Mädchen über das Wesen „Mann" heraus. Es wurden Vorstellungen über Männer deutlich, die der Realität absolut nicht entsprachen. Die Freunde wurden nach ihrem äußerlichen Auftreten beurteilt. Kraftvoll, stark, mutig, weiß immer alles, kann alles und blickt total durch. Spätestens, wenn sie das erste Mal mit ihm geschlafen hatten, merkten sie, daß etwas nicht stimmte. „Es war so komisch, irgendwie habe ich mir das alles ganz anders vorgestellt. Der mag mich wohl nicht mehr", bekam ich dann immer wieder zu hören. Auf die Idee, daß die Jungen hier ein Spiel spielten, das auch ihnen aufgezwungen wurde und sie genauso viel Ängste nur anderer Art hatten, kamen die Mädchen nicht. Ich habe ihnen dann Beispiele von meinen Freunden und Partnern gegeben, mit denen ich ähnliche Erfahrungen gemacht hatte und Parallelen zu ihren Freunden gezogen, deren Ängste mir inzwischen durch meine Erfahrungen deutlicher als ihnen waren.

Durch das Bewußtsein über die Situation ihrer Freunde machten die Mädchen bestärkt einen erneuten Anlauf, reagierten bei Widerstand ohne Angst und relativ gelassen und bestanden auf ihren Forderungen. Nach ca. 4 Wochen und mehreren sehr guten Gesprächen mit den Jungen saßen sie das erste Mal auf einer Fete hinter der Disco. Die Jungen gewöhnten sich nach und nach an diese Sitation und begannen, die Mädchen als gleichberechtigte Partner ernstzunehmen.

Bei dieser Mädchengruppe ist zu berücksichtigen, daß parallel zu ihr eine Jungengruppe angeboten wurde, in der diese Jungen sich trafen und der Diskussionsstand und die inhaltliche Gestaltung der Gruppenarbeit zwischen dem Straßensozialarbeiter und der Straßensozialarbeiterin ständig abgestimmt wurde. Das bedeutet, daß eine Mädchengruppe in einer anderen Jugendeinrichtung mit wesentlich mehr Schwierigkeiten von seiten der Jungen zu rechnen hätte als die Mädchen unserer Gruppe.

„Allein machen sie uns ein!"

Über die Konfliktlösungen innerhalb der Jugendarbeit mit den Jungen hinaus begannen die Mädchen, sich langsam für andere Themen, jedoch immer im Zusammenhang mit ihrer Situation als Mädchen und Frau, zu interessieren. Ihr Bedrüfnis, mehr wissen zu wollen, war geweckt. Themen wie „Frauen in der Bundeswehr", „Gewalt gegen Frauen", „Sanfte Geburt" wurden angesprochen und diskutiert. Sie lernten, sich über diese Dinge eine Meinung zu bilden, sich mit verschiedenen Bereichen inhaltlich auseinanderzusetzen und übten die Diskussion, um dann später im Jugendzentrum mit Jungen und Erwachsenen sehr bewußt zu diskutieren.

Es gab viele Rückschläge und nach wie vor große Unsicherheiten wie „Laß mich in Ruhe, das kann ich gar nicht" oder „Davon hab' ich keine

Ahnung". Ich habe die Mädchen immer wieder in diesen Situationen unterstützt, ihnen Mut gemacht, sie aufgefordert, es zu versuchen und gemeinsam mit ihnen Sachen angepackt und ihnen damit klargemacht, daß sie viel mehr können, als sie jemals gedacht hatten. Da sie mich und mein Verhalten immer vor Augen hatten, war ihnen klar, daß dieser Prozeß für sie sehr schwierig sein würde, kannten sie doch auch meine Rückschläge innerhalb der Jugendarbeit, aber das Bewußtsein, in diesen Situationen nicht allein zu sein und ihre Probleme nicht mehr als individuelle ansehen zu müssen, bestärkte sie mehr und mehr, und sie riskierten sehr viel. Die Gespräche in der Mädchengruppe hatten ihnen klargemacht, daß alles, was sie bislang als ihre ureigensten Probleme angesehen hatten, auch die Schwierigkeiten der anderen waren und es sinnvoll war, gemeinsam mit den anderen die Probleme anzupacken. Selbst bei Auseinandersetzungen um einen Jungen „Die alte Ziege hat mir einen Freund weggenommen" ließen sie sich nicht mehr auseinanderdividieren. Letztlich fand immer das klärende Gespräch statt, wobei klar wurde, daß der Junge, um den es sich drehte, unbehelligt blieb, solange die Mädchen stritten, obwohl er sich total unfair und unehrlich verhalten hatte. Das Gegeneinanderausspielen der Mädchen funktionierte nicht mehr, da sie sich solidarisierten, dies wurde den Jungen mit der Zeit klar.

Einzelfallhilfe?

Neben den Gruppengesprächen hat das Einzelgespräch einen besonders hohen Stellenwert in der Mädchenarbeit. Es ist nicht zu verwechseln mit der üblichen Einzelfallhilfe, die sich bei Jungen häufig um Arbeitslosigkeit und das damit verbundene mögliche Abrutschen in die Kriminalität dreht oder bei Erwachsenen den Gang zum Sozialamt beinhaltet. Vielmehr wird in diesen Einzelgesprächen über die intimsten Probleme der Mädchen gesprochen, die sie auch innerhalb der Gruppe nicht bearbeiten wollen (Abtreibung, sexuelle Praktiken und Erfahrungen mit dem Freund u.ä.) Diese Probleme sind jedoch von hoher Bedeutung für die Mädchen, sie quälen sich mit ihnen herum und kommen nicht mit ihnen zurecht. Es entsteht dann der Anschein, daß Mädchenarbeit nichts bewirke, fallen die Mädchen doch bei solchen Problemen völlig in ihre alten Verhaltensunsicherheiten zurück. Durch Einzelgespräche ist es möglich, sie wieder aufzufangen und zu stabilisieren, vorausgesetzt, die Gruppenleiterin ist bereit, sich so stark auf sie einzulassen.

Aus: Straßensozialarbeit in Rahlstedt, Projektbericht, Hamburg 1983

Abgesehen von der zitierten Literatur bieten der
- 6. Jugendbericht ‚Verbesserung der Chancengleichheit von Mädchen' Bonn 1984 (Drucksache 10/1007)

sowie die dazugehörigen Expertisen einen umfassenden Überblick über die Situation von Mädchen.

Für die praktische Arbeit:
- KLEES, Renate/MARBURGER, Helga/SCHUMACHER, Michaela: Mädchenarbeit — Praxishandbuch für die Jugendarbeit, Teil 1, Weinheim und München 1989
- SIELERT, Uwe: Jungenarbeit — Praxishandbuch für die Jugendarbeit, Teil 2, Weinheim und München 1989
- BRENNER, Gerd/GRUBAUER, Franz (Hrsg.): Typisch Mädchen? Typisch Junge? Weinheim und München 1991.

7 Rollen und Rollenprobleme der Erzieher

Dieter ist seit 13 Jahren Heimerzieher, seit 8 Jahren ist er jetzt in dieser Gruppe eines Erziehungsheimes und hat trotz der größeren Kontinuität im Bereich der Heimerziehung schon viele Jugendliche kommen und gehen sehen. Er hat eigentlich „einen guten Draht" zu seinen Jungen, macht jeden Donnerstag Sport und Fußballtraining mit ihnen, ist dafür bekannt, daß er exzellente Fußballturniere organisieren kann. Er hat immer einen lockeren Spruch drauf.

Wenn er Dienst hat, sitzt er meist zusammen mit seinen Kollegen im Erzieherzimmer am Ende des Flurs, auf dem die Jungenzimmer liegen, hat die Tür halb geöffnet, um mitzukriegen, was draußen läuft. Wird's zu laut oder bekommt er Konflikte mit, geht er auf den Flur und fährt dazwischen. Wenn Jugendliche von ihm etwas wollen, müssen sie an der halbgeöffneten Tür klopfen.

Heiner ist seit 4 Jahren mit großem Engagement beim Jugendrotkreuz als Jugendgruppenleiter. Seine Gruppe ist innerhalb des Verbandes sehr aktiv und gerade neulich mit einer Straßentheateraktion groß rausgekommen. Heiner bemüht sich um jedes Gruppenmitglied, macht Elternbesuche, viele Fahrten und Wochenendseminare und ist zugleich Vertreter in verschiedenen Verbandsgremien. Seine Gruppe und vor allem er selbst ist davon überzeugt: ohne ihn geht nichts. Die erwachsenen Verbandsfunktionäre bestärken ihn in diesem Glauben.

Als er im Rahmen seiner Ausbildung für drei Monate in eine überbetriebliche Ausbildungsstätte in einer anderen Stadt muß, bricht binnen kurzer Zeit seine Gruppe auseinander.

Karin ist seit drei Jahren Erzieherin in einem kommunalen Jugendhaus, in dem noch ein Sozialpädagoge als Heimleiter und ein weiterer Erzieher arbeiten. Das Haus besteht aus mehreren Räumen und ist von Montag bis Sonnabend täglich zwischen 14 und 22 Uhr geöffnet. Nachmittags wird neben der offenen Arbeit Schulaufgabenhilfe angeboten.

Karin ist gerade damit beschäftigt, zwei 14jährigen Mädchen bei den Matheaufgaben zu helfen, als sie draußen in der Halle ohrenbetäubenden Lärm und splitterndes Glas hört. Einige der älteren arbeitslosen Jugendlichen sind schon etwas angetrunken und haben gerade nach den Tischtennis spielenden Jüngeren mit einem Glasaschenbecher geworfen — so aus Jux —.

Karin stellt sie zur Rede; aus dem Sportraum im Keller kommt Max, der der Interessengruppenleiter für die Sportgruppe ist, unterbricht ihr Gespräch, weil er einen Schlüssel für den Sportraum braucht. Sie wendet sich wieder den Jugendlichen zu, wird aber von den beiden an ihren Schularbeiten sitzenden Mädchen mit einem maulenden „Wann kommst du endlich" unterbrochen. Es geht das Telefon, einer will Geld für den Cola-Automaten gewechselt haben und beim Arbeitsamt müßte sie auch noch anrufen, weil Kalle sein Geld immer noch nicht bekommen hat . . .

Nach wie vor klagen Jugendarbeiter über ihre Praxis und ihre Rolle. Zwar ist die Fluktuation in diesem Arbeitsfeld wegen der mangelnden Perspektiven im Sozialbereich zurückgegangen, die Unzufriedenheit mit der eigenen Rolle und ihrem Arbeitsfeld ist jedoch geblieben oder sogar angestiegen. Während ein Teil der Unzufriedenheit auf die nach wie vor krisenhafte Situation der Jugendarbeit als Sozialisationsfeld zurückgeführt werden kann, hängt ein anderer Teil dieser (Selbst-)Kritik mit unklaren Rollendefinitionen des Jugendarbeiters und den daraus entstehenden Identitätsproblemen zusammen.

Die Kritik an der eigenen Rolle und den übertragenen Aufgaben läßt sich thesenhaft auf folgende Punkte bringen:

— der Jugendarbeiter sieht sich einer Vielzahl von Erwartungen an seine Tätigkeit ausgesetzt, die von ganz unterschiedlichen gesellschaftlichen Gruppen an ihn herangetragen werden und teilweise unrealistisch oder widersprüchlich sind. Er befindet sich dadurch in permanenten Rollenkonflikten und dem Druck die Effizienz seiner Arbeit vor ganz unterschiedlichen sozialen Gruppen zu legitimieren.

— Ein Teil der ihm übertragenen Aufgaben läuft auf Kontrolle und Disziplinierung von Jugendlichen hinaus, die aus Arbeitsmarkt und Bildungsinstitutionen ausgegliedert wurden. Der Jugendarbeiter sieht sich hier in der Rolle, entweder als „Sozialklempner" das Versagen anderer Sozialisationsinstanzen beheben zu sollen, oder aber mit den betroffenen Jugendlichen arbeiten zu müssen, ohne ihnen auch nur halbwegs realistische Zukunftsperspektiven anbieten zu können.

— Die im Alltag der Jugendarbeit anfallenden Tätigkeiten werden alle gleichzeitig abverlangt. Statt eines sinnvollen Arbeitsablaufs werden deshalb viele Tätigkeiten als zum Teil zusammenhanglos und „scheibchenweise" erlebt. Eine Befriedigung über (abgeschlossene) Arbeitsabläufe oder Ergebnisse stellt sich so nur schwer ein, eher überwiegt der Eindruck permanenter Hektik und Perspektivlosigkeit.

— Bezogen auf den Umgang mit subkulturellen Gruppierungen einerseits und den immer problematischer werdenden Lebensbedingungen

Jugendlicher andererseits stoßen Jugendarbeiter immer häufiger an eigene, persönliche und fachliche Grenzen.

- Die o.g. Einflüsse wirken sich auch in der Zusammenarbeit der Mitarbeiter untereinander häufig belastend aus, das Team wird deshalb gelegentlich eher als konkurrenz- und rollenkonfliktverschärfend denn als hilfreich angesehen.

Vom Umgang mit Erwartungen

Der Mitarbeiter sieht sich einem umfangreichen Geflecht von Erwartungen ausgesetzt.

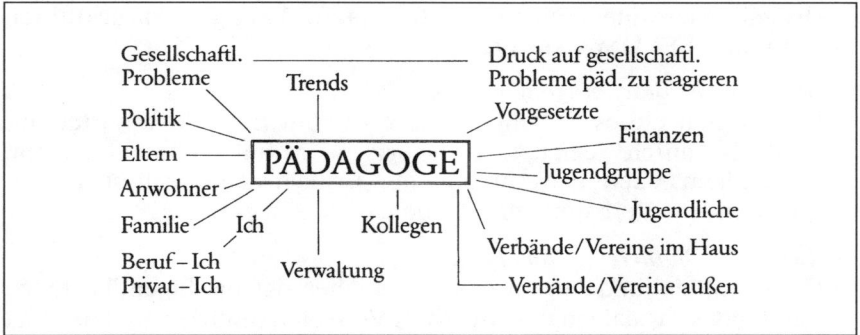

Greifen wir nur die wichtigsten Interaktionspartner heraus, so ergeben sich nicht nur sehr viele Erwartungen, sondern viele davon sind auch noch widersprüchlich:

- Die Politiker erwarten, daß die Probleme der Kinder und Jugendlichen bereits im Vorfeld gelöst werden, bevor sie an die Öffentlichkeit dringen; sie erwarten eine fachliche Arbeit, die stadtteilorientiert wirksam sein und viele Kinder erreichen soll. Gleichzeitig erwarten sie eine maximale Öffnungszeit und ständig neue Angebote.

- Die Verwaltung erwartet vor allen Dingen wenig Geldausgaben, wenig Aufwand und insgesamt wenig Ärger.

- Die Eltern sehen in der Jugendarbeit vorwiegend eine Entlastungsfunktion. Die Kinder sollen betreut und kontrolliert sowie von Gefahren ferngehalten werden, indem sie angehalten werden, etwas Sinnvolles zu machen um nicht auf dumme Gedanken zu kommen.

- Die Öffentlichkeit erwartet Ruhe und Ordnung, keine Belästigungen, eine sinnvolle Beschäftigung der Jugendlichen.

205

- Die Schule erwartet auch von der Jugendarbeit, daß dort Leistung gelernt wird. Die Jugendlichen sollen funktionieren und angepaßt werden. Die Jugendarbeiter sollen der Rolle des Lehrers entsprechen und zum Teil Defizite des Schulalltags aufarbeiten.

- Die Kollegen erwarten eine verantwortliche Zusammenarbeit, gleichzeitig erwarten sie seelische Unterstützung, Anerkennung und Hilfe, gleichzeitig aber auch Funktionieren, Engagement und Solidarität.

- Die Jugendlichen erwarten Freiräume, selbständige Schlüsselgewalt, Fahrten und Unternehmungen, Aktionen, ständige Anwesenheit, aber gleichzeitig schließen sie die Intervention der Mitarbeiter in eigenen Konflikten aus.

Diese unterschiedlichen Erwartungen an Mitarbeiterinnen und Mitarbeiter in der Jugendarbeit lassen sich auf fünf zentrale, in ihrem Kern jedoch teilweise widersprüchliche Rollenanforderungen zurückführen (vgl. ähnlich FELDMANN 1981):

- *Betreuung – Beschäftigung – Kontrolle*
Im Rahmen dieses Rollenbündels wird vom Erzieher erwartet, Jugendliche durch geeignete pädagogische Mittel zu unauffälligem, „sinnvollem", den Erwartungen der Erwachsenengesellschaft entsprechendem Verhalten zu erziehen.

- *Anregen – initiieren – unterstützen*
Dieses Rollenbündel erwartet vom Erzieher, daß die Jugendlichen zu selbständigem, aktiven und kreativen Verhalten motiviert und befähigt werden. Er bietet Hilfe, Beratung und Aktivitäten an, den Jugendlichen bleibt überlassen, ob sie von diesem Angebot Gebrauch machen.

- *Beratung – Therapie*
erfordern vom Erzieher, mit Jugendlichen für schwierige Lebenssituationen und Alltagsprobleme durch Gespräche Lösungsmöglichkeiten und Hilfen zu entwickeln und Umsetzungsstrategien zu erproben.

- *Organisieren – strukturieren – absichern*
meint alle Anstrengungen, die der Aufrechterhaltung und Weiterentwicklung der Jugendarbeit nach innen und außen dienen. Hierzu gehört die Entwicklung klarer Strukturen gemeinsam mit den Jugendlichen für den Umgang miteinander innerhalb der Einrichtung ebenso wie die Mitarbeit in politischen Gremien, die Sicherung von Finanzen etc.

- *Beziehungsarbeit*
Der Erzieher soll beruflich soziale Beziehungen eingehen, die durchaus persönlichen und über den beruflichen Bereich hinausgehenden Charakter haben.

Der Umgang mit diesen Erwartungen erfordert Fähigkeiten des Erziehers in ganz unterschiedlichen Kompetenzbereichen (ebd.):

— Er muß in der Lage sein, theoretisches Wissen und Fachkenntnisse auf praktische Situationen anzuwenden, diese Situation und das Verhalten der Beteiligten in ihren/seinen Zusammenhängen zu verstehen und zu interpretieren und praktische Fertigkeiten mitbringen, die Situation zu bewältigen (instrumentelle Kompetenz);

— er muß das eigene berufliche Handeln aufgrund der Einsicht in eigene Abhängigkeiten, Betroffenheit und Motivation überdenken können (reflexive Kompetenz);

— er muß bereit und fähig sein, sich auf andere und ihre Bedürfnisse einzulassen, sich selbst in die Interaktion einzubringen, ohne eigene Vorstellung oder die eigene Identität aufzugeben (soziale Kompetenz).

Dagegen stehen oftmals die eigenen Erwartungen des Jugendarbeiters, der persönliche Bedürfnisse und Arbeitsalltag in Einklang bringen will, für sich selbst auch befriedigende Erfahrungen aus der Arbeit ziehen will und eine Bedeutung für die Jugendlichen in ihrer Gestaltung des Alltags und ihrer Freizeit haben möchte. Er wünscht sich Anerkennung und Zubilligung fachlicher Kompetenzen sowie die Erkenntnis von Öffentlichkeit und Politikern, daß es sich um eine schwierige und wichtige Aufgabe handelt.

Bezogen auf diese zum Teil sehr widersprüchlichen Erwartungen ist noch zu berücksichtigen, daß die Gruppierungen, die diese Erwartungen an die Jugendarbeiter herantragen, natürlich über unterschiedliche Macht verfügen, ihren Erwartungen Nachdruck zu verleihen.

Jugendarbeiter haben eine Reihe von Strategien entwickelt, mit diesen Erwartungen umzugehen. Der zweifelhafte Wert dieser Strategien für eine Weiterentwicklung ist andernorts bereits nachgewiesen worden (z.B. HAFENEGER/SANDER 1979, HOMUTH 1979). Zu diesen Strategien kann z.B. gehören:

— der Rückzug auf die Funktion als Polit- und Gremienfreak

— das eigene Verständnis vorwiegend als Sozialmanager, der sich um alles kümmert und alles initiiert

— der Rückzug auf eine Hausmeisterpädagogik, die den Erwartungen der Öffentlichkeit entgegenkommt und sich vor allen Dingen mit der Herstellung von Ruhe und Ordnung beschäftigt

— eine falsch verstandene Gewerkschaftsorientierung, die sich ausdrückt in einer Arbeitnehmereinstellung gegenüber Jugendlichen und einer Jobmentalität gegenüber der Arbeit mit den Betroffenen

— Konfliktverlagerung, die sich ausdrückt in ausschließlichem Lamentieren über die schwierigen Strukturen und gesellschaftlichen Bedingungen

— Resignation und Ausstieg.

Kommen wir in diesem Zusammenhang nochmals auf die eingangs geschilderten drei Praxisbeispiele zurück. Dieter, der Heimerzieher, hat sich nach 13 Jahren mit den Anforderungen an seine Rolle arrangiert, indem er klare Grenzen zwischen sich und seinen Jugendlichen gezogen hat, die sich auch räumlich ausdrücken (Erzieherzimmer, anklopfen).

Er greift ein, wenn es (institutionell) notwendig ist, ansonsten hält er sich raus, ist (als Person) kaum greifbar. Er engagiert sich dort, wo er eigene Interessen hat (Fußball, Sport), ist dann auch voll dabei.

So verständlich eine solche ‚Strategie' nach 13 Jahren Heimerziehung auch sein mag, sie bleibt letztlich unbefriedigend für Jugendliche *und* Erzieher: die Jugendlichen fühlen sich als Person nicht ernstgenommen, bleiben sich selbst überlassen und werden sich von selbst nicht an Dieter wenden — es sei denn, es geht um Fußball. Der Umgang miteinander wird auf technische und formale Aspekte reduziert — Erfolgserlebnisse, Entwicklungen und Zuwendung wird Dieter so nicht mitbekommen. Er ist vom Erzieher zum ‚Verwalter' geworden.

Heiner ist das ebenfalls häufig anzutreffende Gegenbeispiel. Er läßt als „Hansdampf in allen Gassen" wenig Freiraum für seine Gruppenmitglieder, Schritt für Schritt mehr Selbständigkeit zu erlernen. Solange er *für* sie Action macht, läufts, fällt seine Aktivität weg, kann an die Stelle nichts anderes treten. Vermutlich ist er darüber auch noch enttäuscht. Doch nicht nur für die Gruppe ist ein solches „alles machen zu wollen und zu können" schwierig: auch Heiner wird solchen selbstgesteckten Anforderungen nur über einen begrenzten Zeitraum gewachsen sein können, er wird ‚ausbrennen'.

Der Umgang mit widersprüchlichen und vielfältigen Erwartungen wird immer konflikthaft sein und je nach lokalen Macht- und Abhängigkeitsstrukturen unterschiedlich angelegt sein müssen.

Das erfordert

— die Entwicklung von Arbeitsschwerpunkten für die offene Arbeit mit dem Ziel einer zielgruppenspezifischen Arbeit für den Stadtteil zu entwickeln. Das bedeutet auch Ausgrenzung von Alters- oder Besuchergruppen. Dabei müssen die o.g. Erwartungen reflektiert und für den Stadtteil bewertet werden.

— Eine Formulierung konzeptioneller Strukturen und deren Offenlegung gegenüber relevanten gesellschaftlichen Gruppen.

— Die realisierbaren Erwartungen auszuweisen und unrealistische begründet zurückzuweisen.

— Ggfls. mit den beteiligten Gruppen Kriterien für die Effizienz der Arbeit zu verabreden (dabei ist auch das Problem der „Messung" sozialer Arbeit zu diskutieren).

Nur so kann verhindert werden, daß der Jugendarbeiter meint, für alles und jeden da sein zu müssen, sich in dieser Bereitschaft aufreibt und am Ende doch unzufrieden bleibt in dem Gefühl, eigentlich nichts geschafft zu haben.

Eigene Bedüfnisse ernstnehmen

Es fällt schwer, als Erzieherin oder Erzieher abzuschalten, die sozialen Beziehungen zu den Jugendlichen dem Takt der Arbeitsstunden unterzuordnen. Die Wünsche und Erwartungen der Jugendlichen hören nicht auf, wenn der Arbeitstag zu Ende ist, ja manche Wünsche — Wochenend- oder Ferienfahrten, Projektarbeit oder der Gang zum Jugendgericht oder Arbeitsamt — sind nur außerhalb der Arbeitszeit erfüllbar und nur möglich, wenn der Jugendarbeiter bereit ist, die Trennung von Arbeit und Freizeit, von Beruflichem und Privatem zumindest gelegentlich aufzugeben. Manche Träger setzen eine solche „idealistische Arbeitshaltung" unzulässigerweise geradezu voraus.

An dieser Stelle soll keine Diskussion über den „Lohnerzieher" geführt, aber doch der Frage nachgegangen werden, wie Erzieher eigentlich die eigenen Bedürfnisse, das eigene Leben und die manchmal allumfassenden Erwartungen ihres Arbeitsalltags zusammenbringen können. Denn gelingt diese Integration nicht, wird der Erzieher in kurzer Zeit „ausgebrannt" sein, lustlos und wenig kreativ seine Arbeit „abreißen", resignieren, aussteigen.

Es gibt keine allumfassenden Antworten auf diese Frage, aber Hinweise, die eine solche Integration erleichtern können:

— *Die eigenen Bedürfnisse erkennen und akzeptieren lernen*
Im Rahmen der Ausbildung und vielleicht auch durch dieses Buch wird der Eindruck vermittelt, der Erfolg pädagogischen Handelns hänge vor allem von methodischem Vorgehen und reflektiertem professionellem Handeln ab. Das ist zwar richtig, aber nur die halbe Wahrheit. In pädagogischen Prozessen spielt die *Person* des Erziehers neben seinem fachlichen Können eine zentrale Rolle. Ein wesentlicher Teil dieser Person sind ihre Erwartungen, Bedürfnisse, Wünsche, Ängste etc., die u.U. auch den eigenen fachlichen Ansprüchen und Erwartungen widersprechen können. Sie zu erkennen, sich selbst gegenüber ehrlich einzugestehen und positiv zu akzeptieren ist ein erster Schritt, sie konstruktiv in die pädagogische Arbeit einzubringen.

— *Eigene Grenzen erkennen und deutlich machen*
Im pädagogischen Alltag gibt es laufend Situationen, in denen wir an Grenzen stoßen. Grenzen unserer Belastbarkeit, weil wir den vielfältigen, gleichzeitigen Anforderungen nicht ständig gewachsen sind, Grenzen unserer normativen Toleranz, weil wir Umgangsformen Ju-

gendlicher untereinander oder ihre Art, mit Konflikten umzugehen, aufgrund unserer eigenen Normen und Werte nicht akzeptieren können.

Solche Widerstände in uns sollten wir ernstnehmen und aussprechen, nicht um die Jugendlichen zu unserer Sichtweise zu zwingen, sondern um sie mit einem anderen Blickwinkel zu konfrontieren. Wir werden so als Person greifbarer (aber auch angreifbarer), können dabei aber auch mehr ‚von uns' in die Arbeit einbringen.

— *Unterschiede in der Lebenssituation beachten*
In diesem Zusammenhang stellt sich die Frage nach der Rolle des Pädagogen ganz grundsätzlich. Immer wieder ist es für uns enttäuschend, zu sehen, daß Angebote von uns von den Jugendlichen nicht angenommen werden. Immer wieder sind wir vor die Frage gestellt, wie wir mit solchen Frustationen umgehen. Es ist u.E. wichtig, zu erkennen und zu unterscheiden, zwischen meinem Leben als Pädagoge und ihrem Leben als Jugendliche und sich die Frage zu stellen, mit welcher Berechtigung ich versuche, meine, d.h. die von mir für wichtig erachteten Gesichtspunkte, Fragen und Lösungen auf sie zu übertragen. Immer wieder bin ich gezwungen, zu lernen, den anderen sein Leben leben zu lassen. Das bedeutet, auch wenn es an dieser Stelle sehr abstrakt klingt, in gegenseitiger Achtung miteinander umzugehen, ohne die jeweils eigene Position aufzugeben. Dieses Selbstverständnis reibt sich sehr häufig im Alltag mit der pädagogischen Aufgabe und Verantwortung. Aber ich muß deutlich erkennen, daß ich Jugendlichen bestenfalls Reflektionsangebote machen kann, Fragen an sie stellen kann, die ihnen helfen, ihre Situation auch „von außen" zu betrachten.

Orientierung bieten

Für die Bewältigung der Rollenanforderungen an den Erzieher ist neben dem konstruktiven Umgang mit den eigenen Bedürfnissen und Grenzen wichtig, den Jugendlichen eine eindeutige Orientierung zu bieten, auch als Person für sie greifbar zu sein. Orientierung zu bekommen ist ein zentrales Bedürfnis von Jugendlichen. Dennoch ist in der Jugendarbeit gegenwärtig häufig zu beobachten, daß eine Orientierung eher erschwert wird, widersprüchlich oder überhaupt nicht erfolgt.

Das hat verschiedene Ursachen. Einmal ist es angesichts des durch Wertewandel und Wertepluralismus (vgl. Abschnitt 2.2) immer kleiner und fragwürdiger werdenden Bestandes zentraler Werte unserer Gesellschaft schwierig, für sich selbst übergreifende und über situative Entscheidungen hinausgreifende Orientierungen zu formulieren. Ist das schon für die eigene Lebenssituation manchmal schwierig, ist es noch problematischer, solche Orientierung für andere zu formulieren. Eine andere Ursache liegt in einem zu kurz gegriffenen Verständnis vom Demokratisierung und Selbständigkeit, demzufolge alles diskutierbar und daher relativ sei. Regelungen, Absprachen, Meinungen und Konfliktverläufe erhalten so etwas beliebiges. Jugendliche erzählen sich in diesem Zusammenhang gern den Witz vom Sozialarbeiter und dem Jugendlichen, die sich auf der Straße begegnen. Der Jugendliche fragt „Kannst du mir sagen, wie spät es ist?" – Der Sozialarbeiter antwortet: „Nein, aber wir können darüber diskutieren."

Wo ein klares Wort der Betroffenheit oder die eigene Meinung des Pädagogen am Platz wäre, erfahren die Jugendlichen umständliche vorwiegend sprachliche Diskurse als „olles Gelaber" und nehmen den Pädagogen nicht mehr ernst.

Da sie in „Normalsituationen" offensichtlich keine Orientierung bekommen, müssen sie „Ausnahmezustände" schaffen, um Grenzen zu erfahren. Viele Provokationen im Alltag der Jugendarbeit sind so zu erklären und wären vermeidbar.

Jugendlichen Orientierung zu bieten bedeutet auch, ihnen die Handlungsspielräume für eigenes Verhalten aufzuzeigen und Auswirkungen ihres Handeln vorhersehbar zu machen.

Orientierung bieten kann durch die *Strukturierung von Situationen* in der Jugendarbeit und/oder durch die *Verdeutlichung der eigenen Standpunkte* des Pädagogen erfolgen.

Die Strukturierung von Situationen bezieht sich auf folgende Teilbereiche (FELDMANN 1981, S. 513):

— Es bedarf fester Regeln des Zusammenlebens mit klaren Angaben über die Sanktionen, die bei Nicht-Einhaltung erfolgen. Zugleich muß es aber die Gewißheit geben, daß solche Ordnungen bei Konflikten, die nicht zu bewältigen sind, erweitert oder verändert werden können.

— Um selber in dem diffusen Ablauf von Ereignissen im Jugendzentrum handlungsfähig zu bleiben und nicht unkoordiniert auf alle mehr oder weniger zufällig entdeckten oder an ihn herangetragenen Probleme unmittelbar zu reagieren, muß der Mitarbeiter eine Struktur für seine Arbeit finden, zum Beispiel Zeiten und Räume festlegen, in denen er bestimmte Aufgaben erledigt. Andererseits darf eine solche Regelung nicht so fest sein oder als festgefügt erscheinen, daß sie nicht auch durch besondere Ereignisse außer Kraft gesetzt werden kann.

— Das Geschehen im Jugendzentrum soll für den einzelnen Jugendlichen überschaubar sein. Er soll wissen, welche Gruppen fest sind, in welchen Gruppen er hinein kann, wann er mit dem Pädagogen sprechen kann und wann nicht. Das bedeutet, daß Informationen über die Gruppenaktivitäten, über festgelegte Räume etc. für alle sichtbar vorhanden sein sollen. Es bedeutet jedoch nicht, daß offene Jugendarbeit nach Art einer Bildungseinrichtung nur noch aus einer Abfolge fester Programmpunkte bestehen soll.

— Bei der Suche nach Freizeitbetätigung sollte der Pädagoge sich nicht (im Sinne von falsch verstandener Förderung der Selbständigkeit Jugendlicher) zurückhalten, sondern Ideen entwickeln, evtl. auch seine eigenen Interessen einbringen und anbieten. Er sollte jedoch letztlich nur dafür verantwortlich sein, daß und wie seine Ideen aufgegriffen werden und daß sie in seinem Sinne zum Erfolg führen.

All diese Strukturierungen müssen mit den Jugendlichen ausgehandelt werden und prinzipiell veränderbar sein.

Die *Verdeutlichung eigener Standpunkte* bedeutet praktisch, daß der Erzieher sich den Fragen der Jugendlichen stellt, seine Meinung äußert und in Auseinandersetzungen deutlich Position bezieht. Das ist besonders in solchen Situationen erforderlich, in denen er in seinem Selbstverständnis oder eigenen Norm- und Wertvorstellungen berührt ist.

Den eigenen Standpunkt verdeutlichen *heißt nicht,* zu missionieren oder die eigenen Machtmittel zur Durchsetzung eigener Vorstellungen zu benutzen.

Beziehungsarbeit wider falsch verstandene Professionalisierung

In der Diskussion über die Krise der Jugendarbeit wird häufig eine Professionalisierung der Arbeit gefordert. Der „gewünschte" Jugendarbeiter soll ein noch besserer Berater, ein noch besserer Spiel- oder Medienpädagoge und noch methodensicherer sein.

Zweifellos erleichtern zusätzliche Qualifikationen die ohnehin schwierige Arbeit angesichts der derzeitigen, schwierigen Lebenssituation von Jugendlichen. Zweifelhaft aber erscheint, ob eine so verstandene Professionalisierung tiefgreifende Veränderungen bewirkt.

Im Alltag der Jugendarbeit können wir täglich sehen, welche Bedeutung Beziehungen für Jugendliche haben.

Nicht nur die Wichtigkeit, die die Zugehörigkeit zu ihrer Clique für die Jugendlichen hat, belegt das deutlich, sondern auch die Frage, welcher Jugendliche mit welchen Mitarbeitern „kann", entscheidet darüber welche Alltagsprobleme zur Sprache kommen (und welche nicht). Unsere Vorstellungen von Themen — oder bedürfnisorientierter Entscheidung der Jugendlichen für bestimmte Projekte oder Veranstaltungen — stimmen nur in Ausnahmefällen. Jugendliche entscheiden sich für Aktivitäten (und unsere Angebote) nicht in erster Linie aufgrund von Interesse an Aktivität oder Thema, sondern aufgrund von Beziehungen (wer macht da mit?).

Diese Erkenntnis hat weitreichende Konsequenzen für unser eigenes Rollenverständnis: nicht in erster Linie Medien, Methoden und Angebote, sondern unsere Beziehung zu den Jugendlichen ist entscheidend für das Gelingen unserer Arbeit. Beziehungsarbeit muß also im Zentrum unserer Professionalisierung stehen.

Dabei gelten für unsere Beziehungen zu den Jugendlichen die gleichen Kriterien wie für jede andere (persönliche und professionelle) Beziehung (PEICK/KLAWE 1981, S. 97):

— *Offenheit,* d.h. ich spiele nicht nur eine professionelle Rolle, sondern gebe mich als ganze Person in den gemeinsamen Lernprozeß ein und stelle mich so auch der Kritik der Jugendlichen.

— *Umkehrbarkeit* der Beziehungen, d.h. die Jugendlichen lernen nicht nur von mir, sondern ich auch von ihnen.

— *Echtheit,* d.h. ich handle in Übereinstimmung mit mir selbst, z.B. mit meinen Gefühlen, meinem Ärger, meiner Angst, mache diese auch deutlich und beziehe so Position.

Die Jugendlichen treten dem Mitarbeiter skeptisch und mit unausgesprochenen Fragen gegenüber:

„Besitzt diese Person eine über Detailfragen hinausreichende politische Identität, die sowohl Grundorientierung bietet als auch eigene Sehnsüchte und Bedürfnisse sowie Suche nach Perspektiven und Identität aufzunehmen und eine Richtung anzugeben vermag? Steht diese Person selbst voll zu dieser Identität? Lebt sie sie oder erzählt sie nur davon? Kann ich zu dieser Person eine positive emotionale Vertrauensbeziehung herstellen, d.h. repräsentiert sie etwas, was mir vertraut ist, oder bleibt sie mir als Person fremd?" (DAMM 1981 S. 170)

Beziehungsarbeit bedeutet also nicht, sich bei den Jugendlichen als vermeintlicher Kumpel anzubiedern und Unterschiede in der jeweiligen Lebenssituation außer acht zu lassen, sondern heißt u.a.:

— die Lebenswelt der Jugendlichen kennenzulernen und in ihrer Unterschiedlichkeit zur eigenen Lebenssituation zu begreifen;

— Konflikten nicht aus dem Weg gehen und Entscheidungen offenlegen und damit nachvollziehbar machen.

Die herkömmliche Struktur besonders offener Arbeit läßt für den Aufbau einer solchen Beziehung nur wenig Raum. Deshalb müssen wir uns im Alltag der Jugendarbeit immer wieder Gelegenheiten und Projekte schaffen, die andersartige Beziehungserfahrungen ermöglichen. Schon ein relativ bescheidenes Projekt, wie die gemeinsame Übernachtung im Jugendhaus, ermöglicht die gegenseitige Erfahrung in ganz anderen Rollen, den Abbau von gegenseitigen (Feind-)Bildern, die Klärung von konflikthaften Beziehungen und — weil ein Stück des Alltags miteinander erlebt wird — die verstärkte Thematisierung von Alltagsproblemen. Gleichzeitig erfahren die Jugendlichen uns nicht als den übermächtigen, alleswissenden Pädagogen, sondern auch unsere Grenzen und Probleme. Damit werden auch für uns unsere Grenzen akzeptierbar und wir können freier an ihre Überwindung gehen.

Angesichts der sich ständig verschärfenden sozialen Lage von Jugendlichen wird von der Jugendarbeit immer stärker erwartet, diese sozialen Folgen von Schulversagen, Arbeitslosigkeit oder Familienkonflikten aufzufangen und dem Jugendlichen Perspektiven zu eröffnen. Dabei liegt auf der Hand, daß der Jugendarbeiter weder Strukturen in Schule und Familie verändern, noch auch nur einen Ausbildungsplatz auf dem Arbeitsmarkt schaffen kann. Seine Unterstützung kann nur darin bestehen, die Jugendlichen zu befähigen, ihre Interessen zu erkennen, zu formulieren und mit ihnen Strategien ihrer Durchsetzung zu entwickeln. Dazu muß er parteilich für die Jugendlichen eintreten, d.h. Reaktionen und Verhaltensweisen der Jugendlichen vor dem Hintergrund ihrer subjektiven Lebenslogik verstehen und eigene Informationen und Strategien zur Verfügung stellen.

8 Die Kunst der Beschränkung: Wider die Pädagogisierung jugendlicher Lebensräume

Die Chancen für Jugendliche, selbstbestimmt und ohne Einfluß Erwachsener Erfahrungen zu machen, schwinden zusehends und das nicht nur, weil argwöhnische Nachbarn verstärkte Sozialkontrolle ausüben oder die Polizei hier und dort immer häufiger eingreift. Nein, auch und gerade Pädagoginnen und Pädagogen tragen ihren Teil dazu bei, daß jugendliche Lebensräume immer stärker dem Zugriff Erwachsener ausgesetzt sind.

Parallel zur städtebaulichen Einschränkung jugendlicher Freiräume, die Freiflächen bestenfalls als Rasen („Betreten verboten") und Treffpunkte ohne Einsichtsmöglichkeit überhaupt nicht mehr vorsieht („Der Aufenthalt in den Kellerräumen und Treppenhäusern ist verboten"), hat eine zunehmende zeitliche Vereinnahmung Jugendlicher durch Bildungsinstitutionen stattgefunden. Sowohl räumlich wie zeitlich sind die Möglichkeiten für Jugendliche, sich ungestört und ohne Einmischung von Erwachsenen zu treffen, im Laufe der letzten zwei Jahrzehnte erheblich zurückgegangen. Ergänzend zu diesem Trend hat im Rahmen der Jugend- und Sozialarbeit eine zunehmende Professionalisierung und Spezialisierung pädagogischen Handelns stattgefunden, die immer mehr Lebensbereiche von Jugendlichen zu (neuen) pädagogischen Arbeitsfeldern umdefiniert. Im Rahmen dieser umfassenden Pädagogisierung jugendlichen Alltags werden immer mehr Lebensäußerungen Jugendlicher Gegenstand pädagogischer Überlegungen, Konzepte und Maßnahmen.

War früher die Straße, die Straßenecke die Domäne der Jugendlichen, ist es heute in einer Großstadt kaum noch möglich, sich über längere Zeit an einer Straßenecke, einer Bushaltestelle oder in einer Grünanlage zu treffen, ohne daß nervöse Nachbarn protestieren und wohlmeinende Streetworker sich der Gruppe annehmen, um ihre Aktivitäten in „sinnvolle" und das heißt i.d.R. an den Vorstellungen der Erwachsenen orientierte Bahnen zu lenken.

Wendet sich eine Gruppe arbeitsloser Jugendlicher an eine Kirchengemeinde oder eine Sozialeinrichtung, weil sie einen Raum haben und sich
nicht mehr in Imbißhallen oder Wartesälen rumdrücken möchte, findet
sich alsbald ein engagierter Sozialmensch, der diese Gruppe flugs zu einer Selbsthilfegruppe (!?) stilisiert und fortan Beratungsarbeit für Selbsthilfegruppen Arbeitsloser leistet.

Und selbst Fußballfans, die am Wochenende ihrer Mannschaft ins Aus-
wärtsspiel folgen und dabei Randale machen, sind inzwischen Gegenstand pädagogischer Bemühungen. Flüchten sich Jugendliche in die
Kneipe, um hier in Ruhe ihr Bier zu trinken, findet sich ein kneipenge-
wohnter und trinkfester Streetworker, der sich an ihren Tisch setzt, um
auch hier ihren Problemen nachzuspüren.

Es gibt schon jetzt eine große Zahl satirischer Beiträge in pädagogischen
Fachzeitschriften, die diese Entwicklung hochrechnen und jedem Bürger
den eigenen Pädagogen/Sozialarbeiter oder Therapeuten voraussagen.

Diese Darstellung mag polemisch und überzogen sein, und es soll an dieser Stelle nicht vorschnell über Inhalte und Konzepte, Sinn und Unsinn
solcher Arbeit geurteilt werden, festzustellen bleibt dennoch: Jugendliche Freiräume werden — auch durch wohlmeinende Pädagogen — ständig eingeschränkt, sind zunehmend gefährdet und müssen von den Jugendlichen immer heftiger verteidigt werden.

Nun mögen die Erfahrungen, die die intervenierenden Jugend- und Sozialarbeiter in diesen verschiedenen (neuen) Feldern der Jugendarbeit
Jugendlichen ermöglichen, durchaus sinnvoll und emanzipatorisch
orientiert sein. Und doch bleiben diese Erfahrungen pädagogisch insze-
niert, vorgeformt und verarbeitet, das Eigenlernen der Jugendlichen wird
zurückgedrängt.

Die Jugendlichen reagieren mit Fluchttendenzen

— mit einer Flucht in die Privatsphäre und Innerlichkeit
— oder Flucht in Domänen, von denen Pädagogen keine Ahnung haben
  (z.B. Computerwelt).

Sie akzeptieren gesellschaftlich anerkannte (scheinbare) Freiräume mit
kommerziellem Charakter (z.B. Mac Donald-Läden) als Treffs oder sie
rebellieren gegen intervenierende Sozialarbeiter mit Provokationen und
Gewalt.

*Alle diese Phänomene legen nahe, daß die dabei entstehenden Probleme
nicht durch ein Mehr an Pädagogik, durch noch spezialisiertere Disziplinen
oder noch ausgefeiltere Methoden zu bewältigen sind, sondern Pädagogik
und die in ihr Tätigen akzeptieren lernen müssen, daß pädagogisches Denken
auch darin bestehen kann und muß, Freiräume für Eigenerfahrungen, für
selbstbestimmtes, jugendgemäßes und vom Einfluß Erwachsener freies Lernen zu akzeptieren (und gegenüber Kontrollinstanzen zu verteidigen).*

Genauso wie wir aus der Sozialisationsforschung wissen, daß eine über-beschützende Mutter bestimmte Sozialisationserfahrungen und -lei-stungen verhindert, genauso verhindert eine Pädagogisierung jugendli-cher Freiräume, die alle Erfahrungsräume pädagogisch vorstrukturieren will, wichtige emanzipative Erfahrungen. Nur in einem akzeptierten Ne-beneinander von pädagogischem Handeln (im Rahmen von Jugendar-beit) und selbstbestimmtem Lernen (im Rahmen von Peergroups und subkulturellen Gruppierungen) können die für eine reife Persönlichkeit notwendigen Erfahrungen und Lernleistungen erbracht werden.

So ist ein wesentlicher Aspekt der Arbeit mit Jugendlichen neben allem, was auch in diesem Buch ausführlich dargestellt wurde, die Kunst der Be-schränkung, die Fähigkeit, sich selbst als Person und den eigenen (allum-fassenden) pädagogischen Anspruch zurückzunehmen und Jugendliche (auch) ihre eigenen Erfahrungen machen zu lassen. Pädagogen sind halt manchmal auch entbehrlich!

Literatur

AGAG (Hrsg.): Lernziel Gewaltfreiheit, Informationsdienst 1/1993, Berlin 1993

ALLERBECK, Klaus/ROSENMAYR, Leopold: Einführung in die Jugendsoziologie, Heidelberg 1976

ANTONS, Klaus: Praxis der Gruppendynamik, Göttingen 1973

BAACKE, Dieter: Jugend und Subkultur, München 1972

BAACKE, Dieter: Die 13- bis 18jährigen, Weinheim und Basel 1983 (3. Aufl.)

BAACKE, Dieter: Jugend und Jugendkulturen, Weinheim und München 1987

BAER, Ulrich: Remscheider Diskussionsspiele, Remscheid 1979

BAER, Ulrich: Arbeitsblätter zur Spielpädagogik, Garbsen 1981

BAETHGE, Martin u.a.: Forschungsprojekt „Ausbildungs- und Berufsstartprobleme von Jugendlichen unter den verschärften Bedingungen auf dem Arbeits- und Ausbildungsstellenmarkt" in: Solidarität (Sonderausgabe 1978)

BAETHGE, M. u.a.: Jugend: Arbeit und Identität. Lebensperspektiven und Interessenorientierungen von Jugendlichen, Opladen 1989

BAUER, Wolfgang: Jugendhaus — Geschichte, Standort und Alltag Offener Jugendarbeit, Weinheim 1991

BAUMANN, Zygmunt: Philosophie der Fitneß, in: Die Tageszeitung vom 26. März 1995, S. 19f

BAUSTEINE für die Bildungsarbeit, hrsg. von der Arbeitsgemeinschaft Katholisch-sozialer Bildungswerke, München 1983

BECK, Ulrich: Risikogesellschaft, Frankfurt 1986

BELARDI, Nando: Erfahrungsbezogene Jugendbildungsarbeit, Lollar 1975

BENDIT, R. u.a.: Lebensverhältnisse Jugendlicher, Weinheim und München 1990

BERNER, Winfried: Jugendgruppen organisieren, Reinbek 1983

BÖHNISCH, Lothar/MÜNCHMEIER, Richard: Wozu Jugendarbeit, Weinheim und München 1987

BÖHNISCH, Lothar/MÜNCHMEIER, Richard: Pädagogik des Jugendraums, Weinheim und München 1993 (3. Auflage)

BÖHNISCH, Lothar: Sozialpädagogik des Kindes- und Jugendalters, Weinheim und München 1993 (2. Auflage)

BRANDES, Eva: Methodik der Spielerziehung — Anleitung zu spielpädagogischem Denken, Recklinghausen 1977

BRUCKER, Hans-Peter/KLAWE, Willy/MAACK, Helmut/RIECKENBERG, Lothar: Lebensziel Beruf — Arbeitshilfen und Lernmaterialien für Hauptschule und Jugendgruppen zur Berufsvorbereitung, Berufsentscheidung, Berufsrealität, Reinbek 1980

BRÜCHER, Bodo: Die Anwendung der Projektmethode in Jugendverbänden, in: deutsche jugend 3/75

BUNDESMINISTERIUM für Jugend, Familie, Frauen und Gesundheit (Hrsg.): Achter Jugendbericht — Bericht über Bestrebungen und Leistungen der Jugendhilfe, Bonn 1990

BURMEISTER, Joachim/KLAWE, Willy: Pädagogische Einsatzmöglichkeiten von Video in der außerschulischen Jugendarbeit, in: deutsche jugend 7/79, S. 320-326

COLLA, Herbert E.: Heimerziehung, München 1981

DAMM, Diethelm: Politische Jugendarbeit, München 1975
DAMM, Diethelm: Gemeinsam leben, lernen, löschen – was Jugendlichen Jugendarbeit bedeutet, in: BARABAS u.a. Jahrbuch der Sozialarbeit 1978, Reinbek 1977
DAMM, Diethelm: Die Praxis bedürfnisorientierter Jugendarbeit, Weinheim und München 1986[2]
DAMM, Diethelm: Wenn der Alltag zur Sprache kommt, München 1981
DEINET, Ulrich: Das Aneignungskonzept. Eine pädagogische Praxistheorie für die Offene Kinder- und Jugendarbeit, in: deutsche jugend 6/91, S. 253-260
DEPPE-WOLFINGER, Helga: Arbeiterjugend – Bewußtsein und politische Bildung, Frankfurt 1973
DEUTSCHES JUGENDINSTITUT: Familienalltag, Reinbek 1989
DREVER, James/FRÖHLICH, W.D.: dtv-Wörterbuch zur Psychologie, München 1968
EBBINGHAUSEN, Rolf u.a.: Mündigkeitspathos, Ohnmachtserfahrung und der Rückzug in die Clique, in: Journal für Sozialforschung 28 (1988), Heft 2, S. 233-243
FELDMANN, Roland: Zur Fachkompetenz des Sozialpädagogen in der offenen Jugendarbeit, in: deutsche jugend 11/81, S. 508-514
FISCHER, Dieter/KLAWE, Willy/THIESEN, Hans-Jürgen: (Er)Leben statt reden – Erlebnispädagogik in der offenen Jugendarbeit, Weinheim und München 1985
FREY, Karl: Die Projektmethode, Weinheim 1982
FRITZ, Jürgen: Gruppendynamik und Jugendarbeit, München 1973
FRITZ, Jürgen: Interaktionspädagogik, München 1975
FRITZ, Jürgen: Methoden des sozialen Lernens, München 1977
GIESBRECHT, ARNO: Jugend ohne Arbeit, Frankfurt 1983
GIESECKE, Hermann: Methodik des politischen Unterrichts, München 1973 (6. Aufl. 1984)
GIESECKE, Hermann: Die Jugendarbeit, München 1971/1983 (6. Aufl.)
GIESECKE, Hermann: Das Ende der Erziehung, Stuttgart 1985
GILLIS, John R.: Geschichte der Jugend, Weinheim und Basel 1980
GÜNDER, Richard: Hüttenpädagogik und therapeutisches Segeln, 1985
HABERMAS, Jürgen: Die neue Unübersichtlichkeit, Frankfurt 1985
HACKNEY, Harold/NYE, Sherilyn: Beratungsstrategien – Beratungsziele, München 1979
HAFENEGER, Benno/SANDER, Ekkehard: Verarbeitungsstrategien von Mitarbeitern im Berufsalltag der offenen Jugendarbeit, in: Brockmann u.a.: Jahrbuch der Sozialarbeit 3, Reinbek 1979
HAMBURGER, Franz u.a.: Ehrenamtliche Mitarbeiter in der Jugendarbeit, Weinheim 1982
HEITKAMP, Hermann: Sozialarbeit im Praxisfeld Heimerziehung, Frankfurt 1984
HEITMANN, Rudolf: Erziehung in der Zeit der Pubertät, Heidelberg 1979
HEITMEYER, Wilhelm: Rechtsextremistische Orientierungen bei Jugendlichen, Weinheim und München 1988
HEITMEYER, Wilhelm: Jugend und Rechtsextremismus, in: PAUL, G. S. 101-133
HEITMEYER, Wilhelm/OLK, Thomas: Individualisierung von Jugend, Weinheim und München 1989

HEITMEYER, Wilhelm: Jugend, Staat und Gewalt in der Risikogesellschaft, in: HEITMEYER, W. u.a. (Hrsg.): Jugend – Staat – Gewalt, Weinheim und München 1989, S. 11-46

HENTIG, Hartmut v.: Freizeit als Befreiungszeit, in: OPASCHOWSKI, Horst W.: Freizeitpädagogik in der Leistungsgesellschaft, Bad Heilbrunn 1977

HEYE, Werner: Demographischer und sozialer Wandel – Auswirkungen auf Bedingungen und Perspektiven von Jugendarbeit, in: Regionale Wandlungsprozesse und die Perspektiven der Jugendarbeit, Bederkesa 1988, S. 7-44

HODEL, Bettina: Wertewandel und soziale Arbeit, in: ,Blätter der Wohlfahrtspflege' 7/8-1985, S. 155-159

HOMUTH, Karl: Bin ich ein Flüchtling? Oder warum fortschrittliche Sozialarbeiter nicht soviel verdrängen sollten, in: BROCKMANN u.a.: Jahrbuch der Sozialarbeit 3, Reinbek 1979

HORNSTEIN, Walter: Erwachsenwerden im Spannungsfeld politischer sozialer und ökonomischer Anforderungen und Widersprüche, in: M. FURIAN (Hrsg.): Gefährdete Jugend, Heidelberg 1980, S. 13-35

HOTTELET, Harald u.a.: Offensive Jugendhilfe – Neue Wege für die Jugend, Stuttgart 1978

HURRELMANN, Klaus: Lebensphase Jugend, Weinheim und München 1995 (4. Auflage)

INGLEHART, Ronald: Die stille Revolution, Königstein 1982

INGLEHART, Ronald: Zusammenhang zwischen sozio-ökonomischen Bedingungen und individuellen Wertprioritäten, in: Kölner Zeitschrift für Soziologie und Sozialpsychologie 32 (1980) S. 144-153

JORDAN, Erwin/SENGLING, Dieter: Jugendhilfe, Weinheim und München 1992 (2. Auflage)

KATHOLISCHE JUNGE GEMEINDE: Nicht schweigen – handeln, Düsseldorf 1977

KERKHOFF, Engelbert: Der Einfluß der Schule auf die Arbeit im Kinderhort, in: KERKHOFF, E. (Hrsg.): Alltagssituationen in der Sozialarbeit 2, Heidelberg 1978

KLAWE, Willy: Situationsbezogene Interpretation aggressiven Verhaltens bei Kindern und Jugendlichen, in: Theorie und Praxis der Sozialpädagogik 6/1977

KLAWE, Willy (1980a): Ich bin halt'ne Niete – Auswirkungen der Jugendarbeitslosigkeit als Problem in der außerschulischen Jugendarbeit, in: Unsere Jugend 7/1980. S. 290-297

KLAWE, Willy (1980b): Problembezogene Arbeit mit Schulkindern im außerschulischen Feld, in: Theorie und Praxis der Sozialpädagogik 4/1980, S. 231-247

KLAWE, Willy: Rallye als Stadtteilerkundung – Politische Bildung im Nahbereich, in: deutsche jugend 9/1983(a)

KLAWE, Willy: Anpassen, aussteigen – oder was sonst? – Zur gegenwärtigen Lebenssituation Jugendlicher und notwendigen pädagogischen Konsequenzen, in: BRUSTEN, M./MALINOWSKI, P.: Jugend – ein soziales Problem?, Opladen 1983 (b)

KLAWE, Willy: Kooperation zwischen Jugendbildung und kommunaler Jugendpflege, in: Materialien zur polit. Bildung 4/1988 S. 46-51

KLAWE, Willy (Hrsg.): „. . . und wünschen für die Zukunft alles Gute" – Materialien für Bildungsarbeit und Unterricht beim Übergang von der Schule in den Beruf, Hamburg 1989

KLAWE, Willy: Politische Bildung als Reflexion des Alltags, in: SARCINELLI, Ulrich u.a.: Politikvermittlung und Politische Bildung, Bad Heilbrunn 1990, S. 106-122

KLAWE, Willy: Die hilflose Suche nach einfachen Weltbildern — Rechtsextreme Orientierungung Jugendlicher und angemessene pädagogische Konzepte, in: UNSERE JUGEND, 12/90

KLAWE, Willy/MATZEN, Jörg: Struktur oder Chaos? — Thesen zur Strukturierung offener Jugendarbeit, in: UNSERE JUGEND, 11/89 S. 483 — 491

KLAWE, Willy: Erlebnispädagogik im Alltag?!, hrsg. vom Amt für Jugend Hamburg, Hamburg 1992 (2. erw. Auflage)

KLAWE, Willy/MATZEN, Jörg: Fremdenfeindlichkeit, Rechtsextremismus und Gewalt: Das Ende der Gemütlichkeit, Kiel 1993

KLEES, Renate/MARBURGER, Helga/SCHUMACHER, Michaela: Mädchenarbeit, Weinheim und München 1989

KÖNIG, Peter: Wir Vodookinder, in: Kursbuch 113, Sept. 1993, S. 1-6

KRAFELD, Franz Josef: Geschichte der Jugendarbeit, Weinheim 1984

KRAUSSLACH, Jörg: Aggressionen im Jugendhaus, Wuppertal 1981

KRISAM, Raymund/TEGETHOFF, Hans-Georg: Jugendfreizeitzentrum und soziales Umfeld, Neuwied 1977

KRUMMACKER, Michael u.a.: Umbruch der Stadt — zum Beispiel Bochum, Bochum 1986

LANDESJUGENDRING NIEDERSACHSEN: Perspektiven für einen Landesjugendplan, 1985

LANGHANKY, Michael: In den Nischen der Megapolis — Stadt als öffentlicher Raum für deklassierte Kinder und Jugendliche, unveröff. Manuskript, Hamburg 1995

LENZ, Wolfgang, Jugend 2000 — Demographische Entwicklung, Bewußtseinswandel, gesellschaftliche Veränderungen und die Zukunft der Jugendverbandsarbeit, in: deutsche jugend 4/87, S. 109 f

LIEBEL, Manfred: Überlegungen zum Praxisverständnis antikapitalistischer Jugendarbeit, in: LESSING, Hellmut/LIEBEL, Manfred: Jugend in der Klassengesellschaft, München 1974

LUTHE, H.O./MEULEMANN, H. (Hrsg.): Wertewandel — Faktum oder Fiktion?, Frankfurt/New York 1988

MARCINCZAK, Klaus: Engagement und politische Bildung, Düsseldorf 1987

MATZEN, Jörg: Hundert Leben könnt ich leben, in: Unsere Jugend 3/1991

MATZEN, Jörg: „Aus Angst zur Ordnung" — Subjektive Verarbeitungsformen politischer Risikokonstellationen, in: PLUSKWA, M./MATZEN, J.: Lernen in und an der Risikogesellschaft, Bederkesa 1994, S. 49-70

MEHR CHANCEN für die Jugend: Zum Inhalt und Begriff einer offensiven Jugendhilfe, hrsg. vom Bundesministerium für Jugend, Familie und Gesundheit, Stuttgart 1974

MICHELSEN, Gerd (Hrsg.): Die Zukunft der Bundesrepublik — Szenarien und Prognosen, Hamburg 1988

MITSCHERLICH, Alexander: Die Unwirtlichkeit unserer Städte, Frankfurt/M. 1968

MÜLLER, Burkhard K.: Wozu brauchen Jugendliche Erwachsene?, in: deutsche jugend 4/95, S. 160-169

MÜLLER, Wolfgang u.a.: Was ist Jugendarbeit, Weinheim und München 1986 (Reprint)

MÜNDER, Johannes u.a.: Frankfurter Lehr- und Praxiskommentar zum KJHG, Münster 1991

NÄHERUNGSVERSUCHE Jugend 81, hrsg. vom Jugendwerk der Deutschen Shell, Opladen 1983

NAHRSTEDT, Wolfgang: Freizeitpädagogik in der nachindustriellen Gesellschaft, Neuwied 1974

NAUNDORF, Gabriele: Was bieten Freizeitheime den Mädchen? in: BROCKMANN u.a. Jahrbuch der Sozialarbeit 3, Reinbek 1979

NAUNDORF, Gabriele/WETZEL, Sylvia: Wochenkurse für Hauptschüler/innen, Berlin o.J. (Bezug: Wannseeheim für Jugendarbeit, Hohenzollernstr. 14, 1 Berlin 39)

NEUMANN, Hans Jürgen/SAUTER, Robert: Überlegungen zu einer emanzipatorischen Konzeption von Jugendarbeit, Schriftenreihe des Bayerischen Jugendrings, o.J.

OFFENE JUGENDARBEIT MIT MÄDCHEN, hrsg. vom Ministerium für Arbeit, Gesundheit und Soziales in Nordrhein-Westfalen, Münster 1986

OLK, Thomas/OTTO, Hans-Uwe: Soziale Dienste im Wandel I: Helfen im Sozialstaat, Neuwied/Darmstadt 1987

OPASCHOWSKI, Horst W.: Standortbestimmung der Freizeitpädagogik, in: ders.: Freizeitpädagogik in der Leistungsgesellschaft, Bad Heilbrunn 1977

PARITÄTISCHER WOHLFAHRTSVERBAND (Hrsg.): „. . . wessen wir uns schämen müssen in einem reichen Land" – Armutsbericht für die Bundesrepublik Deutschland, in: BLÄTTER DER WOHLFAHRTSPFLEGE Heft 11-12/1989

PAUL, Gerhard (Hrsg.): Hitlers Schatten verblaßt – Die Normalisierung des Rechtsextremismus, Bonn 1989

PEICK, Petra A./KLAWE, Willy: Selbsthilfe für Helfer – Kontrolle des beruflichen Handelns: Grundlagen, Beispiele, Übungen, München 1981

PETZOLD, Conny/STRUWE, Ursula: Die Situation von Mädchen im Jugendzentrum, in: offensive Jugendfreizeitarbeit hrsg. v. der Ev. Akademie Radevormwald, September 1979, S. 76-86

PRAHL, Hans-Werner: Freizeitsoziologie – Entwicklungen – Konzepte – Perspektiven, München 1977

PROJEKTGRUPPE Jugendbüro und Hauptschülerarbeit: Die Lebenswelt von Hauptschülern, München 1975

PROJEKTGRUPPE Jugendbüro: Subkultur und Familie als Orientierungsmuster, München 1977

QUENSEL, Stefan: Wie wird man kriminell, in: Offensive Sozialpädagogik, Göttingen 1973, S. 45-55

RABENSTEIN, Reinholt: Lernen kann auch Spaß machen, Darmstadt 1980

ROOS, Peter: Kaputte Gespräche – wem nützt der Jugend-Dialog?, Weinheim 1982

RÜDIGER, Hans: Freizeitpädagogik als Pädagogik der Emanzipation? in: OPASCHOWSKI, Horst W.: Freizeitpädagogik in der Leistungsgesellschaft Bad Heilbrunn 1977

RUHE, Hans-Georg: Alltag in der Jugendarbeit, München 1983

SAUTER, Robert: Video und Super-8 in Jugendgruppen, Opladen 1980

SAVIER, Monika/WILDT, Carola: Mädchen zwischen Anpassung und Widerstand, München 1978

SCHEFOLD, Werner/DAMM, Diethelm: Jugendverbände, in: EYFERTH/OTTO/THIERSCH: Handbuch Sozialarbeit/Sozialpädagogik, Neuwied 1984

SCHERER, Klaus-Jürgen: Hat die Jugend resigniert? Thesen über das politische Verhalten der Jugend in den achtziger Jahren, in: Frankfurter Rundschau 8. Januar 1986, S. 14

SCHILLING, Johannes: Kursbuch Jugendarbeit, München 1983

SCHULZE, Theodor: Methoden und Medien der Erziehung, München 1978

SCHULZ VON THUN, Friedemann: Miteinander reden: Störungen und Klärungen, Reinbek 1981

SHELL-STUDIE: Jugend 81, Hamburg 1981

SIELERT, Uwe: Die Mitarbeiter in Jugendverbänden, München 1978

SIELERT, Uwe: Jungenarbeit, Weinheim und München 1989

SPIEGEL-SPECIAL: Die Eigensinnigen — Selbstporträt einer Generation, Hamburg 1994

UMBRÜCHE IN DER INDUSTRIEGESELLSCHAFT — Herausforderungen für die politische Bildung, hrsg. von der Bundeszentrale für politische Bildung, Bonn 1990

STURZENHECKER, Benedikt: Demokratie zumuten! Moralerziehung in der offenen Jugendarbeit, in: deutsche jugend 3/1993 S. 111-119

TEXTOR, Martin (Hrsg.): Praxis der Kinder- und Jugendhilfe, Weinheim 1992

WIESENDAHL, Elmar: Der Marsch aus den Institutionen — Zur Organisationsschwäche politischer Parteien, in: Aus Politik und Zeitgeschichte Heft B 21/90 v. 18.5.1990

ZEIHER, H.: Die vielen Räume der Kinder, in: PREUSS-LAUSITZ u.a.: Kriegskinder, Konsumkinder, Krisenkinder, Weinheim und Basel 1983, S. 176-195